Helga Lemke

Personzentrierte Beratung in der Seelsorge

Verlag W. Kohlhammer
Stuttgart Berlin Köln

Die Deutsche Bibliothek – CIP-Einheitsaufnahme

Lemke, Helga:
Personzentrierte Beratung in der Seelsorge / Helga Lemke. –
Stuttgart ; Berlin ; Köln : Kohlhammer, 1995
    ISBN 3-17-013698-4

INHALTSVERZEICHNIS

Vorwort

Mit diesem Buch möchte ich einen Einblick in die Fort- und Ausbildungsarbeit der personzentrierten Gesprächsführung geben. Durch die an der Praxis orientierten Form möchte ich dazu ermutigen, eine hilfreiche Gesprächsführung zu erlernen, sei es nun in der Ausbildung, in kollektiven Supervisionsgruppen oder im Selbststudium. Einige der Gedanken und auch Schaubilder aus meinem Buch „Theologie und Praxis", die sich in den Kursen bewährt haben, habe ich noch einmal aufgenommen, da das Buch in seiner alten Form nicht wieder aufgelegt wird.

Um die Schreibweise zu vereinfachen, habe ich die weibliche Form vorwiegend für die „Beraterin" gewählt, die männliche für den „Gesprächspartner".

Allen denen, die an dem Zustandekommen dieses Buches mitgewirkt haben, möchte ich danken: Frau Dr. Gabriele Kersting für fachliche Anregungen, Herrn Dr. Hans Kersting für die gemeinsamen Überlegungen an den Schaubildern. Beide setzen sich jeweils in ihrer Eigenschaft als Arzt für das personzentrierte Konzept ein. Herrn Pastor Christoph Wege danke ich für gemeinsame theologische Überlegungen im Blick auf das Klientenzentrierte Konzept, Herrn Pastor Kai Wessels für wichtige Anregungen zum Manuskript, Herrn Andreas Hartig und Herrn Pastor Edzard Siuts für das sorgfältige Korrekturlesen. Nicht zuletzt danke ich dem Kohlhammer-Verlag und besonders Herrn Schneider, der viel Vertrauen in meine Arbeit gesetzt hat.

Einleitung

Seelsorge ist für mich seit meinem Theologiestudium eines der wichtigsten Aufgabengebiete meiner Tätigkeit. Doch habe ich mich vielfach in Situationen erlebt, in denen ich mich absolut hilflos und unsicher gefühlt habe und nichts zu sagen wußte. Entsprechend ratlos erlebe ich auch andere, wenn sie sich mir als einer, die der Hilfe bedarf, begegnen. Diese Erfahrungen haben mich beunruhigt und nach Wegen suchen lassen, um Menschen in Not besser und nachhaltiger beistehen zu können.

Nach anfänglich analytischer Orientierung bin ich durch Reinhard Tausch 1968 mit der Gesprächspsychotherapie in Berührung gekommen, wodurch sich mein Umgang in allen mitmenschlichen Beziehungen grundlegend geändert hat. Ich habe erfahren können, daß Gesprächsführung durchaus zu erlernen ist und nicht allein auf Intuition und Lebenserfahrung beruht. Mein Umgang mit Gruppen oder mit Ratsuchenden in Einzelgesprächen steht seitdem auf einer ganz neuen Basis, nicht mehr von Unsicherheit gekennzeichnet, sondern sicherer im Vertrauen auf das, was ich sagen möchte und kann, und sicherer auch im Vertrauen auf den Gesprächspartner und seine Fähigkeiten, sein Leben zu gestalten.

Mich hat am klientenzentrierten Konzept weiterhin beeindruckt, daß es bereichernd und intensivierend auf die soziale Arbeit einwirkt, unabhängig davon, in welchen Bereichen ich mit Menschen umgehe. Selbstverständlich trifft das auch für die Gemeindearbeit zu, der mein besonderes Interesse gilt und für die ich mir eine Intensivierung der seelsorgerlichen Arbeit erhoffe. Das Echo der Teilnehmer aus den Fortbildungskursen, die ich bisher für die unterschiedlichen Berufsgruppen durchgeführt habe, bestätigen diese meine Erwartungen.

Darüber hinaus fügt sich das klientenzentrierte Konzept in einer guten Weise in mein theologisches Denken ein. Es gibt mir die Möglichkeit, Theologie und Psychologie miteinander zu verbinden, so daß ich die Erkenntnisse beider Fachgebiete nutzen kann, um den seelisch belasteten Menschen von beiden Sichtweisen her beistehen zu können. Die Frage, wie Psychotherapie und Seelsorge miteinander in Beziehung stehen können, hat mich nicht mehr losgelassen, wobei es mir wichtig geworden ist, das Gemeinsame als Gewinn zu sehen, die Unterschiede dabei jedoch nicht außer acht zu lassen.

Über die wechselseitige Anregung beider Sichtweisen des Menschen weiter nachzudenken, ist für mich deshalb erstrebenswert, weil heute zwar genügend psychologische Hilfe angeboten wird, viele aber in Bezug auf die religiöse Orientierung ratlos geworden sind. Will Seelsorge ihnen in ihrer Unsicherheit beistehen, wird das ohne das Wissen um psychologische Erkenntnisse kaum möglich sein. Denn durch die kulturellen Veränderungen der letzten fünfzig Jahre ist sie vor ganz neue Probleme gestellt, Probleme, die sich aus einer neuen Wirklichkeit und Lebensauffassung ergeben:

• 1. Die tradierten Ordnungen sind weitgehend gesprengt. Christliche Normen haben keine selbstverständlichen Leitfunktionen mehr, werden sogar vielfach für rückständig angesehen, wodurch die Sicherheit des Handelns verlorengegangen ist. Infolgedessen weichen vormals weitgehend einheitliche Werte und Lebenseinstellungen stark voneinander ab, so daß es für eine Beraterin zunmehmend schwieriger wird, sich in die Denk- und Handlungsmuster eines Gesprächspartners hineinzufühlen.

• 2. In jeder Lebenslage muß heute der einzelne neue und eigenständige Entscheidungen nach seinem persönlichen Gewissen treffen. Er kann das nur aufgrund einer individuell angeeigneten Normen- und Wertwelt. Infolgedessen ist auch das Gewissen der einzelnen Menschen ganz unterschiedlich ausgeprägt, wodurch unser Leben zwar bunter und interessanter, aber auch problem- und konfliktreicher geworden ist. Der Heranwachsende muß beispielsweise ohne selbstverständliche Leitbilder seine persönliche Orientierung finden.

Ein nicht zu unterschätzender Vorteil ist die Eigenverantwortung, in die dadurch jeder gestellt wird. Auf der anderen Seite fühlen sich viele durch den Zwang, sich immer neu selbständig entscheiden zu müssen, überfordert, so daß sie auf Beratung angewiesen sind. Möchte Seelsorge weiterhin ihren Auftrag darin sehen, hilfesuchenden Menschen eine Antwort vom Evangelium her zu geben, so muß sie sich auf die Individualität der Ratsuchenden einstellen. Dem in einer verlorenen Wertwelt orientierungslosen Menschen wieder zu einer neuen Orientierung zu verhelfen und dabei zugleich das Bedürfnis nach Eigenständigkeit zu achten, ist die ihr gestellte Aufgabe.

• 3. Gott wird in einer Gesellschaft, die von Allmachtsphantasien und Nützlichkeitsdenken geprägt ist, an den Rand der Erfahrung gedrängt. Hat Gott noch eine Bedeutung, so wird er zum Garanten für ein sorgenfreies Leben angesehen, was unvermeidlich zu Irritationen führen muß, wenn sich die Frage nach dem Leid stellt. Insofern kommt auf die Seelsorgerin die ganz sensible Aufgabe zu, besonders in Krisensituationen den Ratsuchenden so zu begleiten, daß dieser die Erfahrung von Not und Leid als Chance auf dem Weg zur persönlichen Entfaltung neu sehen kann.

• 4. Durch die Veränderung sinngebender Werte strebt der heutige Mensch mehr nach psychischer als nach moralischer Vollkommenheit. Als Makel wird alles das erlebt, was dem Idealbild eines souveränen, jede Situation beherrschenden Menschen nicht entspricht. Nicht das Leiden an der Sünde belastet ihn; er findet es vielmehr verwerflich, Neurotiker zu sein. Die Rolle des Seelsorgers geht damit auf den Psychotherapeuten über. Von ihm wird angenommen, er könne ein Urteil über die psychische Gesundheit eines Menschen und damit auch über dessen ‚Wert‘ abgeben. Die Konsequenzen für die Seelsorge liegen auf der Hand: der Mensch sucht nicht das Heil, sondern die Heilung.

• 5. Der Mensch ohne Gott ist in eine Verlorenheit hineingeraten, die ihn auf der Suche nach neuer Orientierung und Geborgenheit von den verschiedensten irdischen Mächten und Ideologien abhängig macht. Zweck und Ziel des Lebens wird im Tun des Menschen gesehen, was eine totale Abhängigkeit von seiner körperlichen und psychischen Leistung schafft. Die internalisierte Nötigung, vollkommen sein zu müssen, läßt Leistung und Gewinn zum Lebenszweck werden und macht zugleich schuldig und krank. Die Freiheit von der Verknechtung kann durch eine neue Beziehung zu Gott gewonnen werden. Deshalb hat Seelsorge mit

Verkündigung und Vergebung an dieser Beziehung mitzuwirken, d.h., Evangelium auf einer anderen, tieferen Ebene als der moralischen erfahrbar werden zu lassen.

• 6. Obwohl sich unser Leben immer differenzierter gestaltet, haben zunehmend weniger Menschen eine Vertrauensperson, der sie sich in Nöten und Krisen anvertrauen können. Die allgemein bekannte Vereinsamung zeigt hier ihre Wirkung. Für eine seelsogerliche Beratung bedeutet das, sich freundschaftlich zur Verfügung zu stellen und zur Begleitung bereit zu sein. So können die Ratsuchenden bereits im Vorfeld der Psychotherapie Helferinnen finden, denen sie sich mit ihren Problemen anvertrauen können.

Für die Seelsorge ergibt sich aus den genannten Punkten: erst, wenn sie den Zwang zur psychischen Vollkommenheit ernst nimmt und akzeptiert, daß aus dem bösen Gewissen das ratlose geworden ist, kann sie die Hilfe des Glaubens wieder mit der Lebenswirklichkeit und den Grundgefühlen des Menschen verbinden. Das jedoch ist die Voraussetzung zum Verständnis ihrer Inhalte.

Es bedarf der Seelsorgerinnen und Seelsorger, die sich genügend mit Interaktions- und Kommunikationsprozessen, welcher Richtung auch immer, vertraut gemacht haben, damit auch in den Gemeinden eine wirkungsvolle, auf den Menschen bezogene Arbeit gewährleistet ist.

Welche Möglichkeiten sich für kirchliche Mitarbeiter mit dem klientenzentrierten Konzept ergeben, habe ich in meinem Buch „Seelsorgerliche Gesprächsführung" aufgezeigt. Inzwischen hat unsere Arbeit weites Interesse gefunden, was sich an den zunehmenden Anfragen nach Ausbildungsmöglichkeiten zeigt. Um diesem Wunsch nachzukommen, wird die Fortbildung zur seelsorgerlichen Gesprächsführung in eine Ausbildung zum seelsorgerlichen Berater erweitert, einmal verantwortet von der Deutschen Gesellschaft für Pastoralpsychologie (DGfP), zum anderen in Kürze von der Gesellschaft für wissenschaftliche Gesprächspsychotherapie (GwG), Köln (s. Anhang).

Die grundsätzlichen Vorteile der personzentrierten Gesprächsführung sehen wir aufgrund der Erfahrungen in unseren Supervisionsgruppen in Folgendem:

• Die Einstellung zum Ratsuchenden ist von einer hohen Achtung vor dem Menschen und seiner grundsätzlichen Verantwortungsfähigkeit geprägt, was der christlichen Anthropologie entspricht. Sie wird den Bedürfnissen des modernen Menschen nach Individualität und Eigenständigkeit gerecht.

• Das gesprächspsychotherapeutische Verständnis von Beziehung und Begegnung, das in der akzeptierenden, warmherzigen und kongruenten Haltung zum Ausdruck kommt, entspricht der christlichen ‚agape' und findet in Jesu seelsorgerlichem Verhalten eine Orientierungshilfe.

• Die Zurückhaltung der Seelsorgerin ermöglicht eine Verkündigung, die auf die Grunderfahrungen des Ratsuchenden abgestimmt ist und ihm somit eher zugänglich wird. Zugleich macht ein auf den Gesprächspartner vertrauendes Vorgehen mit dem extra nos (dem Wirken Gottes an uns) ernst: es vertraut darauf, daß Gott ihm begegnet. Dadurch kann die Seelsorgerin von dem Druck loslassen, durch ihren persönlichen Einfluß Glauben wirken zu müssen.

• Die Arbeitsfelder von Seelsorge und Gesprächspsychotherapie weisen erstaunliche Parallelen auf. So bemühen sich Gesprächspsychotherapeuten verstärkt um Menschen in bestimmten Konflikt- oder auch Leidenssituationen. Entsprechend können deren Forschungsergebnisse vielen Bereichen der Seelsorge zugute kommen.

• Personzentrierte Gesprächsführung (nicht Psychotherapie) kann auch dem nicht psychologisch geschulten Laien vermittelt werden, der eine solche Fortbildung grundsätzlich für sich selbst und für seinen Umgang mit anderen als hilfreich erlebt.

Dem kommt entgegen, daß die Gesellschaft für wissenschaftliche Gesprächspsychotherapie drei unterschiedliche Fort- und Ausbildungsgänge anbietet: den der Gesprächsführung, den der Beratung und den der Psychotherapie. Die Fortbildung in Gesprächsführung will für die Aufgaben in den berufsspezifischen Arbeitsfeldern qualifizieren, die der Beratung möchte darüber hinaus zum Umgang mit besonders problematischen Lebenssituationen befähigen, während es sich in der Ausbildung zum Psychotherapeuten im wesentlich um eine Qualifikation zur Behandlung von Menschen mit psychischen Störungen handelt.[1]

Um dem Leser eine möglichst sachgerechte Auseinandersetzung mit der Frage nach der Integration klientenzentrierter Prinzipien in die seelsorgerliche Arbeit zu ermöglichen, zeige ich zunächst kurz den Einfluß der psychotherapeutischen Richtungen auf die Seelsorge auf, grenze im weiteren Psychotherapie und Seelsorge so voneinander ab, daß Gemeinsames und jeweils Eigenständiges deutlich werden.

Das Curriculum der Fortbildung in personenbezogener Gesprächsführung ist als Rahmen zu verstehen, den jeder Trainer individuell füllen kann. Das Curriculum für die Ausbildung zum seelsorgerlichen Berater wird in Kürze durch die Ausbildungskommission der GwG verabschiedet werden. Vorgesehen ist eine Gesamtausbildung von sechshundert Stunden, aufbauend auf die Fortbildung in Gesprächsführung.

Bei den theoretischen Hilfen zum Erlernen des klientenzentrierten Konzeptes habe ich mich exemplarisch auf Krisensituationen und die Begleitung erkrankter Gesprächspartner beschränkt; den Umgang mit Trauernden[2] habe ich in meinem Buch „Seelsorgerliche Gesprächsführung" eingehend dargestellt.

Als praktische Hilfen habe ich bewußt die vielfach als überholt angesehenen Skalen von Truax und Carkhuff (vgl. Skalen, Kap. 6) mit aufgeführt. Ich habe sie in allen Kursen als gute didaktische Hilfe erlebt und erfahren, daß sie von den Teilnehmern nach wie vor als Orientierung dankbar angenommen werden. Darüber hinaus habe ich die Skalen von Reinhard Tausch aufgeführt, die wir ebenfalls gerne benutzen.

Die im siebenten Kapitel aufgezeigten Protokolle zeigen, was ein bedachter Umgang mit Wort und Sprache bewirken kann – eine Erfahrung, die die Kursteilnehmer oft stark beeindruckt. Ich möchte mit den Gesprächen beispielhaft aufzeigen, wie sich Beziehungen und echte Begegnungen realisieren lassen. Die Analyse des jeweiligen Gesprächsverlaufes soll die Interaktionsvorgänge herausstellen. Sie lassen die Grunderfahrungen erkennen, die wir immer wieder in den Gesprächen feststellen können und die in ihrer Stringenz für uns mitunter faszinierend sind. Vielleicht gelingt es mir, dadurch zu einem besseren Verständnis der Interaktionsvorgänge beitragen zu können, obwohl ein schriftliches Protokoll nur sehr bedingt das lebendige Geschehen in einer Beziehung wiedergeben kann. Situative Zusammenhänge sind nur dann kurz erwähnt, wenn es für das Verständnis der Interaktion unumgänglich ist. Denn der Gesprächspartner steht mit seinem Erleben im Mittelpunkt; es geht nicht um die Beurteilung seiner Situation. Aus Verantwortung denen gegenüber, die mir ihre Gespräche zur Veröffentlichung anvertraut haben, möchte ich alles das vermeiden, was Rückschlüsse auf die Person zulassen könnte. Trotz möglicher Verfremdung wäre diese Gefahr bei einer genaueren Darstellung der Hintergründe gegeben.

Vielleicht gewinnt der eine oder andere durch die Ausführungen den Mut, sich mit einer Beratungsarbeit vertraut zu machen, die einmal für die Entwicklung seiner eigenen Persönlichkeit einen Gewinn verspricht, die ihm darüber hinaus die Chancen zu intensiveren Kontakten gibt. Sie kann seinen Berufsalltag im sozialen Bereich oder in der Gemeindearbeit ganz entscheidend bereichern.

Ich möchte auch erleben lassen, wieviel wirkungsvoller durch eine gelungene Beziehung und Haltung einem Ratsuchenden beigestanden werden kann als durch argumentative Überzeugungsarbeit. Viel zu viele Menschen, die einer Begleitung bedürfen, aber in ihrer Not nicht den hierfür gerüsteten Helfer finden, stehen uns gegenüber; besonders die psychosoziale Versorgung außerhalb der Großstädte ist in keiner Weise ausreichend. Hier könnte eine intensive Beschäftigung mit der Gesprächsführung dazu beitragen, eine Lücke zu schließen. Die für ein Gespräch Verantwortlichen könnten über den Status eines Amateurs hinausgelangen und mehr Sicherheit im Umgang mit Menschen in kritischen Lebenssituationen gewinnen.

Für die Seelsorge ist die Entwicklung des klientenzentrierten Konzeptes insofern eine starke Herausforderung zu einer besseren Schulung, als die von ihr bis dahin allein vertretenen Arbeitsgebiete – Begleitung von Menschen in besonders schwierigen Lebenssituationen – jetzt auch von Psychologen und Sozialarbeitern wahrgenommen werden, die sich für diese Aufgabe qualifiziert haben. Sie nehmen bei der Begleitung Sterbender auch Fragen des Glaubens auf, denn nach dem klientenzentrierten Prinzip ist es für den Begleiter nicht erforderlich, ein mit dem Ratsuchenden identisches Weltbild zu haben. Grundlegend ist vielmehr, sich auf das Erleben des anderen einzulassen sowie ihn in seinem Fühlen und Denken verständnisvoll zu begleiten.

Was mich persönlich an der Arbeit in der Fortbildung zur seelsorgerlichen Beratung am meisten bewegt und auch geprägt hat, ist die zunehmende Erkenntnis, einen Weg gefunden zu haben, der dazu verhilft, Nächstenliebe nicht nur verwirklichen zu w o l l e n , sondern sie durch entsprechende Hilfen auch verwirklichen zu k ö n n e n . Sie stellt sich für mich in der Achtung vor der Andersartigkeit des anderen dar, die grundsätzlich die Voraussetzung jeglicher Liebe ist. Das trifft für mich besonders deshalb zu, weil das klientenzentrierte Konzept auch da eine helfende Funktion hat, wo intellektuelle oder soziale Fähigkeiten keine Chance zur Entwicklung gehabt haben, wie z.B. bei aggressiven Jugendlichen. Gelingt es, eine Beziehung zu ihnen herzustellen, die auf Echtheit und Akzeptanz gründet, können sie sich öffnen und ihrem Leidensdruck stellen. Entgegen möglicher Bedenken ist die Sprache der weniger geförderten Jugendlichen dabei kein Hindernis,[3] wie ich auch persönlich an der Begleitung von Sonderschülern feststellen konnte.

Mein Gegenüber so zu sehen, wie es ist, und nicht so, wie es nach meinen Vorstellungen sein sollte und wie ich es haben will, ihm die Chance zu geben, sich selber zu finden und sein Tun zu verantworten – das ist die Zielvorstellung, die mich als Seelsorgerin und als Psychotherapeutin bestimmt.

I. Die heutige Seelsorge im Gespräch mit der Psychotherapie

1. Der Einfluß der Psychotherapie auf die Seelsorge

Die Theorie und Praxis der Seelsorge ist durch die Entwicklung der Psychotherapie vor Tatsachen gestellt worden, die zu einem neuen Nachdenken über ihre Aufgaben herausfordern. So hat sich u.a. herausgestellt, daß jede Kommunikation gewissen Gesetzmäßigkeiten unterworfen ist, deren Kenntnisse das menschliche Miteinander erleichtern und die Begleitung Ratsuchender wesentlich effektiver gestalten kann. Die Seelsorge muß sich weiterhin damit auseinandersetzen, daß aufgrund des veränderten Selbstverständnisses das zentrale Thema des Hilfesuchenden seine psychische Intaktheit und sein reibungsloses Funktionieren in dieser Gesellschaft ist. Er hat das Ideal, ein Mensch zu sein, der allen Situationen ohne jede Einschränkung gewachsen sein muß, während Glaubensfragen für ihn von untergeordneter Bedeutung sind. Die Seelsorgerin hat daher ernst zu nehmen,daß sich das Leiden an der Sünde zum Leiden an der Neurose verschoben hat, daß der Begriff „Neurotiker" für ihn ähnlich negativ klingt wie seinerzeit der Begriff „Sünder".

Eine Folge dieses veränderten Verständnisses ist die Abwanderung vom Amtszimmer des Seelsorgers zum Beratungszimmer des Psychotherapeuten. Während heute immer noch auf den Seelsorger das Bild des Richters projiziert wird, der ethisch moralisches Verhalten wertet und beurteilt, wird auf den Psychotherapeuten das archetypische Bild des Priesters übertragen. In ihm sieht der oder die Ratsuchende denjenigen, der über die psychische Gesundheit in ähnlicher Weise sein Urteil abgibt, wie seinerzeit der Priester über das moralische Verhalten. Der Ratsuchende gesteht ihm das auch zu, erwartet er doch zugleich, mit Hilfe seines Urteils von seinen neurotischen Störungen befreit zu werden und sich der psychischen Vervollkommnung anzunähern. Entsprechend begegnet er dem Psychotherapeuten weitgehend mit dem ambivalenten Gefühl, in eigener Unvollkommenheit durchschaut zu werden, zugleich aber Heilsein und Vollkommenheit erlangen zu können. Man fügt sich seinen Auffassungen, seinen Lehren und Interpretationen in gleicher Weise, wie man sich ehemals der Autorität des Seelsorgers gebeugt hat, mitunter in erschreckend gläubiger Weise.[1]

Will die Seelsorge wirklichkeitsnah bleiben, so hat sie das Bedürfnis nach psychologischer Hilfe zu achten, die menschliche Not, ohne rechte Mitte zu sein, zu akzeptieren. Sie hat ihre Antworten vom Evangelium her so zu geben, daß der Fragende sie auch von seinem heutigen Verständnis und Erfahrungshintergrund her aufnehmen kann. Erst, wenn Seelsorge den heutigen Menschen ernst nimmt, kann sie erwarten, auch ihrerseits ernst genommen zu werden. Solange sie in der theologischen Ausbildung eine untergeordnete Rolle spielt und darüber hinaus Seelsorger und Seelsorgerin in der Gemeinde weitgehend allein auf sich gestellt sind, können sie einer solchen Herausforderung kaum gewachsen sein.

Bereits in den zwanziger Jahren versuchten Hans Asmussen und Eduard Thurneysen das seinerzeit in der praktischen Theologie erheblich vernachlässigte Gebiet der Seelsorge neu zu beleben, und zwar auf dem Hintergrund der kerygmatischen Theologie Karl Barths. Nach Thurneysen's Verständnis sind Beichte und Vergebung in der hoffenden Gewißheit auf das Kommen des Reiches Gottes noch immer Zentrum des seelsorgerlichen Gespräches. In späteren Veröffentlichungen sieht er die Aufgabe der Seelsorge zwar nach wie vor in der „Ausrichtung des Wortes Gottes von Mensch zu Mensch",[2] will aber die „konkrete Gestaltung",also das „Wie" der Ausrichtung,sorgfältig bedacht wissen. Deshalb hält er es für erforderlich, Verkündigung in einer solchen Begegnung geschehen zu lassen,in der der andere als „Du" angesprochen wird. Andernfalls „wird versucht, ein Wort Gottes anzubringen, aber der von uns Angeredete bekommt das nicht zu hören, was Gott sagen will"[3]. Daher mag unser Zuspruch so geschehen, „daß unser Wort, das wir an den uns Begegnenden richten, ein ganz *weltliches* Gepräge an sich trägt"[4]. Entsprechend ist nach dem späteren Thurneysen im seelsorgerlichen Gespräch eine gewisse Zurückhaltung mit der effektiven Verkündigung geboten, was bei einer kritischen Würdigung seiner Arbeit mitunter nicht genügend bedacht wird.

Die Behutsamkeit im Umgang mit dem biblischen Wort ist bei Thurneysen von der Hoffnung auf das Wirken Gottes getragen, die das Tun des Seelsorgers kennzeichnet. Die Erkenntnisse der neu sich entwickelnden psychologischen Wissenschaft hat er jedoch noch nicht ausreichend berücksichtigt, so daß sein Ansatz zwar zu neuem Nachdenken angeregt, aber keine wesentlichen Impulse für eine intensive seelsorgerliche Schulung hervorgebracht hat. Trotzdem bleibt sein Verdienst, den Bereich der Seelsorge wieder neu ins Blickfeld gerückt zu haben.

Ein erweitertes Seelsorgeverständnis finden wir bei Otto Haendler (1957). Für ihn gehört zur Seelsorge über die Verkündigung hinaus „die konkrete Verarbeitung dessen, was in der Verkündigung geschieht"[5]. Nur, wenn der Ratsuchende befähigt wird, das ihm zugesprochene Wort Gottes mit seinem individuellen Leben in Beziehung zu setzen, kann es zu einer tragfähigen Lebens- und Glaubenshilfe werden. Um diesem Anspruch optimal nachkommen zu können, hält Haendler eine Integration des tiefenpsychologischen Ansatzes von C.G. Jung für sinnvoll, sieht er doch in dessen Lehre von den Archetypen und Symbolen eine wesentliche Bereicherung zum besseren Verständnis des Menschen. Lange Zeit hat dieser Ansatz im Schatten der Psychoanalyse Freuds gestanden, dessen psychotherapeutisches Denken bereits zu seinen Lebzeiten von dem Pfarrer Oskar Pfister in die Gemeindearbeit aufgenommen wurde. In den fünfziger Jahren hat das analytische Vorgehen durch Hans Joachim Thilo, etwas später durch Joachim Scharfenberg Eingang in die praktische Theologie gefunden. Die Tiefenpsychologie C.G. Jungs kommt heute wieder stärker in das Bewußtsein, nicht zuletzt durch den Ansatz von Eugen Drewermann.

In den vierziger Jahren entstand in Anlehnung an die humanistische Psychologie das Pastoral-counseling in Amerika, wesentlich unter dem Einfluß von Carl Rogers und der von ihm entwickelten Gesprächspsychotherapie. Diese neue, eigenständige psychotherapeutische Richtung brachte beachtliche Impulse für die weitere Entwicklung der Seelsorge. Als erster sah Seward Hiltner 1943 für seine

Krankenhausarbeit in diesem personenzentrierten Ansatz eine Chance, das Gespräch am Krankenbett zu intensivieren und den Klinikpfarrern eine Ausbildung in Gesprächsführung zu ermöglichen.[6] Zusammen mit Anton Boisen löste er eine regelrechte Seelsorgebewegung mit einem neuen, mehr therapeutisch orientierten Seelsorgeverständnis aus.

Die amerikanische Seelsorgebewegung ist durch Wybe Zijlstra, Heije Faber und Ebel v.d. Schoot in die Niederlande und von dort durch Hans Christoph Piper im Jahre 1970 nach Deutschland gelangt. Als klinische Seelsorgeausbildung (erst CPT, später KSA genannt) hat sie zunehmend Verbreitung gefunden. In ihrer weiteren Entwicklung hat sie sich nicht mehr an ein bestimmtes therapeutisches Konzept gebunden, sondern sucht in erster Linie das Verstehen eigenen seelsorgerlichen Handelns zu fördern, und zwar angelehnt an die methodisch therapeutische Ausrichtung des jeweiligen Trainers.

Von der humanistischen Psychologie angeregt, hat sich neben der klinischen Seelsorgeausbildung eine weitere Seelsorgeschule herauskristallisiert, die sich unmittelbar von der von Reinhard und Annemarie Tausch nach Deutschland eingeführten Gesprächspsychotherapie ableitet. Ihr wesentliches Ziel liegt darin, die Gemeindeseelsorge zu intensivieren, weshalb ihr Schwerpunkt auf der Vermittlung von Kommunikations- und Interaktionsvorgängen liegt. Auf der Basis einer bestimmten therapeutischen Haltung – einer Haltung, die der christlichen „agape" entspricht –[7] befähigen diese Kenntnisse dazu, echte Begegnungen zu schaffen und in ihrer seelsorgerlichen Umsetzung Heil und Heilung zu verbinden.[8]

Eine Integration der Gesprächspsychotherapie in die praktische Theologie haben auf katholischer Seite Joseph Schwermer und Peter F. Schmid, auf evangelischer die Autorin versucht. Der Begriff: „klientenzentrierte Gesprächspsychotherapie" wird durch den Begriff „partnerzentrierte" oder auch noch zutreffender „partnerbezogene", bei Schmid auch „personzentrierte Seelsorge" erweitert. Auch der Begriff „annehmende Seelsorge" ist in diesem Zusammenhang geprägt worden.

Das Wort „Klient" für das seelsorgerliche Gespräch zu gebrauchen, halten wir nicht für sinnvoll. Weder versteht sich der Ratsuchende als „Klient", noch ist die Seelsorgerin mit einer fest umschriebenen psychotherapeutischen Aufgabe betraut; vielmehr begleitet sie ihre Gemeindeglieder als Gesprächspartnerin. Je nach therapeutischem Einfluß haben sich unterschiedliche Schulen entwickelt, die sich in Sektionen innerhalb der Deutschen Gesellschaft für Pastoralpsychologie (DGfP) zusammengeschlossen haben.

So begrüßenswert die Aufnahme humanwissenschaftlicher Erkenntnisse in die Seelsorge ist – die Abwendung von den ursprünglich priesterlichen Aufgaben durch die zunehmende Professionalisierung wird auch kritisch gesehen. Z.B. weist Jürgen Ziemer auf die Gefahr hin, daß sich Seelsorge nicht mehr vom Auftrag, sondern vom Erfolg her versteht. Damit würde sie dem Erfolgsdenken der heutigen Zeit verfallen sein. Zum anderen verunsichere sie Laien, die sich häufig nicht mehr trauen, psychisch belastete Menschen im Sinne des allgemeinen Priestertums helfend zu begleiten.[9] Nach unseren Erfahrungen mit Besuchsdienstkreisen sind hierfür jedoch noch andere Ursachen geltend zu machen: in erster Linie die allgemeine Ratlosigkeit dem Leid gegenüber sowie die abnehmende Bereitschaft zum sozialen Engagement. Darüber hinaus wird befürchtet, daß mit der Übernahme wissenschaftlicher Erkenntnisse und therapeutischen Vorgehens sich Seelsorge vom transzendenten Verständnis löst und die Beratung als solche zum Inhalt der Verkündigung wird.[10]

Tatsächlich tritt der Verkündigungsauftrag in den Definitionen von Seelsorge zugunsten des beratenden oder therapeutischen Verständnisses mehr und mehr zurück. So sieht Howard Clinebell, ein Vertreter der KSA, in der Seelsorge ein Instrument zur „Vertiefung der Beziehungen", die als solche zum „Geburtshelfer neuen geistlichen Lebens" werden können, weil erst durch sie Glaubenserfahrungen lebendig werden.[11] Hiermit wird der Weg vorbereitet, Seelsorge zur psychotherapeutisch-kirchlichen Lebensberatung werden zu lassen.[12]

Für mich ist erfreulich, daß in der heutigen Seelsorge die personale Beziehung wieder stärker als bisher in das Blickfeld rückt. Jedoch läßt eine einseitige Wertschätzung der Kommunikationsfähigkeit die kerygmatisch seelsorgerlichen Aufgaben leicht in den Hintergrund treten. Das geht u.a. aus Dietrich Stollbergs Zielsetzung hervor: „Veränderung der Einstellung des Klienten (des psychischen Zustandes) als Grundlage für Veränderung äußerer Umstände und Zustände durch den Klienten selbst, oder als Grundlage für Toleranz gegenüber Unveränderbarem"[13].Der Seelsorger unterscheidet sich nur noch wenig von einem Berater mit christlicher Einstellung. Entsprechend wären auch die für einen psychotherapeutischen Prozeß erforderlichen Voraussetzungen als verbindlich für die seelsorgerliche Hilfe anzusehen. Sie sollte so lange zurückgestellt werden, „bis die Menschen in die Krise geführt werden und zu ihm (sc. dem Seelsorger) kommen"[14] Die begleitende und dem leidenden Menschen nachgehende Seelsorge hat von dieser Perspektive her wenig Raum.

Hieraus geht hervor, daß die Entwicklung des Seelsorgeverständnisses zu zwei polaren Auffassungen geführt hat: Die eine ist von der kerygmatischen Theologie her geprägt und hält die verbale Verkündigung für das Zentrum des Gespräches (Thurneysen), die andere ist am psychotherapeutischen Ansatz orientiert und legt den Schwerpunkt auf das heilende Handeln. Das vom christlichen Glauben her geprägte Umfeld, in der das Gespräch geschieht, kennzeichnet dieses Vorgehen als Seelsorge (Stollberg). Auf der Linie zwischen diesen beiden Polen sind die unterschiedlichen Definitionen von Seelsorge zu sehen.

Bei Manfred Josuttis gewinnt der gesellschaftliche und diakonische Aspekt wieder mehr Bedeutung. Josuttis definiert Seelsorge als „Praxis des Evangeliums in der Form beratender und heilender Lebenshilfe mit dem Ziel der Befreiung des Menschen aus der konkreten Not seiner jeweiligen Lebensverhältnisse." Das Evangelium müsse „von Mensch zu Mensch erfahrbar" vermittelt werden, und zwar in „Wort und Tat"[15]. Weder das eine noch das andere dürfe überbetont werden, weil das Evangelium Jesu „weder allein in verbaler noch allein in aktionaler Kommunikation zureichend weitergegeben" werden kann.[16]

Ein so umfassendes Verständnis von Seelsorge als Wort und Tat entspricht nach unserer Auffassung der Art und Weise, wie Jesus mit den leidenden und hilfesuchenden Menschen umgegangen ist. Wir möchten diese Definition noch akzentuieren: Für uns v o l l z i e h t sich Seelsorge in allen vom christlichen Verständnis her geprägten Beziehungen, durch die dem Menschen konkrete Hilfe in Wort und Tat gewährt wird, und die auf seelische Entlastung hinzielen. Sie kann weder auf kerygmatische noch therapeutische, diakonische oder gesellschaftliche Arbeitsfelder eingegrenzt werden. Ihr Angebot gilt dem ganzen Menschen in all seinen Lebensbezügen. Durch ihr christliches Verständnis vom Menschen, die Fülle und Andersartigkeit ihrer Aufgaben und durch den Verkündigungsauftrag unterscheidet sich Seelsorge jedoch eindeutig von der Psychotherapie. Wenn sich auch abzeichnet, daß durch die zunehmend breiter gefächerten Arbeitsfelder der gesprächspsychotherapeutisch orientierten Helfer beide mehr und mehr aufeinander zukommen, bleibt doch ein gravierender Unterschied: Das eine Mal handelt es sich um ein rein immanentes Tun, das von der Hoffnung auf die dem Menschen innewohnenden Kräfte geleitet wird, das andere Mal um ein Handeln, das die Transzendenz mit einbezieht und von der Hoffnung auf das Wirken Gottes getragen ist.

Die Annäherung der Seelsorge an die Psychotherapie hat eine unübersehbare Fülle von Literatur hervorgebracht, wobei die theologische Auffassung darüber entscheidet, inwieweit ein therapeutisches Verständnis vorrangig ist oder auch abgelehnt wird. In der Diskussion dieser Frage kommt es nach Matthias Kröger entscheidend darauf an, die Relativität der eigenen Auffassung zu erkennen und darauf zu verzichten, dogmatische Positionen absolut setzen zu wollen;[17] denn jeder kann nur von seinem theologischen Ansatz und seinen Erfahrungen her sich das für ihn geltende Verständnis von Seelsorge erarbeiten.

Der Übersicht wegen soll anhand einer Skizze der Einfluß der wichtigsten psychologischen Schulen auf die Entwicklung der praktischen Theologie dargestellt werden,wobei die angeführten Namen exemplarisch zu verstehen sind.

Die Skizze (S. 20/21) läßt erkennen, daß der christologische Ansatz keine Impulse für ein Ausbildungskonzept in Seelsorge entwickelt hat, während der tiefenpsychologische sowie der humanistische unterschiedliche Modelle hervorgebracht haben.

2. Die Abgrenzung der Psychotherapie von der Seelsorge

Die Übernahme psychotherapeutischen Denkens und Handelns in die Seelsorge hat, wie bereits dargestellt, die Frage aufgeworfen, ob beide Aufgabengebiete sich gundsätzllich voneinander unterscheiden oder nicht doch als eines zu verstehen sind. Zur Klärung möchten wir Psychotherapie und Seelsorge einander gegenüberstellen, und zwar vom Menschenbild und von den Aufgabenbereichen her.

Unter Psychotherapie ist die Behandlung von seelischen Störungen in Bewußtsein, Verhalten und Erleben zu verstehen, die durch bestimmte Umweltbedingungen entstanden sind und durch entsprechend therapeutisches Vorgehen wieder überwunden werden können. Die einzelnen Therapieformen haben je nach Menschenbild und Neuroseverständnis eigene Techniken entwickelt, die zu einer Rückbildung der Störungen und zu einer Änderung der durch sie ausgelösten Verhaltensweisen beitragen sollen. So versucht z.B. ein Therapeut der Schule Freuds bestimmte Frustrationen im Triebleben aufzuheben,indem er im wesentli-

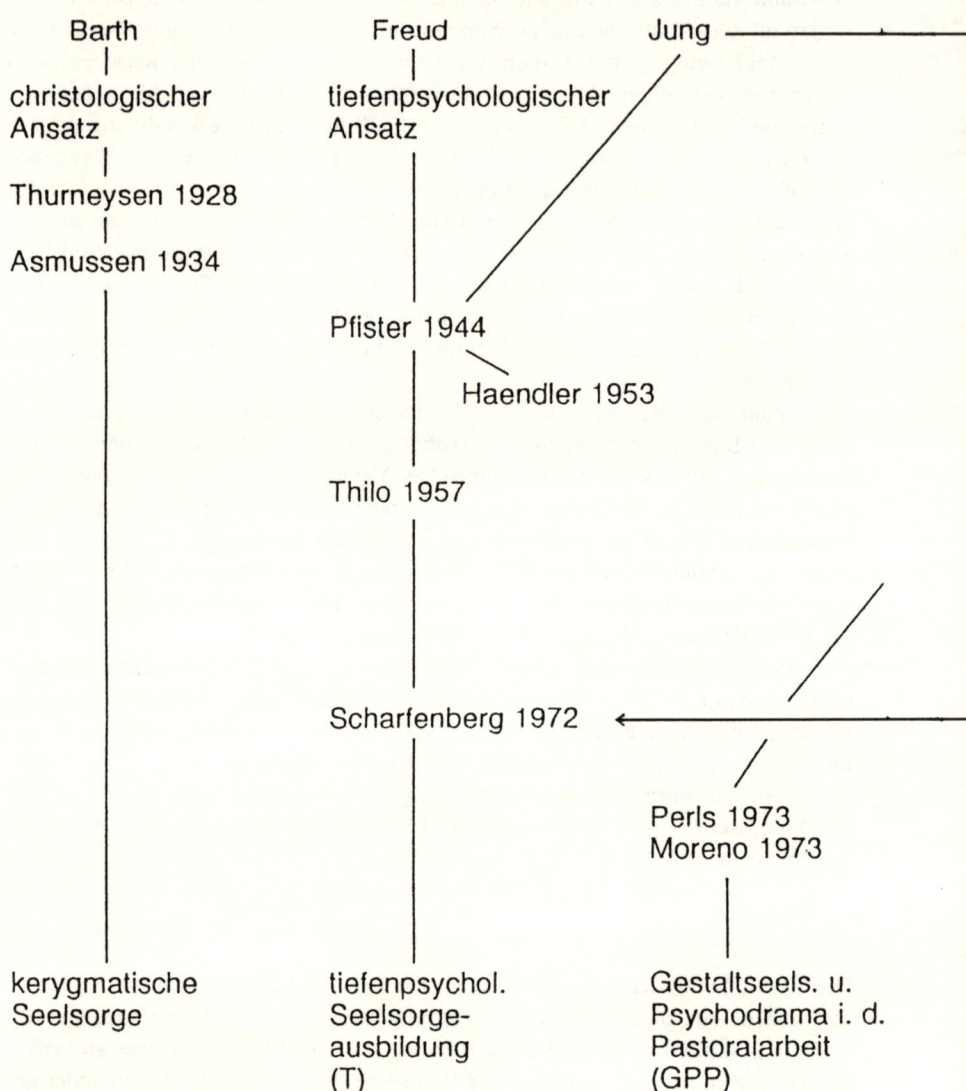

Barth

christologischer
Ansatz

Thurneysen 1928

Asmussen 1934

Freud

tiefenpsychologischer
Ansatz

Jung ───────────

Pfister 1944

Haendler 1953

Thilo 1957

Scharfenberg 1972 ←

Perls 1973
Moreno 1973

kerygmatische
Seelsorge

tiefenpsychol.
Seelsorge-
ausbildung
(T)

Gestaltseels. u.
Psychodrama i. d.
Pastoralarbeit
(GPP)

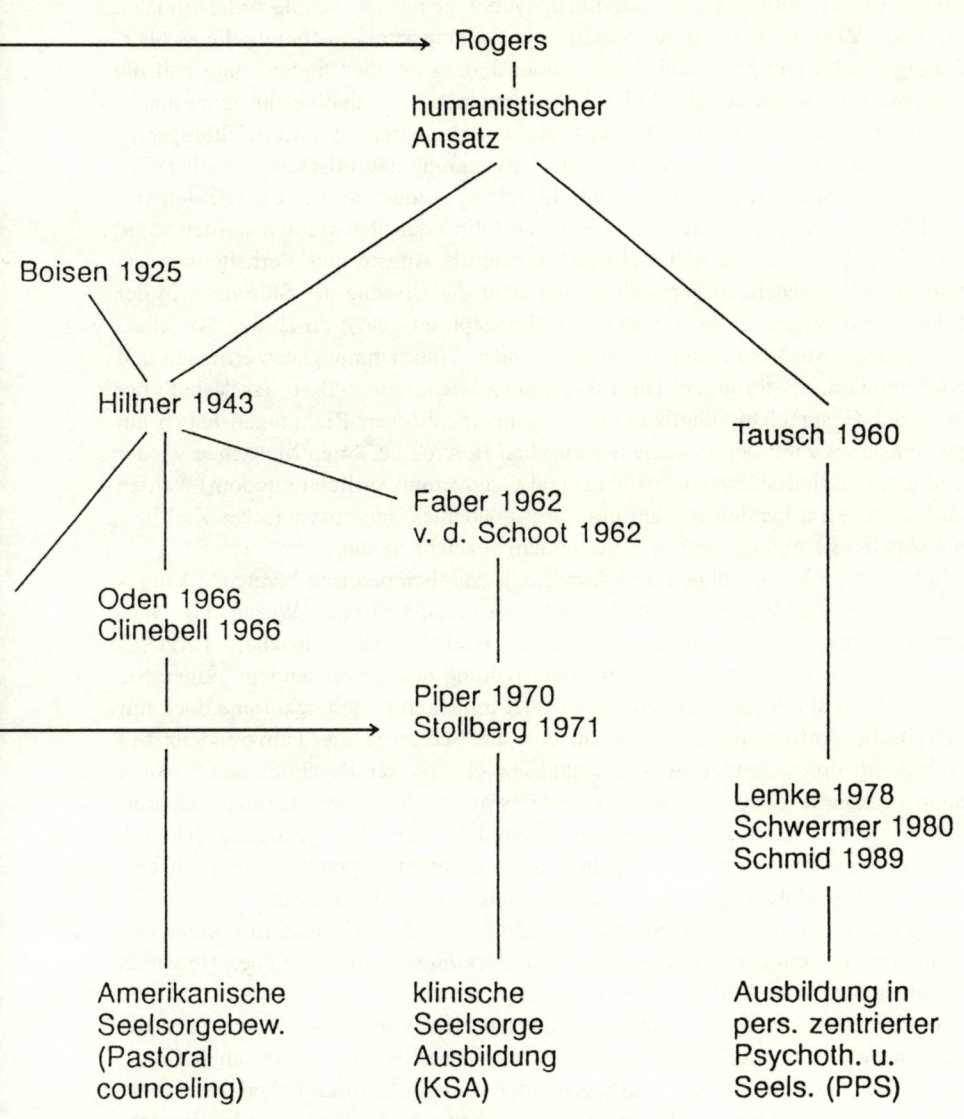

Rogers

humanistischer
Ansatz

Boisen 1925

Hiltner 1943

Tausch 1960

Faber 1962
v. d. Schoot 1962

Oden 1966
Clinebell 1966

Piper 1970
Stollberg 1971

Lemke 1978
Schwermer 1980
Schmid 1989

Amerikanische
Seelsorgebew.
(Pastoral
counceling)

klinische
Seelsorge
Ausbildung
(KSA)

Ausbildung in
pers. zentrierter
Psychoth. u.
Seels. (PPS)

chen mit Hilfe von Träumen Zusammenhänge zwischen Gewordensein, Erleben und Verhalten aufdeckt. Der Individualpsychologe aus der Schule Adlers möchte zu einer Ausgeglichenheit des Macht- und Geltungsstrebens führen, die es überflüssig macht, Defizite durch Überkompensierung zu überwinden. Jung hält die Neurosen für Störungen des Individuationsprozesses, weshalb er in seiner analytischen Psychotherapie eine Wiederherstellung des natürlichen Entwicklungsprozesses anstrebt. Karen Horney sieht die Entwicklung neurotischen Verhaltens als von dem jeweiligen kulturellen Umfeld abhängig, das darüber entscheidet, wie weit Hilflosigkeit zu neurotischen Ängsten führt oder überwunden werden kann. Die Verhaltenstherapie bietet Hilfen an, erlernte Ängste und Verhaltensweisen wieder zu verlernen. Rogers schließlich sieht die Ursache der Störungen in der Inkongruenz zwischen Selbst und Selbstkonzept, ausgelöst durch den Sozialisationsprozeß. Sie äußern sich in entsprechenden Wahrnehmungsverzerrungen und Kommunikationsstörungen. Die Inkongruenz wieder aufzulösen, ist deshalb der Weg der Gesprächspsychotherapie. Alle therapeutischen Richtungen haben ein gemeinsames Ziel: den in seinem seelischen Bereich gestörten Menschen wieder voll gemeinschaftsfähig (liebesfähig) und eigenverantwortlich (autonom) werden zu lassen. Stets handelt es sich um ein immanentes, innerpsychisches Ziel, das man auch als Heilung von etwas Störendem bezeichnen kann.

Die Seelsorge kennzeichnen drei Aspekte: 1. das therapeutisch beratende Vorgehen, 2. die Verkündigung, die dem tieferen metaphysischen Wesen des Menschen (Isidor Baumgartner) gerecht werden möchte, 3. das Ethische.[18] Letzteres findet seinen Ausdruck in der Erwartungshaltung des Ratsuchenden: „sagen Sie mir, was ich am besten machen kann", oder umgekehrt: „ich bekomme doch nur moralische Anweisungen". Dadurch, daß die Seelsorge die Transzendenz mit einbezieht, unterscheidet sie sich grundsätzlich von der Psychotherapie, wobei nicht in Abrede gestellt werden soll, daß es auf beiden Seiten Grenzüberschreitungen gibt. „Heilslehren" abstruser Therapieformen sind genügend bekannt, ebenso ein seelsorgerisches Vorgehen, das sich allein psychotherapeutisch versteht. Doch sind derartige Grenzüberschreitungen kritisch zu sehen.[19]

Entsprechend dem unterschiedlichen Verständnis finden wir auch in Formen, Inhalten und Funktionen je eigene, aber auch deckungsgleiche Bereiche, wie wir es an folgendem Schaubild (S. 23) verdeutlichen möchten.

Die Horizontale zeigt die Linie von den spezifisch seelsorgerlichen über die deckungsgleichen (die der Beratung) zu den spezifisch therapeutischen Bereichen. Die unterschiedlichen Aufgabenfelder in den seelsorgerlichen Bereichen, zeigen, daß gegenüber der therapeutischen Arbeit von der Seelsorgerin eine größere Flexibilität und Offenheit gefordert ist.

Die deckungsgleichen Bereiche machen deutlich, daß Psychotherapie und Seelsorge nur dann als identisch angesehen werden können, wenn die jeweils eigenständigen Bereiche und das andere Menschenbild nicht genügend wahrgenommen werden. Diese aber machen erst die Unterschiede zwischen beiden deutlich, und zwar von der Rolle, von den Fähigkeiten und von den vom Ratsuchenden an den Berater gestellten Erwartungen her. Der jeweils eigenständige Bereich macht die Notwendigkeit der unterschiedlichen Ausbildungen aus.

Graphische Darstellung von Seelsorge und Psychotherapie

angebunden an den metaphysischen Begriff der Seele

Seelsorge

angebunden an den immanenten Begriff des psychischen Geschehens

Psychotherapie

Formen

	zufälliges einmaliges Gespräch	einmaliges struktur. Gespräch	mehrere klärende Gespräche	Beratungs-gespräche	Psycho-therapie	klinisch psychoth. Behandlung
kurzes hilfreiches Wort						

Inhalte

		Glaubens-fragen	existentielle und Lebens-probleme	seelische Konflikte	psychische Beeinträchti-gung	schwere psych. Beein-trächtigung
Alltags- bis hin zu Grenzsituationen						

Aufgabenbereiche und Funktionen

	Diakonische Arbeit	Gruppen-arbeit	Einzelfall-begleitung	Beratungs-arbeit	psycho-therapeut. Behandlung	klinisch psychoth. Behandlung
Hausbesuche						
Angebot zur Kontaktauf-nahme	pol. soziale Veränderung	Kommunika-tionshilfe	psychische Bewältigung v. Lebenssit.	Hilfe zur Selbstfindung	Hilfe zur Gesundung	Hilfe zur Eingliederung in das Leben

Es kann zwar eine Seelsorgerin die Fähigkeiten beider Berufe in sich vereinen, sie wird sich aber in ihrer Rolle und aufgrund der an sie gestellten Erwartungen entweder als Seelsorgerin oder als Therapeutin verstehen und entsprechend handeln. Daß dabei leicht das eine in das andere übergehen kann, bleibt unbestritten. Dieses ist nach unseren Erfahrungen dann der Fall, wenn die Seelsorgerin im Gespräch spürt, daß therapeutische Hilfe angezeigt ist, oder umgekehrt im therapeutischen Gespräch Glaubens- und Lebenshilfe gesucht wird.

Die Modalität von Psychotherapie und Seelsorge möchte ich an folgenden Merkmalen präzisieren:

• 1. Die unterschiedlichen Aufgaben von Psychotherapie und Seelsorge verlangen unterschiedliche *Fähigkeiten:* Die Therapeutin muß aufgrund ihres psychologischen Fachwissens die für die Klienten angemessene Therapieform wählen und diese in Haltung und Technik ausreichend beherrschen. Von der Seelsorgerin ist dagegen Flexibilität gefordert: jeweils nach Situation und Bedürfnis des Ratsuchenden wird sie entscheiden, ob sie ihn zur Eigenverantwortung begleiten oder selbst initiativ werden möchte. Möglicherweise wird das Gespräch mit diakonischem Tun zu verbinden sein; d.h., sie muß über genügend Sensibilität verfügen, um zu erspüren, wie lange sie begleitend vorgehen und Hilfe zur Selbsthilfe geben kann, und wann sie handelnd eingreifen sollte.

• 2. Ein weiterer Unterschied liegt in der Art der *Begegnung:* Die Therapeutin wartet ganz bewußt, bis der Klient von sich aus den Weg zu ihr gefunden hat, so daß die Bereitschaft für aktive Mitarbeit bereits von Anbeginn gegeben ist. Beide schließen einen Kontrakt und strukturieren Ort und Zeit, in denen die Gespräche durchgeführt werden sollen. Die Seelsorgerin wird dagegen vielfach selbst initiativ werden und sucht die Gemeindeglieder auf. Denn sie muß auch denen nachgehen, die nicht mehr über genügend eigene psychische oder physische Kräfte verfügen, um zu ihr zu kommen. Mitunter ist sie nicht einmal die um Hilfe Gebetene, sondern sie muß das Vertrauen zum Gesprächspartner erst gewinnen. Schließlich ist sie aufgrund ihres Glaubens auch denen verpflichtet, für die weder Therapeut noch Sozialarbeiter zuständig sind. Seelsorger und Seelsorgerinnen besuchen die Kranken ihrer Gemeinden, unabhängig davon, ob sie körperlich, geistig oder psychisch betroffen sind. Sie lassen sie durch ihre Zuwendung die volle Würde ihres Menschseins erfahren. Für sie gibt es keine hoffnungslosen ‚Fälle‘ wie etwa die sog. therapieresistenten Fälle in der Psychotherapie. Deutlich wird der Unterschied zwischen beiden auch an einem weiteren Aufgabenbereich: Die Seelsorgerin sieht auch in freudigen Ereignissen einen Grund zum Besuch, wenn sie z.B. Gemeindeglieder beglückwünschen möchte, sei es zur Geburt eines Kindes, sei es zu einer Jubiläumsfeier.

• 3. Entsprechend sind die auf die Seelsorgerin oder Therapeutin ausgerichteten *Erwartungen* andere: Sucht ein Klient eine Therapeutin auf, so erwartet er in erster Linie, von seelisch belastenden Symptomen durch eine Behandlung entlastet zu werden. Er betraut sie mit einer Aufgabe, die als Dienstleistung gilt und für die er finanziell aufzukommen hat.

Wendet sich dagegen ein Gesprächspartner an eine Seelsorgerin, so wird er sich dagegen verwahren, als therapiebedürftiger Klient angesehen zu werden. Daß es auch zu therapeutisch wirksamen Gesprächen kommen kann, wird er kaum erwarten und infolgedessen unter Umständen auch gar nicht registrieren. Häufig rechnet er noch mit der geistlichen Dimension, unabhängig davon, ob ihm das nun angenehm ist oder nicht.[20] Trotz des weitgehend veränderten Verständnisses von den Aufgaben der Seelsorge sind gerade solche Vorstellungen der Gesprächspartner vielfach unverändert geblieben und deshalb bei einer pastoralen Begegnung stets mit im Auge zu behalten. Das Wissen um derartige Übertragungen wirkt der Enttäuschung entgegen, wenn trotz personbezogener Haltung in einer Seelsorgerin vom Ratsuchenden allein das priesterlich Urteilende gesehen wird. Diese archetypischen Vorstellungen machen vieles verständlicher, z.B. daß dem Besuch einer Pastorin vom Besuchten mehr Gewicht beigemessen wird als dem eines Gemeindegliedes.

• 4. Aufgrund der Erwartungen ist die *Rolle* von Psychotherapeut und Seelsorger eine ganz andere. Zwar kann eine Seelsorgerin zur therapeutischen Beraterin werden oder umgekehrt ein Therapeut zum Seelsorger, wenn die enge Korrelation von Lebens- und Glaubensschwierigkeiten gesehen wird und beide sich als Christ verstehen. Aber sie bleiben von ihrer Begegnung, von ihrem Selbstverständnis, den Erwartungen der Ratsuchenden und von ihrer Rolle her Seelsorgerin oder Therapeutin. Sind beide in einer Person vertreten, so ist es sinnvoll, die eigene Rolle und die Erwartungen des Ratsuchenden abzuklären, um unnötige Irritationen zu vermeiden.

Ein Beispiel aus meiner Praxis mag den Unterschied anschaulich machen. Ein seelisch erkrankter Ratsuchender erhoffte sich bei mir psychotherapeutische Hilfe zur Überwindung seiner psychischen Schwierigkeiten. Als ich ihm aufgrund des ärztlichen Befundes zu verstehen gab, daß Psychotherapie nicht angezeigt wäre, erhielt ich zur Antwort: „Sie sind doch auch Seelsorgerin!“ Auf diese Rolle hin angesprochen, wollte und konnte ich ihm die Hilfe nicht versagen, nur lag die Zielvorstellung der Kontakte nicht mehr bei der Heilung seiner Störungen, sondern bei der existentiellen Auseinandersetzung mit der unabänderlichen Tatsache seiner chronischen Erkrankung.

Diese Gegenüberstellung mag die Befürchtung entkräften, die in personbezogener Gesprächsführung ausgebildeten Seelsorger verstünden sich als Psychotherapeuten; sollte dieser Anspruch dennoch erhoben werden, deckt er sich nicht mit Intention und Qualifikation der Ausbildung. Dagegen kommen die Aufgaben einer seelsorgerlichen Beratung auf sie zu, die aber auch der Psychotherapie nicht gleichgestellt werden darf, sondern als Intensivierung der seelsorgerlichen Gespräche anzusehen ist.

Zu beobachten ist dagegen, daß die Gesprächspsychotherapeuten mehr und mehr die Aufgaben der Seelsorge in ihre Arbeit integrieren. Erinnert sei an den neuartigen Beruf des Trauergogen oder auch an die Beratungsstellen für Trauernde. In klientenzentrierter Gesprächsführung Ausgebildete kümmern sich um Arbeitslose, gehen in Kinderheime und Haftanstalten, arbeiten mit verwaisten Eltern und mit Gruppen chronisch Erkrankter. Auch gehen sie zu den Sterbenden und Trauernden.[21] Eine solche Entwicklung macht die Vorstellung vieler Gesprächspsychotherapeuten nachvollziehbar, sich als Nachfolger der Seelsorge zu sehen. Es scheint sich im Zuge der Säkularisierung auf diesem Gebiet die gleiche Entwicklung anzubahnen, wie sie sich bereits in der Sozialarbeit und in der Krankenpflege vollzogen hat, als neben die Ordensfrau, Diakon und Diakonisse der Sozialarbeiter und die Krankenpflegerin getreten sind. Heute zeugt nur noch die Berufsbezeichnung „Schwester" von ihrem kirchlichen Ursprung. Die Seelsorge sollte sich, angeregt durch diese Entwicklung, nach ihren integrativen Möglichkeiten fragen und ihre Chancen wahrnehmen, im psychosozialen Arbeitsfeld den Menschen hilfreich zu begegnen.

Den Dialog zwischen Psychotherapie und Seelsorge von beiden Seiten ernst zu nehmen und nicht das eine dem anderen unterordnen zu wollen oder in eine falsche Konkurrenz zu geraten, ist die vor uns liegende Arbeit. Beide sind wie Brennpunkte einer Ellipse, die jeweils ihren eigenen Wert haben: Wie therapeutische Hilfe für seelische Störungen notwendig ist, so ist seelsorgerliche Begleitung für diejenigen sinnvoll, die über die therapeutische Hilfe hinaus ihre Schwierigkeiten in Verbindung mit ihrem Glauben sehen und auch entsprechend verarbeiten möchten. Es sind diejenigen, die mich aufsuchen, weil sie wissen, daß ich auch Theologin bin. Sie möchten sich mit ihren existentiellen Fragen auseinandersetzen können. Ihnen kann eine entsprechend geschulte Seelsorgerin eine hilfreiche Begleiterin sein.

II. Die personzentrierte Gesprächsführung in der Beratung

1. Der Ort der Gesprächspsychotherapie innerhalb der psychologischen Richtungen

Bevor ich genauer auf die Gesprächspsychotherapie eingehe, möchte ich kurz ihren Ort im Kontext der psychologischen Richtungen beschreiben. In Ausbildungskursen stellen wir immer wieder fest, wie schwierig für Laien der Überblick über die einzelnen Bereiche geworden ist. Für eine verantwortliche Beratungsarbeit ist es jedoch wichtig, die Aufgaben von Psychologen, Psychiatern und auch die der psychotherapeutischen Schulen unterscheiden zu können. Nur so lassen sich Enttäuschungen begrenzen, die aufgrund falscher Empfehlungen und Erwartungen entstehen können.

Der/die *PsychologIn* absolviert ein etwa zehnsemestriges Studium mit Abschluß zum Diplompsychologen. Die Aufgaben der praktisch tätigen Psychologen sind vorwiegend diagnostischer und beratender, nicht jedoch therapeutischer Art. Hierzu bedarf es einer entsprechenden Zusatzausbildung.

Der/die *PsychiaterIn* hat nach dem Medizinstudium eine Zusatzausbildung in Psychiatrie durchlaufen. Zu seinen/ihren Patienten gehören vorwiegend solche, die an hirnorganischen Erkrankungen, endogener Depression, Epilepsie oder an einer dem schizophrenen Formenkreis zuzuordnenden Erkrankung leiden, den sog.Psychosen. Der Psychiater behandelt seine Patienten vorwiegend beratend oder medikamentös. Psychotherapeutisch kann auch er nur nach Abschluß einer Zusatzausbildung tätig sein.

Der/die *PsychotherapeutIn* (Es ist im neuen Psychotherapeutengesetz im Gespräch, zwischen ärztlicher und psychologischer Psychotherapie zu unterscheiden) hat ein Studium in Medizin oder Psychologie absolviert und verfügt über eine Zusatzausbildung in einer bestimmten psychotherapeutischen Richtung. Das können eine tiefenpsychologische, humanistische oder auch problemorientierte Psychotherapie sein. Um jeder Einseitigkeit zu begegnen, ist zur Anerkennung als klinischer Psychologe die Ausbildung in zwei unterschiedlichen Therapierichtungen notwendig. Ihre Klienten sind vorwiegend solche mit psychosomatischen Erkrankungen oder Neurosen, d.h. alle diejenigen, die durch eine nicht gelungene Auseinandersetzung mit der Umwelt Schwierigkeiten mit sich und ihrer Lebensbewältigung bekommen haben.

Mit Hilfe der folgenden Graphik (S. 28) soll ein Überblick über die verschiedenen Berufe und deren Orientierung gegeben werden, wobei die angeführten Namen exemplarisch zu verstehen sind.

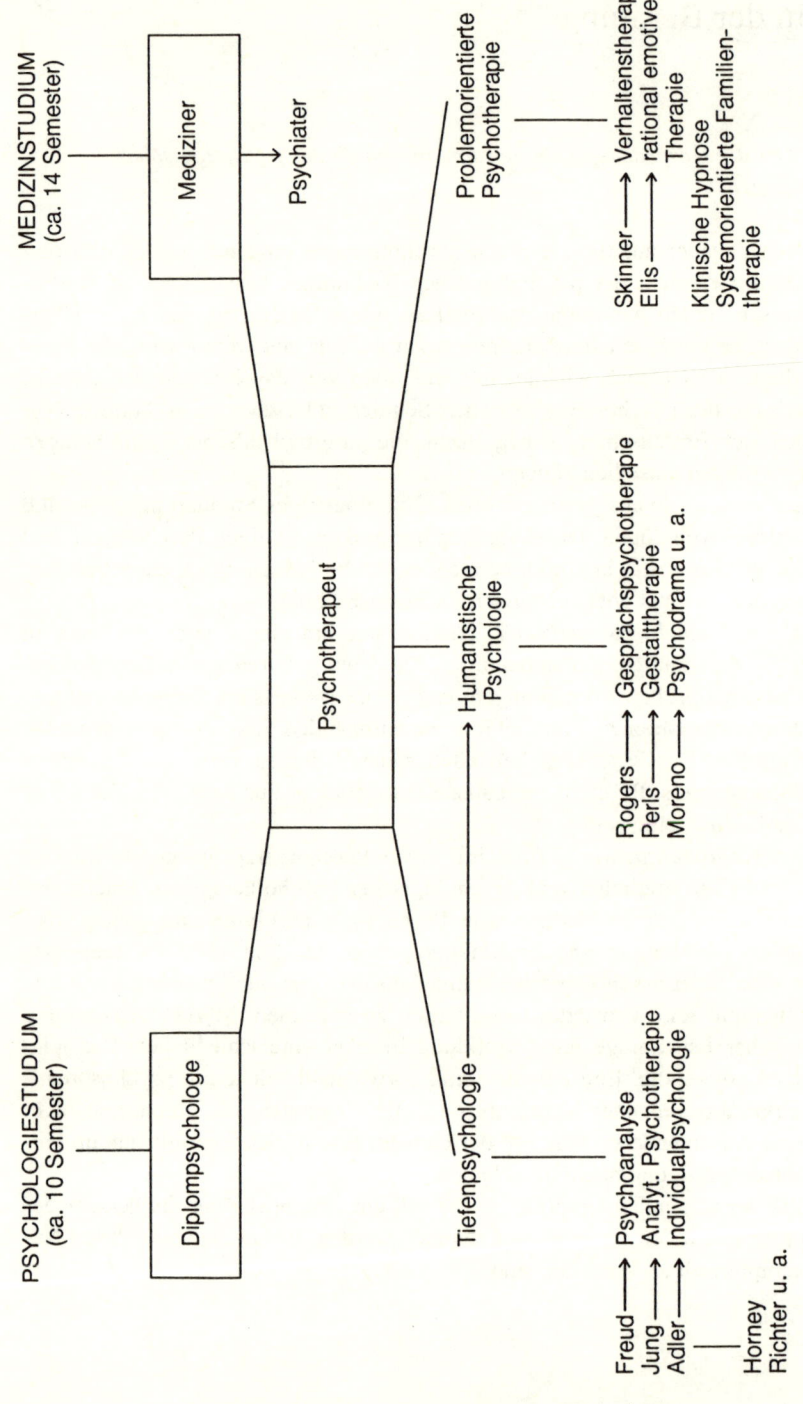

PSYCHOLOGIESTUDIUM
(ca. 10 Semester)

Diplompsychologe

MEDIZINSTUDIUM
(ca. 14 Semester)

Mediziner

→ Psychiater

Psychotherapeut

Tiefenpsychologie

Humanistische
Psychologie

Problemorientierte
Psychotherapie

Freud —→ Psychoanalyse
Jung —→ Analyt. Psychotherapie
Adler —→ Individualpsychologie

Horney
Richter u. a.

Rogers —→ Gesprächspsychotherapie
Perls —→ Gestalttherapie
Moreno —→ Psychodrama u. a.

Skinner —→ Verhaltenstherapie
Ellis —→ rational emotive
Therapie
Klinische Hypnose
Systemorientierte Familien-
therapie

Der/die *PastoralpsychologIn* hat als TheologIn eine psychotherapeutische Zusatzausbildung und gehört der Gesellschaft für Pastoralpsychologie an. Diese wurde ins Leben gerufen, als aufgrund der Gesundheitspolitik allein Ärzten und Psychologen die Ausbildung zum Psychotherapeuten vorbehalten blieb. Der Verband gliedert sich, den therapeutischen Richtungen entsprechend, in folgende Sektionen: die tiefenpsychologische (T), die Sektion der Gruppendynamiker (GD), die der klinischen Seelsorge Ausbildung (KSA, früher CPT) und die der Personzentrierten Psychotherapie und Seelsorge (PPS, früher KuV). In der letzteren befinden sich u.a. die gesprächs- und verhaltenstherapeutisch orientierten Seelsorger und Seelsorgerinnen. Seit 1993 gibt es eine fünfte Sektion: „Gestaltseelsorge und Psychodrama in der Pastoralarbeit" (GPP). In den fünf Sektionen dieses Verbandes werden fundierte Fortbildungskurse angeboten sowie den therapeutischen Richtungen entsprechende Curricula entwickelt. Die PPS sieht es als ihre Aufgabe an, die Achtung vor dem Menschen und seiner individuellen Entwicklung, seine Beziehungsfähigkeit und seine Selbstverantwortlichkeit zu fördern, vor allem aber den Dialog zwischen Theologie und Psychologie zu intensivieren.

Die Graphik läßt erkennen, daß die Gesprächspsychotherapie nach Rogers zwar ursprünglich von der Tiefenpsychologie ausgegangen ist, sich dann aber in eine völlig andere Richtung entwickelt hat. Sie ist, wie alle psychotherapeutischen Schulen, durch ein bestimmtes Menschenbild geprägt, das Einstellung und Haltung des Therapeuten maßgebend bestimmt. Deshalb soll hier kurz darauf eingegangen werden.

2. Carl R. Rogers, der Begründer der Gesprächspsychotherapie

Carl R. Rogers' Auffassung vom Menschen hängt eng zusammen mit seiner eigenen Persönlichkeit, mit den Menschen, die ihn beeinflußt haben, und mit seinen psychotherapeutischen Erfahrungen. Geboren 1902 in einem protestantischen Pfarrhaus, wuchs Rogers in einer fundamentalistisch geprägten Frömmigkeitswelt auf, die die Wahl seines anfänglichen Theologiestudiums mit bestimmt hat. Daß daneben auch Biologie und Agrarwissenschaft sein Interesse gefunden haben, wirkte sich auf die Entwicklung seines Menschenbildes mit Sicherheit aus: ich denke an die von der Evolution her geprägte Wachstumstendenz des Organismus. Nach einer Zeit der Selbstfindung während seiner Studien in Philosophie löste er sich von seinem Elternhaus und wandte sich dem Studium der Psychologie zu. In dieser Zeit war Rogers wesentlich beeinflußt von Otto Rank, Sören Kierkegaard und Martin Buber, die mit ihren philosophischen Ideen sein Menschenbild mit geprägt haben.

Schon Otto *Rank*, ein Schüler Freuds, ist davon überzeugt, daß es besser sei, sich in den Klienten einzufühlen als ihn zu einem Objekt der Beobachtung zu machen. Er hat im Wachstum des Menschen einen Prozeß gesehen, der sich aufgrund der Beziehung zu einem anderen Menschen ereignet, jedoch in der Art, daß die Selbstverantwortung erhalten bleibt.

Sören *Kierkegaard* betont die Einmaligkeit des Individuums. Ihm als Existenzphilosophen scheint es unangemessen, den Menschen zu versachlichen und zu verobjektivieren. Unter seinem Einfluß hat Rogers das Ziel der Therapie definiert: „Das Selbst zu sein, das man in Wahrheit ist."[1]

Martin *Bubers* Einfluß auf Rogers zeigt sich in seiner Anthropologie: Bubers Achtung vor dem Menschen findet in seiner Definition von „Beziehung" als etwas Eigentümliches, nur den Menschen Auszeichnendes seinen Ausdruck. Er unterscheidet zwischen der Ich-Du Beziehung und der des Ich-Es. Auch für Buber ist es von entscheidender Bedeutung, den Menschen nicht zum Objekt seines Denkens und Handelns zu machen.

Eine ganz ähnliche tiefe Wertschätzung der Persönlichkeit und deren Eigenverantwortung finden wir bei Rogers, der entsprechende Konsequenzen für die therapeutische Beziehung daraus gezogen hat. In seiner Selbstdarstellung erwähnt Rogers einen Spruch Laotses, der seine Überzeugungen zusammenfaßt: „Wenn ich vermeide, mich einzumischen, sorgen die Menschen für sich selber, wenn ich vermeide, Anweisungen zu geben, finden die Menschen selber das rechte Verhalten, wenn ich vermeide, zu predigen, bessern die Menschen sich selber, wenn ich vermeide, sie zu beeinflussen, werden die Menschen sie selbst."[2] Umgekehrt kann es mit hoher Wahrscheinlichkeit nichts bringen, „sich selbst als Mensch zurückzunehmen und mit dem anderen Menschen als Objekt umzugehen"[3].

Seine Persönlichkeitstheorie hat Rogers jedoch nicht allein aus theoretisch philosophischem Vorverständnis heraus entwickelt, sondern er hat sie in jahrelanger Forschungsarbeit an Gesprächsaufzeichnungen überprüft und bestätigt gefunden. Angeregt haben ihn dazu die empirischen Untersuchungsmethoden der Naturwissenschaft. Ein mehr spekulatives oder auch reduktionistisches Denken und Vorgehen – insbesondere in der Psychologie – lehnt er ab. Hierin ist auch der Grund zu sehen, daß er sich von der Psychoanalyse Freuds gelöst hat, dessen Thesen ihm nicht genügend empirisch wissenschaftlich fundiert erscheinen. Außerdem will Rogers psychische Gegebenheiten nicht in feststehende Gesetze fassen, weil ihm alles das suspekt erscheint, was zur diagnostischen Festlegung des Gesprächspartners führt. Sein Ziel ist es, dem Menschen zum Wachstum und zur Entwicklung seines Selbst aus eigener Kraft zu verhelfen. Seine therapeutische Aufgabe sieht er entsprechend darin, die vom Klienten selber „eingeschlagene Richtung" in einem Therapieprozeß zu erkennen und zu fördern. Dabei geht er davon aus, daß das keine leichte Entwicklung für den Klienten ist, auch keine, die je zu Ende geführt wird; denn es handelt sich bei einem solchen Prozeß um „eine Lebensweise".[4]

Tatsächlich ist kaum eine andere Therapieform wissenschaftlich so genau daraufhin erforscht worden, was sich im Gespräch als effektiv und was sich eher als hinderlich auswirkt. Trotzdem oder gerade wegen der weitergehenden Forschung faßt Rogers seine Theorie stets als Hypothese auf, die jederzeit verändert werden kann, wenn neue Ergebnisse dazu Anlaß geben sollten. Bis zum Ende seines Lebens ist er sich darin treu geblieben, dogmatischen Prämissen keinen Vorrang zu geben.

Die Entwicklung der Gesprächspsychotherapie zeugt davon, daß sie sich ständig neuen Forschungsergebnissen stellt. Sie hat sich in drei Phasen vollzogen:

• 1. Die Phase der nichtdirektiven Psychotherapie, vielfach auch mißverständlich mit „Spiegelmethode" bezeichnet (etwa bis 1950).

• 2. Die Phase, in der die Verbalisierung der Gefühle im Vordergrund steht. Die Selbstexploration des Klienten wird gefördert und führt dazu, daß sich Gefühlskonflikte lösen können (1950–1967).

• 3. Die Phase der sog. Erlebenstherapie (seit 1967). Sie legt das Gewicht auf die Entwicklung einer intensiven Beziehung zwischen Klient und Therapeut. Als förderlich wird alles das angesehen, was dieser Beziehung dient. Die Möglichkeiten der therapeutischen Interventionen werden erweitert, zugleich ist eine noch intensivere Selbsterfahrung vom Therapeuten gefordert. Sie soll zwischen dem, was dem Klienten nützt, und dem, was den eigenen Wünschen des Therapeuten dient, unterscheiden helfen.

Seit 1981 ist das sog. Focusing (Gendlin) als Weiter- und Fortentwicklung hinzugekommen.

3. Das humanistische Menschenbild

Drei Charakteristika sind es, die das Menschenbild Carl Rogers' bestimmen: der Organismus, das Selbst und das Selbstkonzept.

Mit O r g a n i s m u s bezeichnet Rogers die Gesamtheit des menschlichen Seins, das seelisch-körperliche Ganze. In ihm wirkt in gleicher Weise wie im gesamten organischen Leben eine „Richtungskraft", die der Kraft der Evolution zur Höherentwicklung entspricht. Parallel zu dem Streben nach weiterer Vervollkommnung der Spezies ist auch der menschliche Organismus auf „Vervollkommnung" des Individuums angelegt,[5] auf Selbsterhöhung im Sinne von Wertsein und seelischem Wachsen des Individuums, der Fähigkeit zur Gemeinschaft und dem besseren Wahrnehmen der Realität. Rogers nennt diese Energie „Selbstaktualisierungstendenz" und versteht darunter die dem Menschen innewohnende Kraft zur Entwicklung sämtlicher im Organismus liegenden Möglichkeiten. Sie ist so ausgerichtet, „daß sie der Erhaltung und Förderung des Organismus dient". „Wenn er die Gelegenheit erhält, tendiert der lebende Organismus dazu, seine komplexeren Anlagen zu verwirklichen, statt sich für einfachere Befriedigungen zu entscheiden."[6] Unter für ihn förderlichen Bedingungen löst sich der Mensch aus äußeren Zwängen und einengender Überfremdung. Er entfaltet sein Bedürfnis nach Wachstum, seine Freude an Kreativität oder seine Kraft am Überwinden von Schwierigkeiten. Nach Rogers „besteht kein Zweifel daran, daß die Aktualisierungstendenz selektiv ist und in eine bestimmte Richtung zielt – eine konstruktive Tendenz, wenn man so will"[7]. Sie weist die Richtung „zu einer immer reicheren und erfüllteren Beziehung zum Leben"[8]. Rogers kann diese Tendenz mit anderen Beobachtungen und Entwicklungen in der psychologischen und biologischen Forschung vergleichen, z.B. mit der Kraft von Kartoffelkeimen, die sich trotz der Widrigkeiten eines dunklen Kellers entwickeln und zum Licht streben; d.h., selbst unter Kampf und Schmerz versuche der Organismus dieser Aktualisierungstendenz nachzugehen. Rogers versteht sie demnach als eine biologische Energie, die, nach Erfüllung strebend, unsere Bedürfnisse und Motivationen auslöst. Zugleich vertraut er darauf, daß der Mensch in einer förderlichen Atmosphäre der Freiheit fähig ist, selbst Entscheidungen zu treffen und dabei eine konstruktive Richtung zu wählen. Er wird ein sich selbst und andere bereicherndes Leben führen.

Das S e l b s t ist das Bewußtsein von sich selbst als eigenständige Person – das Gespür dafür, daß ich bin, lebe, wachse und auch funktioniere. Das Kind erfährt sein Selbst durch das Angesprochensein vom Du („ich bin!"). Es nimmt sich als Person wahr und entdeckt, daß es ein Selbst ist. Je mehr nun mit diesem ursprünglichen Selbst seine Erfahrungen und Gefühle übereinstimmen, desto stärker lebt der Mensch aus sich selbst heraus, desto kongruenter erlebt er sich. „Das heißt, daß das wirkliche Selbst etwas ist, das sich in den eigenen Erfahrungen bequem entdecken läßt; es ist nichts dem Selbst Oktroyiertes."[9] Es ist eine „reichhaltige und bewegliche Bewußtheit inneren Erfahrens"[10], das in all seinen Aspekten gelebt werden kann. Wird das Selbst dagegen verschüttet, dann wird ursprüngliches Denken und Fühlen geleugnet, so daß der Mensch nicht mehr leben und fühlen kann, wie er ist, sondern wie er meint, sein und fühlen zu müssen. Eine solche einengende Entwicklung geschieht dann, wenn aufgrund der Erziehung fremde Erfahrungen, deren Wertungen und begleitende Emotionen als die eigenen angesehen und als solche integriert werden.

Dieser sehr folgenreiche Sachverhalt soll noch kurz näher entfaltet werden: Sobald das Kind sein Selbst entdeckt hat, bildet es in Auseinandersetzung mit der Umwelt sein S e l b s t k o n z e p t . Es entwickelt sich zunächst aus direkten, eigenen Wahrnehmungen und Erfahrungen, die im Erleben unmittelbar emotional als förderlich oder bedrohlich für das Wachstum des Organismus empfunden werden. Entsprechend wertet das Kind die gemachten Erfahrungen für sich als gut oder schlecht. Diese Bewertungen von Gefühlen und Erfahrungen sind die sog. „Kognitionen". Sie geben den Ausschlag, wie ein Mensch zu sich, zu seinem Leben und zu freudigen oder schmerzlichen Erfahrungen steht, ob und wie er sie verkraftet oder davon niedergedrückt wird, schlimmstenfalls in eine Krise gerät. Bewertet das Kind beispielsweise etwas als gefährlich, so entsteht ein Angstgefühl oder auch die Lust am Risiko, je nachdem, wie es vorgeprägt ist. Solche Kognitionen beeinflussen alle weiteren Erlebnisse und bestimmen so das daraus resultierende Handeln. Rogers spricht vom „organismischen Bewertungsprozeß"[11], der aber nichts Statisches, sondern etwas durchaus Dynamisches ist. Solange sich das Selbstkonzept so entwickelt, daß alle organismischen Erfahrungen mit den Kognitionen übereinstimmen, ist der Mensch konfliktfrei, kongruent mit sich selbst und versucht das zu sein, was er in Wahrheit ist.

Freilich ist eine ungehinderte Kongruenz von Selbst und Selbstkonzept ein Idealfall, den es in reiner Form nicht gibt. „Im Menschen – vielleicht speziell in unserer Gesellschaft – kann sich (jedoch) die potentielle Fähigkeit, sich seiner Funktionen bewußt zu werden, so fehlentwickeln, daß er sich seinen organismischen Erfahrungen völlig entfremdet. Er kann sich selbst schädigen, wie in der Neurose; er kann unfähig werden, sein Leben zu meistern, wie in der Psychose; oder zerrissen und unglücklich, wie im Falle der Fehlanpassungen, die jeder von uns aufweist."[12] Sie entstehen dadurch, daß auf das Kind neben seinen eigenen Erfahrungen in verstärkter Weise die Erlebnisse und Kognitionen von Bezugspersonen eindringen. Wird es dazu gedrängt – etwa durch Liebesentzug oder andere für das Kind lebensbedrohliche Strafmaßnahmen – fremde Wertungen und fremde Gefühle als seine eigenen erleben zu müssen, so fügt es sich dem notgedrungen. Es kommt zu einer Spannung zwischen Selbst und Selbstkonzept oder auch zwischen Organismus und Selbst. Das Kind kann die eigenen gefühlsmäßigen Erfahrungen und diejenigen, die es sich gezwungen sieht zu übernehmen, nicht mehr voneinander unterscheiden; sie überdecken sich. Das führt zu erheblichen inneren Konflikten; denn das, was das Kind für sein Wachstum als förderlich erlebt, muß es aufgrund fremder Wertungen als hinderlich ansehen und umgekehrt. Die Kräfte zum Wachstum und zur Selbstaktualisierung können dadurch erheblich beeinträchtigt werden. Das Kind gerät in die Spannung, entweder seinem Organismus und seinem Selbst zu trauen und dabei die Zuwendung seiner Bezugspersonen zu verlieren, oder aber sich den Erfahrungen des Gegenüber anzupassen und dabei die Erfahrungen seines Selbst zu verdrängen. Derartige Spannungen führen naturgemäß – je nach Schwere des Konfliktes – zu einem uneindeutigen, zerrissenen oder auch neurotischen Verhalten.

Nach Rogers hat der Mensch drei unterschiedliche Möglichkeiten, den gravierenden Einflüssen der Bezugspersonen auf sein Selbstkonzept zu begegnen:

a) *Integration:* Die fremden Erfahrungen und Kognitionen des Erlebens stimmen mit den eigenen überein; sie sind der Gewahrwerdung zugänglich, bekommen sozusagen Gestalt; sie werden integriert. Rogers spricht in diesem Fall von vollständiger Symbolisierung.

Beispiel: Ein Kind entdeckt, daß es schon allein gut essen kann. Es spürt die positive Bedeutung für sein Bewertungssystem und erhält einen Auftrieb durch die Selbstaktualisierungstendenz seines Organismus.

Die Mutter sagt: Du kannst das – sie freut sich darüber. Fremdwertung und eigene Wertung stimmen überein und fördern so das Kind in seinem Erleben und seinem Wachsen.

b) *Verzerrung:* Die fremden Bewertungen des eigenen Erlebens stimmen weitgehend nicht mit der subjektiven, selbst erlebten Realität überein. Das Kind muß sich deshalb diesen Wertungen anpassen und, obwohl sie nicht seine eigenen sind, sie dennoch als die seinen wahrnehmen. Das gelingt ihm nur durch eine verzerrte Symbolisierung. Wahrnehmungen und Kognitionen entsprechen aus Angst vor Liebesverlust nicht mehr voll den eigenen Erfahrungen.

Beispiel (in grober Vereinfachung): Die Mutter sagt: Du kannst noch nicht richtig essen, ich helfe dir. Sie traut dem Erleben des Kindes nicht. Wenn das häufiger geschieht, wird das Kind seiner eigenen Wahrnehmung gegenüber mißtrauisch und muß ständig versuchen herauszufinden, wer denn nun eigentlich recht hat. Um die Zuwendung der Mutter nicht zu verlieren, verzichtet es notgedrungen darauf, allein gut essen zu können. Vielleicht fängt es an herumzuspielen, so daß die Mutter sich bestätigt sieht, während das Kind seinen eigenen Fähigkeiten immer weniger zutraut.

c) *Leugnung:* Die fremden Wertungen widersprechen dem eigenen Erleben vollständig. Folglich wird das ursprüngliche Selbst nicht mehr wahrgenommen. Die eigenen Erfahrungen werden verdrängt, die fremden quasi als eigene übernommen. Das Kind erlebt und verhält sich so, wie es meint, sein zu sollen oder zu müssen, um die Zuwendung nicht zu verlieren.

Beispiel: Die Mutter sagt: Du kannst das nicht, Du bist noch zu klein. Das Kind muß nun seine selbst erlebten Erfahrungen, etwas zu können, verdrängen, um sich den Wahrnehmungen der Mutter anzupassen. In Zukunft wird das angenehme Gefühl, etwas zu können, von dem unangenehmen abgelöst, nichts zu taugen. Das negative Selbstbild läßt es nun nicht mehr zu, positive Erfahrungen zu integrieren – es ist vielmehr gezwungen, sich selbst zu erfüllen und zu bestätigen. Wenn dem Kind dann tatsächlich eine Leistung gelingt, wird es versuchen, seinen Erfolg so zu bagatellisieren, daß sein Selbstbild, ein Versager zu sein, wieder stimmt. Das geschieht etwa in der Art: „Die Aufgaben waren sehr leicht" oder „der Lehrer hat es nur gut mit mir gemeint."

Eine so starke Inkongruenz zwischen Organismus, Selbst und Selbstkonzept und die damit verbundene Verzerrung und Verleugnung der eigenen Wahrnehmungen ist die Basis der psychologischen und sozialen Pathologie.[13] Sie entsteht aus der Störung der Beziehung zu sich selbst und zu der prägenden Umwelt oder anders gesagt: aus der Spannung zwischen organismischen Erfahrungen und Sozialisationsprozeß.

Je rigider ein fremdes Selbstkonzept aufgedrängt, je strenger es durchgesetzt wird, desto tiefer und nachhaltiger sitzen gleichsam die von außen in das eigene Selbstkonzept eingedrungenen „Pfeile", desto konfliktreicher gestaltet sich das Leben des Kindes bzw. späteren Erwachsenen. Eine Heilung erfolgt dadurch, daß eine gewährende, liebevolle, also aufbauende Beziehung die Angst vor der Veränderung des Selbstkonzeptes nimmt und der Mensch sich von der Fremdprägung befreien kann.

Die Entwicklung des Selbstkonzeptes mag folgendes Schaubild verdeutlichen. Es stellt als Modell gleichsam die Momentaufnahme der drei unterschiedlichen Symbolisierungsformen dar.

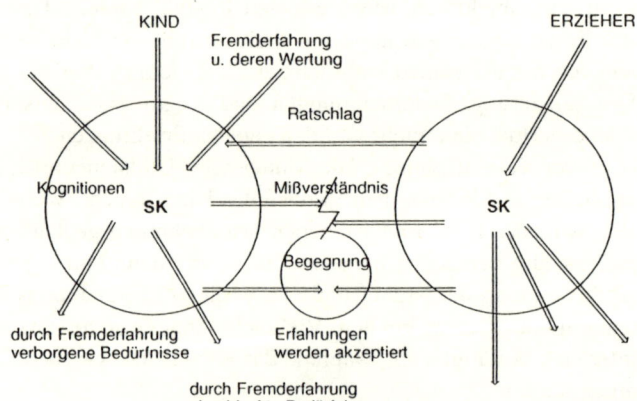

ENTWICKLUNG DES SELBSTKONZEPTES

Die Begegnung der Pfeile drücken aus, daß der Erzieher dem Kind die Freiheit läßt, seine eigenen Erfahrungen zu machen. Die Bewertung des Geschehens stellt er als eine mögliche zur Verfügung, ohne sie durch Liebesentzug durchsetzen zu wollen.

Ein Beispiel, wie schwierig es für den Erwachsenen ist, sich aus der Fremdbestimmung zu lösen, zeigt folgendes Protokoll auf. Es ist der 14. Stunde einer Gesprächsreihe entnommen. Eindrucksvoll befreit sich die Klientin langsam von den fremden Einflüssen, die ihr Selbstkonzept bedrängt haben (vgl. die darauf folgende Stunde S. 40).

G 1: Ich hab' mich wirklich gefreut diese Woche; immer wieder hab' ich das gemerkt. Aber da schwingt noch so etwas anderes mit.
S 1: Und Sie wissen gar nicht so recht, was es ist?
G 2: Ja, es kommt ja was Gutes dabei raus, merke ich. Aber wenn ich mich nicht mehr so anstrenge für eine Sache, wie ich es früher getan hätte –; ich merke, jetzt lasse ich es so laufen.
S 2: Das macht Sie auch unsicher?
G 3: Ja, das gibt mir schon zu denken. Ich hab' so das Gefühl, im Moment mach' ich gerade, was ich will oder was mir gut tut; und die anderen Dinge, die vielleicht jetzt auch dran sind, halte ich von mir weg.
S 3: Irgendwie gönnen Sie sich das noch nicht, sich im Augenblick so fallen zu lassen. Da kommt so ein Überich und sagt: darfst du das eigentlich?
G 4: Ja, das sind die alten Ziele oder Vorstellungen noch … aber irgendwo hab' ich so auch das Gefühl der Gelassenheit; andererseits beunruhigt es mich auch wieder, daß ich jetzt nicht die Dinge so zielstrebig anpacke, wie ich es früher getan habe.
S 4: Es ist so ungewohnt, so neu für Sie. Da fehlt so etwas, ja so ein Treiber fehlt da.
G 5: (Lacht) Ja ja, wahrscheinlich die Angst, ich könnte dadurch etwas versäumen; aber andererseits fühle ich mich wohl dabei.
S 5: Daß Ihnen Ihr Gefühl sagt, es ist alles o.k. so, und die alte Vorstellung sagt: wie kannst du nur?
G 6: Ja, ja – (Pause) ja, dann braucht es die Zeit einfach. Ich merke wirklich, daß sich da schon was geändert hat.
S 6: – daß Sie jetzt mehr ihren Gefühlen trauen?
G 7: Aber mir fällt das auf, wenn man so in Gesprächen ist, daß ich dann gleich bei mir bin. Der andere sagt was, und dann komm ich gleich, ich!
S 7: Jetzt im Augenblick ist es noch so, daß Sie sehr stark mit sich beschäftigt sind, sich nicht öffnen können für den andern, ist das so richtig?
G 8: Ja, früher hab' ich eigentlich von mir sehr wenig gesagt, ich konnte mich thematisch so ganz anpassen an mein Gegenüber. Jetzt bin ich so, daß ich auch was von mir sagen möchte, und da bin ich immer … dann ist da gleich das Ich und meine Erfahrungen.
S 8: Sie möchten nicht so im Mittelpunkt stehen und spüren doch, daß Sie es im Augenblick noch brauchen.
G 9: Ja, irgendwie ist das so, das stimmt – ja, das stimmt (lacht).
S 9: Das ist so neu, daß Sie auch mal auf sich und ihre Bedürfnisse gucken können.

G 10: Ja, ich finde es immer so unmöglich, so Leute, die überall sagen: hier bin ich und hier bin ich; wir erzählen zwar, aber wir sprechen nicht miteinander.

S 10: – daß es Sie jetzt selbst so drängt zu sprechen, das ärgert Sie dann.

G 11: Ja, im Nachhinein ja. Dann denke ich, hättest Du doch lieber geschwiegen, für wen ist das so wichtig?

S 11: Wem bin ich wichtig?

G 12: Ja, also im Gespräch habe ich dann das Gefühl, der andere ist wichtiger.

S 12: (lachend) und dann nehmen Sie sich auch mal wichtig und dann ist es zuviel? Ist es so, daß Sie erst einmal in den Griff bekommen müssen, wie Sie mit ihren eigenen Bedürfnissen umgehen?

G 13: Hm.Ja ja. Und dadurch wird man auch egoistischer, mein' ich.

S 13: So dieses neue Erleben empfinden Sie jetzt erst einmal sehr verunsichernd, daß Sie noch nicht recht wissen, wie gehen Sie eigentlich damit um.

G 14: Ja, aber weil ich mich auch ganz anders erlebe. Ich habe das Gefühl, ich nutze diese gute Stimmung jetzt so auf Kosten anderer aus. Ich brauch' sie, um zu zeigen, daß es mir jetzt besser geht. Andererseits stehen sie (die anderen) ja ganz woanders.

S 14: Sie möchten zeigen, daß es Ihnen besser geht und scheuen zugleich davor zurück, weil Sie nicht wissen, ob der andere das gerade nachvollziehen kann.

G 15: Ja, ich hab' es dann einfach gemacht. So, jetzt guck' mal, wie der andere reagiert.

S 15: Ja. Irgendwo möchten Sie Ihre Offenheit auch abstimmen auf die Gefühle der anderen.

G 16: Ja, das stimmt. (Pause) hm, ja (lacht).

S 16: Jetzt lachen Sie?

G 17: Ich weiß auch nicht, dann kommen mir so Gedanken – dann weiß ich gar nicht, wie ich die jetzt umsetze.

S 17: Das ist für Sie schwierig, die so in Worte zu fassen, so fließen zu lassen?

G 18: Die halt ich fest.

S 18: Es darf nicht fließen, darf nichts kommen, was nicht geordnet ist. Ich frag' mich, was ist, wenn was ungeordnet ist?

G 19: Paßt nicht –

S 19: Paßt nicht zu Ihrem Bild von sich?

G 20: Das ist das schlimmste. Ja, so ja. Ja, ich hab' so das Gefühl, ich kann nicht ganz aufgeben, wie ich war; das ist doch unglaublich.

S 20: Hat so etwas Bedrohliches für Sie, Erschreckendes, da passiert irgend etwas.

G 21: Ja, wenn ich mich ganz aufgebe, kann ich ja auch neu anfangen. Aber so zu sehen, daß die Dinge, an denen ich festgehalten habe, gar nicht mir selbst entsprechen!

S 21: Auch so erschreckend zu erkennen, wie stark Sie da selbst bestimmt waren. Sie sagen, nicht Ihnen entsprechen?

G 22: Da zweifel ich überhaupt jetzt alles an.

S 22: – so daß Ihr ganzes Bild von sich selbst ins Rutschen kommt. Wer bin ich eigentlich,

wer bin ich wirklich – und was wollten andere von mir, wie ich sein soll?
G 23: Ja genau, und damit verändern sich auch die Maßstäbe, und das ist glaube ich am schwierigsten.

Eine Inkongruenz zwischen Selbst und Selbstkonzept wirkt sich als unterschiedliche seelische Störung aus:
- Als *Störung im Selbsterleben,* d.h. in der Art, wie das Erleben gewertet wird. Z.B. wirkt eine ursprünglich dem Organismus als förderlich angesehene Erfahrung dann belastend und beängstigend, wenn sie von außen her entgegen der eigenen Erfahrung negativ besetzt ist.
- Als *Störung der Wahrnehmung.* Mit dem Selbstkonzept hat das Kind eine sog. „subjektive Realität" gewonnen, von der her es alles beurteilt, was ihm begegnet; d.h., die Gesamtheit der Erfahrungen, das sog. Wahrnehmungsfeld, wird, obwohl subjektiv gesehen und erlebt, vom einzelnen als objektive Realität empfunden. Bei einer größeren Diskrepanz zwischen subjektiver und aufgenötigter Realität kommt es zu den bereits genannten Verzerrungen der Wahrnehmungen.
- Als *Störung des Selbstwertes.* Tritt eine stärkere Inkongruenz zwischen dem Selbst und dem aus fremden Bedeutungen entstandenen Selbstideal ein, so kommt es zu erheblichen innerpsychischen Spannungen. Das Selbstwertgefühl wird durch aufgesetzte fremde Ideale so stark beeinträchtigt, daß die eigenen Möglichkeiten und Fähigkeiten nicht mehr realistisch eingeschätzt werden können (z.B. perfektionistische Erwartungen an sich selbst). Ein Schwanken zwischen Selbstüberheblichkeit und Minderwertigkeitsgefühl ist die Folge.
Die meisten Inkongruenzen bleiben unbewußt. Das führt dazu, daß Wahrnehmungs- und Selbstwertstörungen unerkannt bleiben und unweigerlich zu Konflikten mit der Umwelt führen. Da der Betroffene die Schwierigkeiten nicht bei sich selbst sehen kann, kommt es zu Schuldzuweisungen, Verteidigungshaltungen oder auch zu ideologischen Verfestigungen mit gravierenden Wahrnehmungsstörungen und unangepaßten Kognitionen (z.B. Feindbilder).
Klafft der Riß zwischen eigener und fremder Realität immer breiter auseinander, so zerbricht schließlich das seelische Gleichgewicht. Die an sich konstruktiven Kräfte des Organismus werden durch den Konflikt zwischen eigener und aufgedrängter Erfahrung so stark beeinträchtigt, daß der Mensch nicht mehr in der Lage ist, selbständig zu agieren. Die ursprünglich als förderlich erlebten Motivationen und Bedürfnisse werden angstbesetzt und verändern die konstruktive, lebenerhaltende Energie in eine destruktive. Das Paradoxe liegt darin, daß der Betroffene zwar meint, für sich förderlich zu handeln, sich tatsächlich aber schadet. Der Organismus braucht eine solche Notlösung, um sich am Leben zu erhalten, z.B. wenn ein Kind seine von den Eltern frühzeitig verbotenen Aggressionen später nicht mehr wahrnimmt. Die darin liegende Energie läßt sich nicht mehr umsetzen, es sei denn destruktiv.
So wird nach Rogers der Mensch durch Belohnung und Verstärkung in Erziehung und Sozialisation dazu gezwungen, sich verschiedenen Aspekten seiner Erfahrung gegenüber zu verweigern, was zur Perversion seiner natürlichen Selbstaktualisierungstendenz führt. „Dann haben wir in der Tat allzu oft Grund, ihn

und sein Verhalten zu fürchten; davon gibt die gegenwärtige Weltlage Zeugnis."[14]

An dem in der frühen Kindheit entwickelten Selbstkonzept hält der Mensch auch als Erwachsener weiterhin fest. Es ist für ihn verständlicherweise bedrohlicher, das einmal zum Überleben bewährte Muster von Emotionen und Verhaltensweisen aufzugeben, als sich ganz neuen Erfahrungen und Kognitionen auszusetzen. So kann z.B. ein mangelndes Zutrauen zu sich selbst so tief verwurzelt sein, daß der Betroffene unbewußt seine eigenen Leistungen zerstört, nur damit sein Bild von sich selbst als Versager wieder stimmt. Den Ängsten, die mit allem Unbekannten verbunden sind, braucht er sich nicht zu stellen. Ein noch so fremdgeprägtes Selbstkonzept ist schließlich vertraut, hat zu den Verhaltensweisen geführt, die einem selbst bekannt sind. Was kommt auf einen zu, wenn sich darin etwas verändert? So fällt es mitunter leichter, eine konfliktreiche Neurose zu ertragen, als den mühsamen Weg der Veränderung auf sich zu nehmen.

4. Konsequenzen für das therapeutische Verhalten.

Da seelische Störungen durch hemmende, angstauslösende Beziehungen entstanden sind, können sie sich durch eine gegenteilige Erfahrung am wirkungsvollsten wieder zurückbilden. Für die Helfende heißt das nichts anderes als dem Gesprächspartner gegenüber alles das zu vermeiden, was Ängste und Spannungen auslösen könnte. So kann sich die Selbstaktualisierungstendenz wieder frei entfalten. Das Gefühl, akzeptiert und geborgen zu sein, ermöglicht dem Gesprächspartner, neue Erfahrungen in sein Selbstkonzept zu integrieren und dadurch mehr und mehr mit seinem Selbst und seinem Organismus in Einklang zu kommen. Die Kognitionen verändern sich dahingehend, daß die Spannungen zwischen eigenem Erleben und Fremderleben zurückgehen. „Wenn ein bisher geleugnetes oder ignoriertes Fühlen im Bewußtsein zugelassen wird, besteht die Möglichkeit des Auffindens und der Änderung der zugehörigen Kognition."[15] Die inneren Konflikte gehen soweit zurück, daß sie nicht mehr alle seelischen Kräfte verbrauchen; die vorher gebundenen Energien werden für konstruktives Verhalten frei.

Mit den neuen Erfahrungen und deren Wertungen kommt es zu einer positiven Einstellung sich selbst und damit auch den Mitmenschen gegenüber. Der Gesprächspartner erlebt: „Der Impuls ist in Ordnung – ich bin in Ordnung. Also kann ich auch den anderen zugestehen, in Ordnung zu sein." So kann er neue Verhaltensweisen ausprobieren und dabei spüren, daß sich seine neuen Erfahrungen bestätigen. Exemplarisch lernt er, mit unangenehmen Gefühlen umzugehen: sie sind selbstverständlich vorhanden, erlaubt und zu bejahen.

Die Effektivität einer therapeutischen Begleitung hängt somit von zwei Erfahrungen ab: die Kognitionen von Wahrnehmungen und Bedürfnissen zu erkennen und diese durch die therapeutische Beziehung mit dem eigenen Selbst wieder in Einklang zu bringen. Dabei kommt der Tatsache, die Wertung der Emotionen neu zu erleben, eine weitaus größere Bedeutung zu als dem Erkennen der auslösenden Ursache. Hierzu folgendes Beispiel:

Ein Kind hat infolge von Liebesentzug die Wertung in sich aufgenommen, Selbstdurchsetzung sei etwas Böses, etwas, was schlecht ist und schlecht macht. Konsequenterweise wird jede auftauchende Aggression mit der Angst wahrgenommen, etwas Verbotenes zu empfinden und damit schlecht zu sein. Weil das Kind der Erniedrigung seines Selbstwertgefühles ausweichen möchte, wendet es erhebliche Energie auf, um seine aggressiven Gefühle zu unterdrücken. Im Gegenerleben dazu erfährt der Klient in der Begegnung mit der Therapeutin bei Impulsen der Selbstdurchsetzung keinen „Liebesentzug". Weil er spürt, so sein zu dürfen, wie er ist, kann er seine aggressiven Gefühle annehmen und bejahen. Damit nähert er sich dem von Rogers beschriebenen Therapieziel an: das Selbst zu sein, das er in Wahrheit ist. Einen solchen Prozeß mitfühlend zu begleiten, ist nach Rogers die Aufgabe eines Therapeuten.

Folgende Verhaltensweisen der Therapeutin haben sich für solch einen Prozeß als hilfreich erwiesen:

• 1. Jedes Gespräch, soll es effektiv sein, setzt zweierlei voraus: eine *bejahende* Einstellung zum Menschen und die *Hoffnung,* daß der Ratsuchende sich aus einer gewissen Eigenständigkeit heraus auch selber helfen kann. Nur er kennt sein Bezugsfeld und seine Erfahrungen. Diese Hoffnung ist das Fundament der Gesprächsführung überhaupt, das Axiom, auf das sich alles weitere stützt. Nur aufgrund dieses ihm entgegengebrachten Vertrauens kann der Ratsuchende seine Fähigkeiten und seine Stärken wieder neu entdecken, kann sich befreien von fremden Wertungen und wieder mit sich selbst in Einklang kommen.

• 2. Daraus folgt, jede neue *Fremdbestimmung* strikt zu *vermeiden,* denn der Mensch wird um so kongruenter mit seinem Selbst werden können, je weniger er im Hinblick auf sein Erleben beeinflußt wird. Deshalb sollte die Beraterin mit Ratschlägen zurückhaltend sein und auch nicht versuchen, mit Hilfe von Interpretationen Einfluß zu gewinnen. Ein solches Vorgehen schafft wieder neue Abhängigkeiten, läßt neue „Fremdpfeile" (vgl. Schaubild S. 34) in das Selbstkonzept des Ratsuchenden eindringen, gegen die er sich als emotional Abhängiger nur wenig wehren kann. Nach Rogers ist es nicht angebracht, das Überich der Eltern durch das Überich des Therapeuten zu ersetzen. Vielmehr stellt er folgende Frage an uns: „Bis zu welchem Grad haben wir das Bedürfnis und den Wunsch, andere zu beherrschen? Sind wir damit einverstanden, daß das Individuum seine eigenen Werte auswählt und erwählt? Oder werden unsere Handlungen von der (meist unausgesprochenen) Überzeugung geleitet, daß das Individuum am glücklichsten wäre, wenn es uns gestatten würde, seine Werte, Maßstäbe und Ziele für es auszusuchen?"[16] Eine ehrliche Antwort auf diese Fragen offenbart die therapeutische Einstellung zum Menschen. (Erinnert sei hier an Eduard Thurneysens Worte: „Sage mir, was Du vom Menschen hältst, und ich sage Dir, was Du für ein Seelsorger bist.")

• 3. Eine *angstfreie Atmosphäre* im Gespräch zu schaffen, ist Voraussetzung für jegliche Form der Einsicht und Veränderung. Gewinnt der Ratsuchende die weitgehende Sicherheit, weder kategorisiert noch verurteilt, geschweige denn verachtet zu werden, so wagt er es, seine von ihm als negativ empfundenen Impulse auszusprechen und anzusehen, ohne sich deswegen selbst verachten zu müssen.

Zuhörend und akzeptierend begleitet ihn dabei die Therapeutin. Je besser ihr das gelingt, desto eher gibt der Ratsuchende innere Abwehr und Widerstand auf.

Rogers vertritt die Auffassung, daß Widerstand „weder ein unvermeidlicher noch ein wünschenswerter Teil der Psychotherapie ist; vielmehr ergibt er sich in erster Linie aus einer mangelhaften Technik, mit den Problem- und Gefühlsäußerungen der Klienten umzugehen"[17]. Zwar würden wir uns hartnäckig davor schützen, „Einstellungen oder Erfahrungen erkennen zu müssen, die wir vor unserem Bewußtsein geleugnet haben, weil sie für unser Selbst gefährlich sind"[18], aber bei offenem Ansprechen und hoher Akzeptanz geht die Abwehr erheblich zurück,[19] übrigens in gleicher Weise, wie Übertragungsphänomene, wenn irrationale Anteile in der Beziehung gleich geklärt werden. Der Ratsuchende dringt zuversichtlich in immer tiefere Schichten seiner Persönlichkeit vor und lernt, sich besser zu verstehen. Langsam findet er zu seinem eigentlichen Selbst zurück und wird als Folge davon – was wir immer wieder bestätigt finden – frei und offen für seine Mitmenschen sein. Denn wenn die Selbstaktualisierungstendenz ungebrochen ist, entscheidet sie sich für das Konstruktive.

Folgender Gesprächsabschnitt, der der 15. Stunde entnommen ist, zeigt eindrucksvoll, wie die Gesprächspartnerin zu ihrem eigentlichen Selbst findet und sich gerade dadurch auch die Beziehungen zu anderen verändern.

G 1: (Die Gesprächspartnerin zeigt an einem Beispiel, daß sie sich nicht mehr von allem persönlich angegriffen fühlt) – daß ich es nicht mehr so als Fußtritte auffasse. Ich habe so etwas immer sehr persönlich genommen und war dann beleidigt … und immer so dieses Gefühl, ich bin minderwertig. So hab' ich das immer gedacht. Und das fängt jetzt an, anders zu werden. Das hat ja auch damit zu tun, daß ich alles so unter Kontrolle haben will, die Beziehungen, die ich hab' und so.

S 1: Sie spüren so, das nicht mehr nötig zu haben?

G 2: Ja, und ich kann so eine Zurückweisung auch aushalten. Das merk' ich, wie das besser wird (Gibt hierfür ein Beispiel).

S 2: Ja, ich denke, es freut Sie auch, daß man Ihnen diese Offenheit zutraut?

G 3: Ja, es ist partnerschaftlicher; das merke ich übrigens auch in der Ehe so, wie ich da viele Verhaltensweisen von mir automatisch ändere, indem ich einfach mehr Rücksicht nehme, mehr an den andern denke. Irgendwie harmoniert das, ich denke, das tut uns beiden ganz gut.

S 3: Mir kommt es so vor, daß Sie sich selber nicht mehr so im Zentrum sehen, ist das so?

G 4: Ja, ja, Ich habe ja früher immer gedacht, mir wären andere wichtiger als ich mir selber war. In Wirklichkeit war ich mir selbst so wichtig, daß kein anderer rankam, ne?

S 4: So für Ihre eigenen Belange waren Ihnen die anderen wichtig?

G 5: Ja, aber das war ja doch nur aus mangelndem Selbstbewußtsein. Ich mußte ja ständig für mein Selbstbewußtsein sorgen. Und das brauche ich nicht mehr. Ich werde auch gleichzeitig aktiver und trotzdem verzettel' ich mich nicht mehr so. Also das hat im Moment ganz viele angenehme Seiten. Ich kann besser arbeiten, kann klarer denken, bin offener, aber nicht mehr so übersprudelnd.

S 5: Empfinden Sie sich so – geordneter?

G 6: Ja, ich kann mich jetzt zum Beispiel voll auf eine Sache konzentrieren bis dahin, daß mir die Aufgabe sogar Spaß macht.

S 6: Sie zwingen sich nicht mehr, alles auf einem Mal zu tun, mehr so: sich auf das einzelne einstellen, was gerade dran ist.

G 7: Vorher wollte ich alles auf einem Mal, aber nichts habe ich geschafft, gar nichts. Ich dachte nur, alles ist gleich wichtig.

S 7: Es tut Ihnen richtig gut, das so zu spüren, wie es sich ordnet.

G 8: Das tut wirklich gut, auch innerlich ist das Chaos geordneter, selbst wenn ich es äußerlich mal nicht schaffe, Ordnung in meinem Büro zu machen; aber das macht nichts. Und dann – ich hab' weniger Kontakte – bewußt; und damit geht es mir besser. Früher war das Haus wirklich immer voll, Leute kamen oder wir gingen weg. Wenn ich jetzt Kontakte habe, dann interessieren sie mich auch. Das tut mir richtig gut.

S 8: Ist es so, daß Sie jetzt mit sich selbst etwas anfangen können, nicht mehr so „aus dem Echo heraus" leben?

G 9: Ja, genau. Abhängig sein wollen, Echo sein wollen und sich damit wohlfühlen, weil es ja auch bequem ist, weil ich auch keine Energie aufbringen mußte, für mich selber weiterzukommen. Ich habe für mich selber nur was gemacht, wenn mir jemand gesagt hat: mach' das jetzt.

S 9: Das ist so richtig schön für Sie zu spüren, ich will und ich kann allein mit Zeit und Aufgaben umgehen.

G 10: Ja, und auch so mit der Verantwortlichkeit, auch mit den Schritten, wo ich noch vor kurzem Angst hatte, und wo ich mir gern eine Erlaubnis geholt habe, daß ich es richtig mache oder eine Warnung, daß ich es falsch mache. Das geht jetzt gut ohne Freunde, die mir raten oder auch abraten. Ich kriege das alles jetzt ganz gut selbst geregelt. Das ist jetzt auch dran, das merke ich.

S 10: Sie möchten jetzt Ihre Probleme selbst in die Hand nehmen, auch selber verantworten und sich nicht von überall erst einmal Rückendeckung holen.

G 11: Ja, freie Fahrt (Beispiel). Und überhaupt erst einmal zu sehen, daß ich früher nur mich gesehen habe und beleidigt war, wenn es Schwierigkeiten gab. Überhaupt hab' ich mir jetzt vorgenommen, wenn mich etwas ärgert, erst einmal zu gucken: was kann ich ändern? Diese Initiative, die kommt jetzt, Gott sei Dank!

S 11:– so daß Sie sich auch kräftiger fühlen, anpackender?

G 12: Ja, vor allem, meine Freunde sehen das auch schon, wie ich mich verändere.

S 12: So schön für Sie, daß das auch anderen auffällt, irgendwie beruhigend?

G 13: Ja, ich denke schon. Es ist kein Wunsch von mir, sondern die Veränderung ist schon eingetreten. Ich denke, daß ich da trotz der Hektik, die in der nächsten Woche auf mich zukommt, weiter daran arbeite und daran auch bleibe.

S 13: Sie fühlen sich jetzt stabil genug, damit fertig zu werden.

G 14: Ja, und es hat sich auch auf die Kinder ausgewirkt. Ich gehe jetzt ganz bewußt anders mit ihnen um, nehme ihnen nicht mehr alles ab, sie sind ja alt genug.

S 14: Es freut Sie, daß es überall so diese Schritte vorangeht.

G 15: Auch mit der Ehe ist das so. Das Verständnis ist jetzt anders geworden. Ich habe so das Gefühl, daß mein Mann auch offener geworden ist, mehr aus sich rausgeht und mich auch mehr beansprucht. Also so: er ist nicht nur für mich, sondern ich bin auch für ihn da. Es ist einfach offener, partnerschaftlicher.

S 15: Staunen Sie darüber, daß sich das auf den Partner auch so auswirkt?

G 16: Ja, und er wird auch selbstkritischer. Ich traue mich auch eher, was Kritisches zu sagen (Beispiele) und finde dann seine Schwächen auch irgendwo ganz witzig und ganz liebenswert.

S 16: Ist es so: dadurch, daß Sie sich selbst auch sicher fühlen, haben Sie es nicht mehr nötig, den anderen abzuwerten? Sie können ihn so lassen, wie er ist.

G 17: Ja, ganz genau, ich denke, daß es so ist. Und auf der anderen Seite kann ich auch nein sagen. Das ist auch etwas, was ich lerne (Beispiel). Also solche Sachen hätte ich mir früher nicht zugetraut.

S 17: Sie genießen so, daß Ihnen nichts dabei passiert?.

G 18: Ja, genau, und wie dringend notwendig das ist, daß man erst einmal seinen eigenen Standpunkt versucht kennenzulernen und ihn dann auch vertritt. Das ist ja oft ganz schwierig.

Zwischen beiden Gesprächspartnern ist eine gute Beziehung gewachsen, die es erklärt, daß in verhältnismäßig kurzer Zeit die Gesprächspartnerin den Weg aus dem Drehen um sich selbst herausgefunden hat.

Eine grundsätzlich positive und bejahende Einstellung zum Du ist, wie schon gesagt, die Voraussetzung für jedes Gespräch, wenn es hilfreich sein soll. Sie drückt sich in einer Haltung aus, die durch drei wesentliche sog. Variablen gekennzeichnet ist:

• 1. die E c h t h e i t ; denn nur die Kongruenz der Therapeutin mit sich selbst ermöglicht es dem Gesprächspartner, den Prozeß als helfend zu erfahren.

• 2. die emotionale Wärme und A k z e p t a n z – auch positive Wertschätzung genannt; denn nur sie ermöglicht es, die als belastend erlebten Verhaltenweisen und Gefühle sowie den Wert eigener Erfahrungen zu entdecken und dazu zu stehen.

• 3. die E m p a t h i e ; denn nur das verständnisvolle kognitive und emotionale Hineinfühlen in das Bezugsfeld des Gesprächspartners gibt diesem die Freiheit, sich und sein Selbst besser zu verstehen.

Echtheit heißt, kongruent mit sich selbst zu sein, d.h. keine Fassade zu haben, seine eigenen Gefühle wahrzunehmen und sich selbst nichts vorzumachen. Nur wer sich selbst gegenüber wahrhaftig ist, vermag es auch dem anderen gegenüber zu sein. Eine solche kongruente Haltung ist Voraussetzung der Glaubwürdigkeit und damit grundsätzliche Bedingung dafür, daß ein therapeutischer Prozeß nicht zur Technik entartet. So mancher Mißerfolg, so manche Ablehnung des partnerbezogenen Gespräches ist auf eine solche Inkongruenz des Helfenden zurückzuführen, denn der Gesprächspartner reagiert sehr sensibel auf jede Art von Spannung zwischen Einstellung und Verhalten. Aller verbalen Versicherungen zum

Trotz werden ablehnende Gefühle aus den nonverbalen Äußerungen deutlich herausgespürt.

Echtheit erfordert, diejenigen Gefühle auszudrücken, die in unmittelbarem Zusammenhang mit der Beziehung zum Klienten stehen. Das trifft auch für solche Gefühle zu, die für den anderen nicht angenehm oder gar unbequem sind. Wenn wir spüren, daß unsere Beziehung zum Gesprächspartner beeinträchtigt und dadurch unser aktives Zuhören behindert wird, teilen wir um der Wahrhaftigkeit willen ihm unsere Schwierigkeit mit. Auf dem Boden einer positiven Wertschätzung spürt er, daß Worte und Verhalten der Beraterin in Einklang stehen. Kann er dann erkennen, daß zwar sein Verhalten eine Spannung erzeugt hat, er aber als Person nicht abgelehnt wird, lernt er es seinerseits, kongruent zu sein. Entgegen mancher Bedenken führt solch ein Vorgehen nicht zum Mißklang, sondern gerade zur Vertiefung der Beziehung; denn beide Seiten fühlen sich ernst genommen.

Allerdings wird die Variable Echtheit dann *mißverstanden,* wenn sie mit einer Offenheit gleichgesetzt wird, die angeblich verpflichtet, alles das zu sagen, was man fühlt und denkt. Es kommen während des partnerbezogenen Gespräches mitunter Gefühle hoch, die nicht mit dem Gesprächspartner, sondern mit der persönlichen Geschichte der Helferin zusammenhängen. Um sie zu verarbeiten, bietet sich die Supervisionsgruppe an, während die Beziehung zum Gesprächspartner nicht damit belastet werden sollte.

Die *emotionale Wärme und Akzeptanz* möchte ich mit Rogers Worten so beschreiben: „Es bedeutet, eine Art Liebe für den Klienten zu empfinden, so wie er ist, vorausgesetzt wir verstehen das Wort Liebe im Sinne des theologischen Begriffes ‚agape‘ und nicht im üblichen romantischen und besitzergreifenden Sinne. Was ich hier beschreibe ist ein Gefühl, das weder patriarchalisch sorgend, noch sentimental, noch oberflächlich liebenswürdig ist. Es respektiert den anderen Menschen als ein eigenständiges Individuum und nimmt ihn nicht in Besitz. Es ist eine Art Zuneigung, die eine gewisse Stärke und Intensität besitzt, die aber nicht fordert. Wir haben sie Achtung einer Person genannt."[20]

Rogers spricht gelegentlich auch von bedingungsloser Akzeptanz, was aber m.E. zumindest für eine kürzere Begleitung problematisch ist, weil eine solche Einstellung, wenn überhaupt, erst nach und nach aus dem Verstehen des anderen erwachsen kann. Entscheidend ist, daß der Gesprächspartner das Interesse an seiner Person spürt und das emotionale Mitgehen der Therapeutin erfahren kann. Die gelebte Akzeptanz wird dann besonders wirksam und glaubwürdig, wenn die Therapeutin trotz ganz anderer Auffassung dem Ratsuchenden die volle Freiheit läßt, seine eigenen Entscheidungen zu treffen. Die Achtung seiner Persönlichkeit stärkt das Selbstwertgefühl des Gesprächspartners, der dadurch lernt, sich selbst und damit zugleich auch seine Mitmenschen zu achten.

Die Variable „Akzeptanz" ist zweierlei *Mißverständnissen* ausgesetzt:

a) wenn man meint, alle Verhaltensweisen des anderen akzeptieren zu müssen. Akzeptanz heißt, das gefühlsmäßige Erleben des anderen zu achten, nicht jedoch jedes Verhalten billigen zu müssen. D.h., die Annahme des Täters ist nicht mit der Legitimation der Tat gleichzusetzen.

b) wenn die Beraterin meint, sie dürfe keine eigenen Wertvorstellungen haben.

Es wird hierbei verkannt, daß es echte Toleranz nur bei demjenigen geben kann, der in der Lage ist, die Unterschiedlichkeit wahrzunehmen und zugleich zu seinen eigenen Auffassungen zu stehen.

Die *Empathie* oder das sich einfühlende Verstehen des Gesprächspartners ist das Sichzuwenden zu seinen Emotionen und Kognitionen. Es setzt ein so konzentriertes Zuhören und Eingehen auf den anderen voraus, daß hierfür zurecht der Begriff „aktives Zuhören" geprägt worden ist; ist es doch erforderlich, nicht nur das direkt Ausgesprochene wahrzunehmen, sondern auch alles das, was verschlüsselt darin enthalten ist. Eigene Wertvorstellungen und Assoziationen zu dem Mitgeteilten werden zwar wahrgenommen und beachtet, aber im Interesse des Gesprächspartners zurückgestellt; denn dieser soll ungestört in sich hineinhorchen können. Gelingt der Therapeutin das aktive Zuhören, dann kann sie sich in das Erleben des anderen so einfühlen, daß sie von seinem Bezugsrahmen her denkt und empfindet. Präzise gibt sie nun wieder, was sie an Emotionen und deren Bewertungen wahrgenommen und welche gefühlsauslösenden Momente sie herausgespürt hat. Sie verbalisiert die emotionalen Erlebnisinhalte, doch geht es dabei „keinesfalls einseitig um Emotionen, sondern gerade auch um die kognitive Entfaltung und Verarbeitung der Sinnzusammenhänge"[21]; denn „die Gefühle sind das Resultat unserer wahrgenommenen Bedeutungen, unserer Bewertungen und Gedanken"[22] Sie zu verändern, ist Aufgabe des therapeutischen Prozesses.

Die gefühlsmäßige Nähe der Empathie geschieht so, daß die notwendige Distanz zu den Emotionen gewahrt bleibt, d.h. die Therapeutin sich weder mit ihnen identifiziert noch solidarisiert. Wie in einer Meditation kann der Ratsuchende sein Ich, sein Erleben und seine Emotionen besser erfassen, kann nachvollziehen, welche Kognitionen ihm Schwierigkeiten und belastende Gefühle bereiten. Das empathische Mitgehen mit dem anderen ist eine der wirksamsten Kräfte, die zur Veränderung des seelischen Befindens beitragen, während ungenügendes Zuhören ängstlich und depressiv macht oder Widerstand hervorruft.

Die Variable Empathie ist den meisten *Mißverständnissen* ausgesetzt. Wir sind immer wieder erstaunt darüber, mit welcher Naivität die Verbalisierung emotionaler Erlebnisinhalte für eine Technik gehalten wird, bei der nur wiederzugeben ist, was der andere gesagt hat. Sicher hat nicht zuletzt der unglücklich gewählte Begriff „Spiegelmethode" zu dieser völlig irrigen Auffassung beigetragen. Rogers selbst ist so betroffen über derartige Reaktionen auf seine Arbeit gewesen, daß er ein paar Jahre lang fast gar nichts mehr über einfühlendes Zuhören gesagt hat. Die ganze Methode wurde nach einigen Jahren als eine Technik mißverstanden, nondirektive Therapie, so wurde behauptet, sei die Technik des Widerspiegelns der Gefühle.[23] Empathie ist gerade kein passiv spiegelndes Vorgehen, sondern eine ausgesprochen aktive Arbeit des Zuhörens, die Intuition, Einfühlungsvermögen und auch starke Konzentration erfordert.

Am deutlichsten zeigen sich die hohen an den Berater gestellten Ansprüche, wenn man sich das Zusammenspiel der drei Haltungen bewußt macht. Sie sind so eng miteinander verbunden, daß die eine ohne die andere nicht denkbar ist, soll das Gespräch effektiv sein: Echtheit erfordert Kongruenz mit sich selbst; emotionale Wärme setzt voraus, kontrolliert mit eigenen Machtansprüchen umzugehen, um Andersartigkeit akzeptieren zu können; Empathie ist ein bewußtes Umgehen mit eigenen Wahrnehmungen, Kognitionen und den durch sie ausgelösten Gefühlen. Es ist ein Irrtum zu meinen, Akzeptanz und Wärme täten allein schon das Ihre. In der Empathie – dem aktiven Zuhören – finden sie erst ihren sprachlichen Ausdruck und vermitteln dem Gesprächspartner das Gefühl, verstanden worden zu sein.

Die grundlegende Bedeutung der Eigenverantwortlichkeit des Gesprächspartners sowie der drei Haltungen des Beraters für den therapeutischen Prozeß sind durch umfangreiche Forschungsarbeit bestätigt worden, u.a. von Reinhard Tausch.[24]

Tatsache ist, daß Einstellung und Haltung des partnerbezogenen Konzeptes sich über die Psychotherapie hinaus auch „für viele andere Formen psychosozialer Arbeit nachweislich bewährt haben und als Grundlage für jede Art konstruktiven Zusammenlebens zwischen Menschen angesehen werden"[25]. Voraussetzung ist jedoch, daß der Gesprächspartner das Beziehungsangebot auch annehmen kann. Ich habe auch Ratsuchende erlebt, die so stark von Autoritäten abhängig waren, daß es ihnen unmöglich war, ohne direkte Führung zu leben. Hier bedarf es großer Geduld bei den Gesprächen oder aber es sollte eine andere Therapieform bevorzugt werden.

III. Theologische Reflexion

1. Das humanistische Menschenbild – Hilfe oder Hindernis für die Seelsorge

Rogers' Vorstellungen vom Menschen haben z.T. heftige Kritik ausgelöst. Sie gilt in erster Linie seinem positiven Menschenbild und der daraus abgeleiteten annehmenden Haltung. Die Hochschätzung der Einzigartigkeit und des individuellen Gewordenseins, der Verzicht auf jede Art von Typisierung oder systemorientierter Wertung im Gespräch, wird als Defizit empfunden. Doch gerade in diesem Verzicht liegt die besondere Stärke des personzentrierten Konzeptes: Es macht mit der Einmaligkeit und Unverwechselbarkeit der Person und ihrer subjektiven Realität ernst. Der Gesprächspartner kann seine Probleme in einer Art und Weise lösen, die ihm entspricht – er kann zu einem Glauben finden, der der seine ist. Er wird nicht wieder von neuen Autoritäten abhängig, denen er meint, angeblich gerecht werden zu müssen. So wird einer möglichen Autoritätshörigkeit gar nicht erst Vorschub geleistet. Die Seelsorgerin entgeht der Zweideutigkeit (Tillich)[1], die jeder Beratung innewohnt: auf der einen Seite, zum Wachstum verhelfen zu wollen, auf der anderen Seite den anderen zum Objekt zu machen. Erst wenn die Subjekt-Objekt-Spaltung aufgehoben wird, kann diese Gefahr überwunden werden.

Der Vorwurf, es handele sich um eine reine Methode, die dem Gegenüber nicht gerecht werde und von daher der Seelsorge nicht dienen kann,[2] bezieht sich auf die sog. „Spiegelmethode", die durch die Weiterentwicklung der Gesprächspsychotherapie längst überholt ist.

Bei aller Kritik an der Gesprächspsychotherapie kann nicht übersehen werden, daß eine umfangreiche Forschungsarbeit deren Effizienz nachgewiesen hat. Mit dem klientenzentrierten Konzept ist ein hilfreicher Weg für jede Art der Kommunikation entwickelt worden, der sich infolgedessen auch für die Gemeindearbeit gewinnbringend auswirken kann.[3] Die Frage für den kirchlichen Mitarbeiter lautet deshalb: Kann das von Rogers entwickelte Gesprächsverhalten in die Arbeit der Seelsorge integriert werden, ohne daß christliche Inhalte dadurch aufgegeben werden müssen?

Zur Beantwortung dieser Frage möchte ich zunächst den Unterschied zwischen der psychologischen und der theologischen Sicht des Menschen aufzeigen.

• Rogers interpretiert den Menschen psychologisch, d.h. immanent und kreatürlich. Er geht von den konstruktiven Kräften im Organismus aus, der sog. Selbstaktualisierung, die den Menschen befähigen, ein sich selbst und andere bereicherndes Leben zu führen. Man kann hierbei auch von der biologischen Seite des Menschen sprechen.

Die Seelsorgerin interpretiert den Menschen theologisch, d.h. transzendent und geschöpflich. Sie sieht ihn stets als einen, zu dem Gott in Beziehung getreten ist (sub specie aeternitatis), woraus der Mensch seinen Wert gewinnt. Als solcher ist er vor Gott verantwortlich, und zwar für die Welt, für seine Mitmenschen und für sich selbst.[4] Mit anderen Worten: aufgrund der Schöpfung hat der Mensch die

Freiheit des Handelns gewonnen, ist aber zugleich für die Konsequenzen seines Tuns verantwortlich. Hierin liegen Sinn und Ziel seiner Existenz begründet.

Auch in der Theologie finden wir den Begriff „Selbstaktualisierung", und zwar bei Paul Tillich. Doch füllt er ihn anders. Er bezeichnet das Leben als „Aktualisierung potentiellen Seins", sieht aber das potentielle Sein und das damit verbundene Wachstum stets „unter dem Prinzip des Heiligen," das alle Lebensprozesse transzendiert, einschließlich des Selbst.[5] So wird in der Theologie entsprechend *dem ersten Glaubensartikel* das rein biologisch-psychologisch-menschliche Sein in die Schöpfung hineingenommen. Obwohl von einer ganz anderen theologischen Richtung herkommend, spricht auch Wolfgang Trillhaas von der „Gutheit des Menschen", wobei „die Welt durch den Sündenfall in die große Störung des Ursprünglichen hineingezogen worden ist".[6] In ihrem Ursprung sieht auch er die Schöpfung als gut an.

• Rogers führt die zerstörerischen Kräfte im Menschen auf schädigenden Sozialisationsfaktoren zurück, die die Selbstaktualisierungstendenz des Organismus nachhaltig stören können. Von Generation zu Generation weitergetragen, wirken sie über Gesellschaft und Kultur auf das Individuum ein und führen zu der bekannten Spannung zwischen Selbst- und Fremdbestimmtheit (Freiheit und Determination). Der Mensch verliert soweit den Kontakt zu seinem Selbst, daß er seine eigenen Emotionen nicht mehr spürt und deren Bedeutungen nicht mehr kennt. Starke innere Konflikte mit destruktiven Verhaltensweisen sind die unabänderliche Folge. Erst der Prozeß der Selbstfindung hin zur Kongruenz läßt das Destruktive überwinden. Wenn die einengenden und quälenden Widersprüche zwischen Selbst und Selbstkonzept weitgehend aufgehoben sind, tritt psychische H e i l u n g ein. Der Mensch ist zu konstruktivem und sozialen Verhalten fähig (Wiederherstellen des Ursprünglichen). Das neue Selbstverständnis schließt das Bewußtsein ein, in einem Prozeß zu stehen, dessen Ziel – die völlige Selbstkongruenz – nicht vollkommen erreichbar ist.

Nach theologischer Auffassung entwickeln sich die destruktiven Tendenzen des Menschen dadurch, daß er sich von seinem Ursprung, von Gott, gelöst hat und damit der Sünde verfallen ist: der Sucht, sich von Gott loszusagen, um sich an seine Stelle zu setzen und selbst allwissend und allmächtig zu sein. Die Trennung von Gott gilt als Ursache für Elend, Not und Verfehlungen, führt zu einem Gefangensein in sich selbst (incurvitas in se ipsum), aus dem nur die Wiederherstellung der Beziehung zu Gott durch Christus befreien kann. Das „Ja" Gottes zum Menschen, das in Kreuz und Auferstehung Christi transparent wird, bleibt der entscheidende Faktor zur Veränderung. Aus ihm erwächst das „Ja" des Menschen als Vertrauen zu Gott. So bewirkt die Gnade Gottes das H e i l des Menschen. Obwohl er ein Angefochtener bleibt, ist er nach Paulus und dem Verfasser des l. Joh'briefes ein „Geheiligter". Das Angenommensein von Gott ermöglicht zugleich eine neue Hinwendung zum Mitmenschen, wie Paulus sagt: „Die Frucht aber des Geistes ist Liebe" (Gal 5,22). Hierauf kann die Seelsorgerin vertrauen, ja sie muß es sogar, will sie nicht die Gnade verkürzen. Ihr Vertrauen ist kein naiver Optimismus; es gründet sich vielmehr auf die Verheißung Gottes und auf die Erlösungstat Christi.

In das Heil des Menschen ist auch seine seelische Heilung mit einbezogen (Heilungsgeschichten); aber sie erfolgt nicht zwangsläufig. Denn das Heil geschieht auch demjenigen, für den Heilung im psychologischen oder medizinischen Sinn nicht mehr möglich ist; auch ein chronisch Kranker kann sich in Einklang mit Gott befinden. Insofern umfaßt das Heil eine ganz andere Dimension als die Heilung, die die Leib-Psyche-Einheit des Menschen, also seine biologische Seite, betrifft. Sie ist rein immanent zu verstehen und von daher auch sichtbar. Heil dagegen geschieht auch da, wo der Betroffene nichts davon wahrnimmt. (Sich nur auf Heilung und nicht auch auf Heil zu beziehen, macht z.B. die Hilflosigkeit der Helfer am Sterbebett aus.) Das Ziel der humanistischen Psychologie – die voll funktionierende Persönlichkeit – zu erreichen steht somit nicht im Widerspruch zum biblischen Menschenbild. Vielmehr umfaßt ein von der Transzendenz her verstandenes menschliches Leben auch das Bemühen um Heilung.

Von Selbsterlösung kann also in der personzentrierten Seelsorge nicht die Rede sein, es sei denn, immanente Aussagen würden von transzendenten nicht unterschieden. Wovon sollte ich mich aus humanistischer Sicht selbst erlösen können? Doch nur vom psychologischen Geschehen der Inkongruenz und meinem destruktiven Verhalten. Die Beziehungslosigkeit zu Gott, die der Erlösung bedürftige Sündhaftigkeit, bleibt davon unberührt. Ich kann sie nicht aufheben durch das Finden meines Selbst oder den liebevolleren Umgang mit dem Du. Sollte man jedoch die Sündhaftigkeit des Menschen im wesentlichen von der Tatsünde her mißverstehen, also mehr an seinem Handeln festmachen und weniger an der Beziehung zu Gott, dann, aber auch nur dann, kann die Gesprächspsychotherapie eine Konkurrenz zur Gnade Gottes werden. Bei einer solchen Auffassung schleicht sich jedoch eine Werkgerechtigkeit in das Denken ein, die die alleinige Wirkung der Gnade Gottes durch Christus in Frage stellt. Weiß ich mich dagegen ganz von der Gnade Gottes abhängig in all meinem Tun und Sein (sola gratia), so wird die psychische Heilung, wie sie in der Gesprächspsychotherapie geschieht, mit von dieser Gnade umfangen. Insofern macht das Tun einer Seelsorgerin, die sich dem personzentrierten Konzept verbunden weiß, das Handeln Gottes nicht überflüssig, vielmehr gründet es auf dem *zweiten Glaubensartikel*.

• Rogers konnte feststellen, daß der Erfolg der Therapie signifikant davon abhängt, wie zuversichtlich ein Therapeut seinem Klienten begegnet und auf dessen positive Kräfte im Organismus vertraut.

Die Seelsorgerin gewinnt ihre Zuversicht aus dem Handeln Gottes am Menschen (extra nos). Sie schöpft daraus das Vertrauen, mit Hilfe ihrer Begleitung dem anderen neue Möglichkeiten des Lebens und Glaubens zu eröffnen. Mit solchem Vertrauen wird christliche Hoffnung in ihrer vollen Tragweite in das seelsorgerliche Geschehen hineingenommen. Der Seelsorgerin ist es möglich, von jeglichem Leistungszwang abzusehen und innerlich gelassen ganz bei dem anderen zu sein. Denn sie weiß, daß der Mensch, selbst wenn er in Schuld verstrickt ist, neu beginnen und im Vertrauen zu Gott leben darf.[7] Das gilt besonders in solchen therapeutischen Situationen, in denen bei der Verarbeitung der Vergangenheit die theologischen Fragen nach Schuld und Vergebung gestellt werden, Vergebung im doppelten Sinne: mir selbst zu vergeben, wo eigene Anteile in die Verstrickung geführt haben, den anderen zu vergeben, die mir die Entwicklung zum Selbst erschwert oder unmöglich gemacht haben. Bei eigener Schuld des Ratsuchenden hat die Therapeutin aufgrund ihrer Haltung durchaus die Möglichkeit, menschliche Vergebung erfahrbar zu machen;die Seelsorgerin aber hat darüber hinaus die Möglichkeit, die Vergebung Gottes transparent werden zu lassen.[8] Bei fremder Schuld ist der Gesprächspartner zu Beginn einer Therapie mitunter in seinem Zorn und Haß so gefangen, daß er nichts anderes mehr sehen kann. Nach unseren Erfahrungen ist jedoch ein Wachstum hin zur Kongruenz und Selbstverantwortung eng damit verbunden, ob dem Ratsuchenden im Laufe seines Prozesses die Versöhnung mit Vergangenem gelingt, d.h. ob er die unheilvoll erlebte eigene Geschichte (vgl. 2. Protokoll) loslassen kann. Die Gegenwart läßt sich nur dann in Frieden leben, wenn es zur Versöhnung mit der Vergangenheit gekommen ist, theologisch gesprochen, wenn wir auch dem anderen vergeben können.

Die Hoffnung der Seelsorgerin,daß der Mensch selbst dann, wenn er in Schuld verstrickt ist, neu beginnen und im Vertrauen zu Gott leben darf, beruht auf der Glaubensaussage des *dritten Glaubensartikels.* Er bekennt, daß der Heilige Geist mitwirkt und in die Wahrheit führt, wie Luther es ausdrückt: „der uns geheiligt hat und noch heiligt". So kann Glaube als Zustand des Ergriffenseins durch das „Neue Sein" (Tillich) erlebt werden, ohne auf theologisch dogmatische Wahrheiten oder moralisch voluntaristische Gehorsamsakte reduziert zu sein.[9]

Die folgende Skizze soll deutlich machen, wie humanistische Psychologie und christliche Theologie zu auffallenden Entsprechungen bei ihren Aussagen über den Menschen kommen, obwohl sie von verschiedenen Sichtweisen ausgehen.

Gegenüberstellung beider Sichtweisen[10]

	Theologisches Menschenbild	Rogers' Menschenbild
Urstand/Natur Organismus	Der Mensch als *Geschöpf Gottes* ist verantwortlich für sich selbst, für den anderen und für die Schöpfung. Als Ebenbild Gottes ist er konstruktiv und sozial	Der Mensch ist *seiner Grundnatur* nach konstruktiv, sozial und verantwortlich für die Welt.
peccatum originale/ Sozialisationsschäden	Durch die *Abwendung* von Gott verliert der Mensch Freiheit und Geborgenheit. Er handelt deshalb schuldhaft an sich selbst, an seinen Mitmenschen und an der Schöpfung	Durch negative Erfahrungen im *Sozialisationsprozeß* verliert der Mensch die Freiheit u. entwickelt destruktives Verhalten sich und seinen Mitmenschen gegenüber.

Erlösung/ Selbstfindung	*Annahme* des Menschen *durch Gott* im Christusgeschehen, transparent in der seelsorgerlichen Beziehung, gestaltet durch Annahme, Liebe und Wahrhaftigkeit.	Möglichkeiten der *Selbstaktualisierung,* ermöglicht durch die Beziehung zum Therapeuten, gestaltet durch Akzeptanz, emotionale Wärme und Echtheit.
Neues Sein/ Selbstkongruenz	Der Mensch findet durch Christus zu Gott, zu sich selbst u. zu seinen Mitmenschen zurück. Aus der neuen Bindung an Gott gewinnt er Freiheit von verknechtenden Zwängen u. übernimmt Verantwortung für seine Welt.	Der Mensch findet zu seinem kontruktiven Selbst und zu seinen Mitmenschen zurück. Er gewinnt seine Freiheit von gesellschaftlichen Zwängen und übernimmt Verantwortung für die Welt.
Im Sein Werden/ Prozeß	Der durch *Christus erlöste* Mensch lebt weiter in Anfechtung auf Hoffnung hin. Erfahrung des Heils.	Die in der Therapie gewonnene Selbstaktualisierung bleibt ein *Prozeß auf die Selbstkongruenz* hin. Erfahrung der Heilung.

In der Gegenüberstellung wird noch einmal der entscheidende Unterschied zwischen Seelsorge und Gesprächspsychotherapie deutlich: Rogers' Anthropologie ist trotz der auffallenden Entsprechungen nicht mit der christlichen identisch. Beide geben Antworten auf jeweils andere Fragestellungen, weshalb sie auch nicht als sich gegenseitig ausschließend angesehen werden können. Es wäre eine unzulässige Vermischung unterschiedlicher Dimensionen und eine genauso falsche Alternative wie etwa die Frage, ob nun die biblische Schöpfungsgeschichte oder die Evolutionstheorie recht habe.

Hat sich vom humanistischen *Menschenbild* her gezeigt, daß es nicht mit der christlichen Anthropologie konkurrieren muß, ist weiter zu fragen, ob die bedingungslose Annahme im klientenzentrierten Konzept, also die *Haltung* der Gesprächspsychotherapie, nicht zu einer einseitigen Betonung von Rechtfertigung und Gnade führt, so daß die Verantwortlichkeit des Menschen für sein Tun zu wenig in den Blick kommt. Wird nicht auf diese Weise die Dialektik von Indikativ und Imperativ aufgehoben?

Eine dahingehende Gefahr besteht nur dann, wenn ein mögliches Scheitern des Menschen allein aus äußeren Gegebenheiten erklärt, nicht aber auch als ein Teil seines Selbst verstanden wird. Solange das Wissen um personale Verantwortung und Schuld lebendig bleibt, kann die Seelsorgerin am Liebenswerten im Ratsuchenden anknüpfen und braucht nicht auf seine Schwächen hinzuweisen, an denen der Mensch ohnehin schon leidet.[11] Es ist die hoffnungsvolle Erfahrung, daß mit dem Wissen darum, sein zu dürfen (Indikativ), das Verantwortungsbewußtsein wächst, entsprechend zu handeln (Imperativ). Die Annahme ermöglicht erst die Umkehr und zwar parallel zum therapeutischen Prozeß, in dem Veränderung erst mit dem bedingungslosen Bejahen des Menschen trotz seines an sich nicht zu akzeptierenden gegenwärtigen Zustandes ausgelöst wird. Es handelt sich dabei um eine Akzeptanz, die den Sünder annimmt, aber nicht die Sünde. Von einer Vermittlung billiger Gnade kann deshalb in einem solchen seelsorgerlichen Prozeß nicht gesprochen werden.

Hierzu sagt Jürgen Moltmann: „Leben in der Hoffnung heißt L i e b e n k ö n - n e n , und zwar das ungeliebte und verstoßene Leben lieben können. Was aber heißt Lieben anders, als mit den u n g e w e c k t e n M ö g l i c h k e i t e n (Sperrung v. Verf.) des anderen Menschen rechnen, einschließlich der Möglichkeiten Gottes an ihm? Versöhnung und Hoffnung werden durch konkrete persönliche und soziale Liebe verbreitet. Darum liegen endlich in der schöpferischen, versöhnenden und hoffenden Liebe die tiefsten Möglichkeiten des Menschen in einer unmenschlichen Welt."[12]

So gesehen erweist sich die von Rogers entwickelte Haltung als eine der christlichen zutiefst verwandte, auch wenn sie anders begründet und abgeleitet wird. Sie wurde schon immer dann verwirklicht, wenn Christen unter Berücksichtigung der Dialektik von Indikativ und Imperativ Seelsorge aus der Vergebung heraus ausgeübt haben.

Die folgende Skizze soll deutlich machen, wie humanistische Psychologie und christliche Theologie trotz verschiedener Denkkategorien zu einer gleichen Haltung dem ratsuchenden Menschen gegenüber kommen.

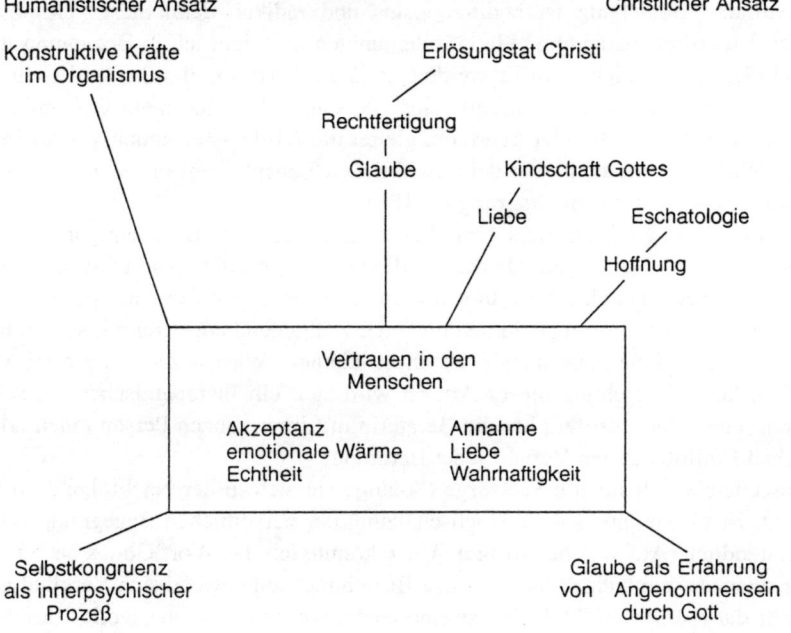

51

Wenn ich Wege erlernen kann, eine solche Haltung zu verwirklichen, so sehe ich das als eine Hilfe an, christliche Nächstenliebe zu leben und sie nicht nur von mir gefordert zu sehen. Daher ist es für mich wichtig, das Gemeinsame von Theologie und humanistischer Psychologie zu sehen, das Trennende aber jeweils zu respektieren.

Kritisch möchte ich Folgendes anmerken: Mir persönlich fällt es schwer, dem Optimismus Rogers zu folgen, daß unter entsprechenden Voraussetzungen der Mensch stets die Kräfte in sich hat, sich zum Konstruktiven hin zu entfalten. Weiterhin sehe ich da eine Gefahr, wo psychologische und ethische Kategorien miteinander austauschbar werden. Unabhängig davon bleibt es Rogers Verdienst, bewußt gemacht zu haben, daß Vertrauen und Hoffen wesentliche Voraussetzungen zur seelischen Heilung sind. „An der Gesprächspsychotherapie kann", wie Isidor Baumgartner betont, „die Seelsorge lernen, nicht nur von diesem empathischen Gott zu reden, sondern seiner annehmenden Praxis glaubwürdig nachzueifern."[13]

2. Die Bedeutung der Beziehung als Voraussetzung für die Verkündigung

Für Rogers ist die Beziehung zwischen Therapeut und Klient Grundlage und Kernstück der Therapie. Dabei lehnt er sich, wie schon gesagt, an ein Verständnis von Beziehung an, wie es bei Martin Buber zu finden ist. Buber unterscheidet zwei Formen der Beziehung: die eine als ein Miteinander der Begegnung, die nichts vom anderen für sich selber haben will, und die andere, in der das Gegenüber als Objekt meines Denkens und Handelns angesehen wird. Die vom Ich-Du bestimmte Beziehung ist bedingungslos und radikal, denn dieses Grundwort „Ich-Du stiftet Beziehung."Sie läßt denjenigen, mit dem ich in Beziehung trete, nicht Ding sein, nicht zum Es werden, sondern denkt von ihm her und wahrt gerade so die Unverwechselbarkeit seiner Person. Sobald ich mein Gegenüber jedoch einordne, werte oder beurteile, gleitet die Ich-Du-Beziehung wieder in die des Ich-Es ab. Sie entgleitet dem „wirklichen Leben", weil dieses in der Beziehung des Ich-Du seinen Ursprung hat.[14]

Um eine solche Ich-Du Beziehung herzustellen, geht die Beraterin ganz als Person mit ihrem Fühlen und Denken in die Gespräche hinein; sie wird transparent in ihrem Sein. Durch ihr Vertrauen dem Klienten gegenüber hilft sie ihm, Vertrauen zu sich selbst zu gewinnen und sich weitgehend angstfrei mit seinen belastenden Emotionen auseinandersetzen zu können. Wächst zwischen zwei Menschen keine Beziehung dieser Art, so wird sich ein therapeutischer Fortschritt kaum einstellen. Insofern hat die Beraterin mit ihrer ganzen Person einen erheblichen Einfluß auf den Verlauf jeder Beratung.

Das Gleiche gilt für die Seelsorge. Solange sie sich in der Nachfolge Jesu versteht, ist für sie eine solche Hochschätzung der persönlichen Begegnung selbstverständlich. Auf welche Art und Weise könnte ich das Wort Gottes besser weitersagen als durch eine glaubwürdige Beziehung, selbst wenn sich Verkündigung nicht darin erschöpft? Glaube ist eine lebendige und vertrauensvolle Beziehung zu Gott und zu Christus: Gott ist durch Christus als Mensch mit dem Menschen in Beziehung getreten; dieser antwortet ihm durch sein Vertrauen. Dieses Geschehen kann durch die Beziehung zwischen Ratsuchendem und Seelsorgerin transparent werden; die Seelsorgerin bezeugt Glauben und vermittelt ihn zugleich.[15] „Was von der Offenbarung von seiten Gottes gilt, das gilt auch von ihrer Aufnahme auf seiten des Menschen. Auch sein Glauben und Erkennen ist ein durch und durch personales Geschehen."[16] Somit geschieht Verkündigung durch die Beziehung zu einem Menschen und bedingt einen Glauben, der auf gegenseitigem Vertrauen beruht und zugleich zum Vertrauen zu Gott hinführt.

Daß es die Wahrheit stets nur bezogen auf den Menschen gibt, macht zugleich die Subjektivität jeder Verkündigung aus. Denn auch für sie gilt, daß das objektive Geschehen in Christus nur subjektiv verkündigt und verstanden werden kann. Es stellt sich für mich als Empfangende auch nicht unbedingt die Frage nach der Wahrheit an sich, sondern ich frage, was diese Wahrheit für mich bedeuten kann – inwiefern sie in mein Leben hineinwirkt und es verändert. Die Erkenntnis, daß für uns die objektive Wahrheit des Glaubens nicht zu erfassen ist, trägt zu der notwendigen Bescheidenheit bei, die unsere Verkündigung begleiten sollte. Sie führt dazu, die Antworten des Gesprächspartners auf seine Lebensfragen ernst zu nehmen und das eigene Glaubensverständnis nicht absolut zu setzen. Die Enttäuschung, die mit dem Verzicht auf das Wissen um eine objektive Wahrheit verbunden sein mag, mildert sich bei dem Gedanken an die Erfahrungen, die in gleicher Weise in anderen Wissenschaften gemacht worden sind. Nach Albert Einsteins Relativitätstheorie ist in den Naturwissenschaften eine objektive Realität nicht mehr vom erkennenden Subjekt zu trennen; sie ist damit immer auch subjektiv. In der Psychologie weist Robert Rosenthal nach, daß selbst Test- und Versuchsergebnisse von den Erwartungen dessen abhängig sind, der sie durchführt.[17] Rogers hat für dieses Phänomen den Begriff der „subjektiven Realität" geprägt. Es ist somit unbestritten, daß nicht unsere Wahrnehmungen unsere Vorstellungen bestimmen, sondern umgekehrt unsere Vorstellungen unsere Wahrnehmungen.[18]

Für die Verkündigung bedeuten diese Erkenntnisse zweierlei: Zum einen kann auch sie keine objektive Wahrheit vermitteln, sondern sie gibt die Wahrheit durch die Filter dessen wieder, der sie ausspricht. Zugleich trifft sie auf die Filter des Hörers. Infolgedessen wird nicht so sehr das den anderen ergreifen, was gesagt wird, sondern vielmehr wird ihn das bewegen, was durch eine glaubwürdige Beziehung und Haltung überzeugt. Zum anderen kommt es auf die Sensibilität an, das biblische Wort mit der Lebenswirklichkeit des jeweiligen Gesprächspartners zusammenklingen zu lassen. Unter dieser Voraussetzung kann der Glaube des Ratsuchenden aus der Begegnung mit der Seelsorgerin zu einer persönlichen Erfahrung werden, vor allem dann, wenn für ihn Glaube bis dahin nur aus lehrhaften Sprachformen bestanden hat.

Liegt allerdings in der personzentrierten Seelsorge der Schwerpunkt des Gespräches irrtümlicherweise auf der Technik, so ist mit Recht zu fürchten, daß die Verkündigung einer Methode untergeordnet wird. Es ist jedoch eine Gefahr, der jede Gesprächsführung ausgesetzt ist, in der wissentlich oder unwissentlich bestimmte Methoden angewandt werden; das können z.B. Interpretationen, Bibel-worte, Informationen oder rein rationale Diskussionen sein. Sobald die eigentli-chen Bedürfnisse des Gesprächspartners einem methodischen Vorgehen unterge-ordnet werden, wird die Beziehung zu ihm gestört.

In einem personzentrierten Gespräch, in dem sich die Seelsorgerin der Beziehung zum Gesprächspartner verpflichtet weiß, geschieht Verkündigung ohne direkt gewollt zu werden. Sie ereignet sich vielmehr im Gespräch, und zwar aus einer Haltung heraus, die den Frömmigkeitsstil des anderen achtet und nicht den eige-nen für ihn verbindlich machen möchte. Die Seelsorgerin wird dabei zu einer Begleiterin des Gesprächspartners auf seinem unverwechselbaren Weg mit Gott.[19] Dabei sich nicht mehr für das Tun des anderen und für dessen Glauben allein verantwortlich zu fühlen, ist für sie zugleich eine wesentliche Entlastung.

3. Möglichkeiten und Grenzen der Empathie bei klassischen Aufgaben der Seelsorge

3.1 Voraussetzungen für ein empathisches Gespräch

Die personzentrierte Haltung der Akzeptanz und Echtheit hat sich in jeder Be-gegnung und in jeder Art der Beratung als hilfreich erwiesen. In der Seelsorge ist dagegen das intensive Eingehen auf die Erlebenswelt des Gegenüber durchaus nicht immer sinnvoll. Im Gegensatz zur Psychotherapie gibt es keinen vorgege-benen Rahmen, der die Hilfeleistung durch ein Gespräch eindeutig sein läßt. Eine Seelsorgerin muß erst einmal abschätzen, welche Art der Begleitung notwendig ist und worauf sie sich einlassen möchte. Es gibt durchaus Situationen, in denen Fragen, Informationen oder Konfrontationen angemessener sind als ein empathi-sches Gespräch, auch aktives Zuhören genannt. Hierfür sollten grundsätzlich drei Voraussetzungen erfüllt sein:

• 1. *Der Gesprächspartner sollte bereit und willens sein,* sich intensiver mit seinen Problemen auseinanderzusetzen, was selbst bei tiefergehenden, emotional bedingten Konflikten durchaus nicht immer selbstverständlich ist. Zugleich sollte sich die Seelsorgerin fragen, ob sie die richtige Gesprächspartnerin für den ande-ren ist: ob genügend Vertrauen vorhanden ist, ob keine ablehnenden Gefühle ein vertrautes Gespräch hindern könnten, ob er ihr vielleicht persönlich zu vertraut ist. Auch kann dem Gegenüber ein empathisches Vorgehen zu fremd sein, weil es zu ungewohnt oder er zu einseitig intellektuell geprägt ist. Dann fürchtet er jedes Ansprechen von Gefühlen. Umgekehrt können zu starke Emotionen, wie z.B. tiefe Trauer, der Seelsorgerin Zurückhaltung gebieten, wenn der Betroffene gerade mühsam um Fassung ringt. Schließlich ist an diejenigen zu denken, deren psychische Störungen so ausgeprägt sind, daß das Zudecken der Probleme vor-übergehend hilfreicher sein kann als ein womöglich unbedachtes Aufdecken. In derartigen Situationen ist ein besonders achtsames aktives Zuhören notwendig, um unnötige Irritationen oder Belastungen zu vermeiden.

• 2. *Die Seelsorgerin sollte in der Lage sein,* mit den Gefühlen des anderen aufmerksam und angemessen umzugehen. Das aktive Zuhören erfordert hohe Konzentration, Intuition und Einfühlungsvermögen. Weder äußerlich noch innerlich darf eine Seelsorgerin zu stark abgelenkt sein. Steht sie beispielsweise unter Zeitdruck oder liegen noch belastende Aufgaben vor ihr, so kann ihr die notwendige innere Ruhe fehlen. Hat sie selber gerade Schweres miterlebt oder werden nicht verarbeitete Erfahrungen durch die Problematik des Gesprächspartners in ihr wachgerufen, wird es ihr schwerfallen, sich intensiv auf die Probleme eines anderen einzustellen.

• 3. *Die Situation muß ein konzentriertes Gespräch zulassen,* weil empathisches Vorgehen in nicht vorhersehbare Tiefen führen kann. Ein ungestörter und atmosphärisch einladender Raum sowie eine ausreichend vorhandene Zeit sollten deshalb selbstverständlich sein, d.h., das „setting" für ein Gespräch muß stimmen. Sollte der Leidensdruck oder die vorgegebene Situation des Gesprächspartners jedoch ein sofortiges Handeln verlangen, ist Flexibilität von der Seelsorgerin gefordert. Ich habe durchaus erlebt, daß unvorhergesehene Gespräche selbst bei schwerwiegenden Problemen auch ohne diese äußeren Rahmenbedingungen hilfreich gewesen sind, doch sollte das die Ausnahme bleiben.

• 4. *Das empathische Gespräch sollte der seelsorgerlichen Aufgabe entsprechen:* Bei kürzeren Begegnungen, einem Besuch oder dgl. ist ein konventionelles Gespräch die beste Form, um Kontakte zu knüpfen, wobei auch hierbei die Haltung der Echtheit und Akzeptanz schnell gute zwischenmenschliche Beziehungen herstellt. Bei auftretenden Konflikten ist es zweckmäßig, kurz auf die angebotenen Gefühle einzugehen. Wird es dagegen notwendig, tieferliegende emotionale Probleme zu verarbeiten, so ist das aktive Zuhören ein sinnvoller Weg, den Gesprächspartner helfend zu begleiten, wenn sich dafür das richtige setting finden läßt.

Wie sich die personzentrierte Beratung mit den klassischen Aufgaben der Seelsorge verbindet, soll im Folgenden dargestellt werden.

3.2 Wege des Trostes

Trostlosen Menschen wieder Mut zu geben, ist in heutiger Zeit schwierig und bedarf eines sorgfältigen Umgangs mit der Sprache. Es kann nicht mehr selbstverständlich vorausgesetzt werden, daß Worte von Kirchenliedern, Psalmen und Bibel sich so in die Lebenswirklichkeit des Menschen einfügen, daß sie noch verstanden werden. Ein Trost ist jedoch ebenso wie eine Glaubenserfahrung um so wirkungsvoller, je mehr der Betroffene ihn aus seiner eigenen Erfahrungswelt heraus verstehen kann. Deshalb ist sorgfältig zu prüfen, ob ein tröstender Zuspruch in der gerade vorliegenden Beratungssituation angemessen ist, und wenn ja, auf welche Weise er geschehen kann. Der unterschiedliche Lebenshintergrund, die unterschiedliche Denkweise, die unterschiedliche Antwort auf Sinnfragen, all diese Gegebenheiten sollte die Seelsorgerin möglichst kennen, um das rechte Wort in einer bedrückenden Lage sagen zu können. Der zu schnelle und vorweggegebene Trost wird als Bagatellisieren erlebt. Der Betroffene fühlt sich mit seiner Not nicht ernst genommen und entsprechend alleingelassen. Dagegen kann ein der Situation angemessener Trost, der aus einer verständnisvollen und die Not akzeptierenden Haltung gesagt wird, ausgesprochen befreiend wirken.

Eine weitere Schwierigkeit, Trost zu vermitteln, hängt mit der Sprachlosigkeit zusammen, in die uns heute die Tatsache des Leidens versetzt. Wenn Glück und Wohlergehen als ein selbstverständliches Recht angesehen, „Lächeln und Haltung wahren" zum Gesetz erhoben wird, wagt man nur noch schwer, sich in Angst und Kummer zu zeigen. Auch Helfende fühlen sich nach meinen Erfahrungen der Situation des Schmerzes gegenüber oft recht ratlos. Deshalb ist für die Seelsorgerin die eigene Auseinandersetzung mit dem Leiden Voraussetzung für jeden wirklichen Trost. Sonst kann leicht die Hilflosigkeit des Ratsuchenden auf die Beraterin übergreifen; sie solidarisiert sich, bekommt Mitleid oder verstummt. Alles das sind keine guten Voraussetzungen für ein nützliches Gespräch. Schließlich ist beim Trösten an den Grad der Verzweiflung zu denken. In der Phase des Schockes, in der das Leiden als schier unerträglich erlebt wird, ist stilles Dabeisein der einzige, aber ganz wesentliche Trost. Denn das Gefühl, in der Not jemanden bei sich zu haben, der einen nicht alleine läßt, bringt spürbare Entlastung. Sich dieses wirklich bewußt zu machen, kann der Seelsorgerin helfen, wenn sie die Mutlosigkeit quält: „Ich konnte überhaupt nichts t u n ! " Die Einsamkeit des Ratsuchenden durch ihr D a s e i n zu begrenzen, ist mitunter wichtiger als aktive Hilfe anzubieten, die der Betroffene noch nicht annehmen kann.

Artikuliert der Leidende seine Klage, tröstet es ihn am ehesten, wenn er sich in seinen oft erheblichen Irritationen angenommen fühlt, d.h. für Trauer, Wut und Zorn Verständnis findet. Eine ständig wiederholte Klage erfordert dabei die Geduld der Beraterin, ist aber notwendig, weil die Versprachlichung der Not dazu beiträgt, sie zu verarbeiten. Erst wenn der Kummer wirklich Raum gefunden hat (z.B. Trauer, Schockerlebnis), kann ein tröstendes Wort aufgenommen werden. Selbstverständlich ist die wiederholte Klage von der Klagsamkeit abzugrenzen, die Mitleid erwecken soll. Sie zu unterstützen, würde dem Ratsuchenden nur schaden, weil Klagsamkeit auf die Dauer vom sozialen Umfeld nicht akzeptiert wird und deshalb notgedrungen zur Einsamkeit führt.

Nach einer ihm zugestandenen Zeit der berechtigten Klage geht der Betroffene dazu über, die notvolle Situation zu verarbeiten. Er sucht einen angemessenen Weg, um sich mit seiner veränderten Realität aussöhnen zu können. Ihn dabei mit hoher Empathie zu begleiten, ohne ihn mit eigenen Lösungsvorstellungen zu stören, ist der beste Trost, den eine Beraterin in dieser Zeit geben kann.

3.3 Möglichkeiten der expliziten Einflußnahme (Ermahnung)

Wenn im personzentrierten Gespräch auf jedes Beurteilen verzichtet werden soll, so erhebt sich die Frage, ob und wie weit sich eine Seelsorgerin darauf einlassen möchte und kann. Ist nicht die Ermahnung im Neuen Testament eine ständig geübte Praxis (Paulusbriefe), auf die in der Seelsorge nicht verzichtet werden kann?

Ermahnung hat ein ganz bestimmtes Ziel: sie soll zur Einsicht und zur Veränderung eines störenden Fehlverhaltens führen. Für uns stellt sich die Frage, auf welche Weise dieses Ziel am besten erreicht werden kann. Die explizite, ermahnende Einflußnahme mag diese Aufgabe dann erfüllen, wenn es ein für alle verbindliches Normensystem gibt. Ist das jedoch nicht der Fall, wird eine Einflußnahme schwierig. Setzt die Beraterin z.B. ein ethisches Denken voraus, das der Ratsuchende mit ihr gar nicht teilt, so wird sie auf wenig Verständnis stoßen und nichts Gutes bewirken können. Denn die explizite Einflußnahme birgt die Gefahr in sich, daß der andere sich abgewertet und dadurch hilflos fühlt. Er verzagt infolgedessen oder opponiert. Deshalb ist es sinnvoller, den Ratsuchenden mit Hilfe einer tragenden Beziehung zur Einsicht zu begleiten. Die nicht verurteilende Zuwendung schenkt die notwendigen Kräfte, um fehlerhaftes Verhalten nicht mehr leugnen oder gar anderen anlasten (Projektion) zu müssen. Sich mutig als unvollkommener Mensch anzunehmen, sein Selbst zu finden und dabei seine eigene Verantwortung zu übernehmen, all das macht es überflüssig, sich mit Hilfe sozialen Fehlverhaltens seinen Platz in der Gemeinschaft zu erobern. Es kann dabei zu schmerzlicher Trauer über die bisherige Lebenseinstellung kommen; zugleich aber wird die Hoffnung lebendig, wieder neu beginnen und das weitere Leben anders gestalten zu können. So berichtet eine Gesprächspartnerin: „Ich mußte immer alles richtig machen, so ein hohes Ideal, dem ich nachstrebte, und dabei sprechen wir jeden Sonntag das Sündenbekenntnis. Aber im Grunde ging das nicht in die Tiefe, es war nur so eine Formel. Jetzt merke ich, was das eigentlich heißt, dieses Aufgeben, perfekt sein zu wollen, zugeben, eben sich wie alle anderen auch als ein Mensch mit Fehlern wirklich zu erleben und anzunehmen. Dann erst braucht man Christus wirklich." Hier ist die Botschaft, ohne Vorleistung angenommen worden zu sein, lebendig geworden.

Sogar für aggressive Jugendliche kann sich dieser Weg als fruchtbar erweisen, wie Elke Ostbomk-Fischer aus ihrer langjährigen Arbeit mit sog. schwer belasteten Randgruppenjugendlichen berichtet. Sie hat feststellen können, daß Akzeptanz und warme Zuwendung, eine nichtwertende Haltung also, die jungen Menschen öffnet und zur Einsicht führt, Jugendliche, die oftmals eine solche Akzeptanz nie kennengelernt haben und sich entsprechend destruktiv verhalten.[20] Solange keine so starken psychischen Störungen vorhanden sind, daß sich der Betreffende trotz guten Willens nicht ändern kann und psychotherapeutische Hilfe notwendig wird, ist das Vorgehen nach dem klientenzentrierten Prinzip noch immer ein nützlicher Weg, gemeinschaftsschädliches Verhalten zu überwinden.

Ein Beispiel für die Veränderung aus Einsicht gibt folgendes Protokoll:

G 1: Ich merke, daß die eigentliche Arbeit der Gespräche meine Arbeit ist. Und daß die Hauptarbeit ist zu lernen, mich anzunehmen.
S 1: Sie möchten nicht immer so rigide mit sich umgehen.
G 2: Ja; also ich merk' jetzt, daß das ganz wichtig ist, also wirklich anzunehmen, weil – soweit sich gedanklich anzunehmen und auch festzustellen, ich bin so und so, oder ich kann so sein: das ist im Kopf, aber nicht so tief. Ich merke jetzt, daß

ich anfange, das zu lernen: mich anzunehmen – auch vom Gefühl her. Ich merke jetzt so bei manchen Punkten, daß ich manche Sachen ganz bewußt angucke und schaue, was für ein Gefühl dabei ist.

S 2: Was so in Ihnen wirklich vorgeht.

G 3: Ja, wie das auf mich wirkt vor allen Dingen. Und ich schaue, daß ich das annehme, so zu sein. Ich versuche das anzuschauen. Z.B. wichtig ist, die Ehrlichkeit mir selbst gegenüber. Das ist für mich eines der Hauptthemen, weil – ich hab' so gemerkt und merk' immer noch so –, daß ich früher aus Büchern gelebt habe, Ideen und Gedanken übernommen habe und immer dachte, das wären auch meine Gedanken.

S 3: Und jetzt spüren Sie so, daß Sie das gar nicht sind?

G 4: Gespürt, daß ich das nicht bin; und was auch ganz schlimm ist, diese Ideen und Gedanken haben den Platz weggenommen für meine eigenen Ideen, so daß ich immer gesagt habe: da steht das und das und ich seh' das auch so, und daß ich ganz selten gesagt habe: so ist meine Idee, also etwas, was bei mir selbst gewachsen ist.

S 4: Sie haben sich da immer stark an andere gehalten und im Grunde sich selbst wenig wahrgenommen oder das auch nicht gewagt. Das erstaunt Sie jetzt.

G 5: Ja, es war immer so, daß ich gesagt habe: der und der sagt das auch. Und daß ich das einfach übernommen habe. Vom Kopf her fand ich das auch gut, aber ich habe es gar nicht verarbeitet.

S 5: Sie haben das alles in sich gespeichert, aber selbst sind sie außen vor geblieben. Das möchten Sie jetzt wirklich verändern.

G 6: Ja, vor allem auch den Mut zu eigenen Ideen haben. Ich merk', daß ich das jetzt lernen möchte, selbst etwas reifen zu lassen. Dieser schöpferische Prozeß, der ist, glaube ich, in mir ziemlich verkümmert. Da möchte ich jetzt erst einmal den Mut gewinnen zu sagen, das bin ich und ich seh' das so. Und auch wenn der … das so sieht. Ich seh' es so und habe es so erlebt.

S 6: So im Grunde möchten Sie mehr durch Erfahrung lernen und nicht mehr so über den Intellekt.

G 7: Ja, durch eigenes Erleben. Und daß das so viel besser ist, das ist eine Sache, die ich annehmen möchte. Ja, ich merke so, also annehmen heißt dann, auch diese – ja, wie sag ich das, ich weiß gar nicht – ist es Wut oder auch ein Stück Schmerz? anzunehmen, daß ich jahrelang Sachen übernommen habe, ohne was eigenes entwickelt zu haben und das erst einmal auszuhalten und nicht zu sagen: Von jetzt ab mach' ich aber alles ganz anders; ab sofort habe ich nur noch meine eigenen Ideen. Das wäre wieder etwas, was ich mir im Kopf vornehme. Aber erst einmal das aushalten, daß es so ist, und daß ich so bin wie ich bin.

S 7: Ist es so, daß Sie diese Vergangenheit auch nicht einfach so ignorieren wollen, sondern sie auch in diesen neuen Prozeß hineinnehmen?

G 8: Ja, genau. Das ist ja ein Teil von mir.

S 8: Das sind Sie.

G 9: Ja, das bin ich, dazu möchte ich stehen. Z.B. wenn ich so feststelle, ich bin an manchen Punkten aufbrausend oder so, dann möchte ich das auch gefühlsmäßig annehmen und nicht nur einfach mit dem Kopf sagen, das ist eben so. Ich möchte akzeptieren, daß ich an den Punkten eben noch nicht so bin, wie ich sein möchte.

S 9: Ist es so, daß auch die belastenden Gefühle für Sie lebbarer werden? So Wut, Zorn, Ärger?

G 10: Ja, daß ich wirklich nicht davor weglaufe, so zu sein. (Beispiel) ... und ich dann so sage: ich bin heute nervös; was löst das in mir aus, was ist eigentlich los? Ist das so ein Gefühl des Ungenügens oder ein Gefühl der Scham – was für ein Gefühl läßt mich nervös sein? und das dann auch gefühlsmäßig annehme.

S 10: Im Grunde entsprechen diese belastenden Gefühle nicht so Ihrem Bild von sich selbst, aber Sie wollen sich damit auch akzeptieren.

G 11: Ja, genau. Auch wenn ich noch so bin, möchte ich sagen: ja, ich schäme mich vielleicht deswegen, aber ich möchte ganz tief auch annehmen können, daß ich das eben bin. Vor allem, ich merk' auch, wo ich mich selbst annehmen kann, da geschieht tatsächlich Veränderung.

S 11: So in dem Moment, wo Sie sich so angucken und das wirklich voll durchleben, da gelingt es ihnen auch, das abzuändern.

G 12: Ja, das geschieht auch mehr organisch irgendwie. Und das ist so, daß mir in dem Punkt die religiöse Frage wichtig wird, was heißt eigentlich angenommen sein von Gott, akzeptiert? Das ist eben so eine Grundvoraussetzung im Leben, denke ich.

S 12: Sie möchten das Gefühl in sich deutlich werden lassen, also nicht als intellektuelle Aussage, sondern mehr so als gefühlsmäßige Erfahrung: ich bin von Gott akzeptiert, daß Sie sich dann auch ganz anders wohlfühlen und selbst annehmen können.

G 13: ... und das vom Gefühl her annehmen! Das ist so oft über den Kopf gemacht, daß ich immer gesagt habe, du kannst dich ja annehmen, aber gar nicht gemerkt habe, daß ich vom Gefühl her dagegen rebelliere, die negativen Punkte w i r k l i c h anzunehmen. Ich bin eben so, daß ist auch so ein Satz, den ich früher gesagt habe, der aber so nicht stimmt. Es fehlt – wie soll ich sagen – die Offenheit.

S 13: – daß Sie so gerne in dem Prozeß vorankommen möchten, sich erleben und sich auch im Erleben zu verändern – das vermissen Sie in dem Satz.

G 14: Ja, für mich ist das so eine Gleichzeitigkeit: Ich akzeptiere mich und zugleich sage ich: ich will es ändern.

Bei einer so intensiven Auseinandersetzung mit den vom Selbstkonzept nicht akzeptierten Verhaltensweisen ist nach unseren Erfahrungen jedes reglementierend-beeinflussende Wort eine schwer wieder gutzumachende Störung im Gesprächsprozeß. Es wird als fehlende Akzeptanz erlebt und ruft infolgedessen Angst oder auch Opposition hervor.

Jedoch haben wir es in der Seelsorge im Gegensatz zur Therapie auch mit denen zu tun, die nicht willens sind, über sich selbst und ihr Tun nachzudenken, vielleicht auch durch zu viele Schädigungen des Selbstkonzeptes nicht mehr die notwendige Lebenskraft dazu haben. Ich habe auch Gesprächspartner erlebt, die so stark auf autoritäre Führung fixiert gewesen sind, daß sie das Angebot der

Empathie für sich nicht haben fruchtbar machen können. Wenn personzentriert heißt, sich so zu verhalten, wie es für den anderen hilfreich ist, dann gilt es zu überlegen, was dem Gesprächspartner in seiner Situation gut tut. Es kann durchaus sein, daß eine Konfrontation neue Wege öffnet oder sogar das Gefühl vermittelt, ernst genommen zu werden. Zu welcher Art des Vorgehens sich die Seelsorgerin auch immer entschließt – entscheidend ist, daß sie dabei nicht von ihrem uneingestandenen Willen nach Macht bestimmt wird, sondern von dem Wunsch, den anderen als Person zu achten und ihm beizustehen.

Die Gefahr einer konfrontierenden Einflußnahme liegt darin, daß sie die früheren Emotionen eines getadelten Kindes mobilisieren kann. Dementsprechend kann das Gegenüber opponieren oder auch unterwürfig gehorsam reagieren. Vielleicht verändert der Ratsuchende sogar sein Verhalten, doch wenn es mehr aus Angst vor negativen Folgen als aus einer dem Erwachsenen angemessenen Einsicht geschieht, ist damit keine dauerhafte Hilfe gegeben.

Trotzdem können bestimmte Situationen es erfordern, den Gesprächspartner mit seinem Verhalten zu konfrontieren. Geschieht das auf der Basis der Akzeptanz, so kann eine solche Konfrontation ein fruchtbarer Impuls sein, neu über sich nachzudenken, ohne sich unterlegen fühlen zu müssen. Dieses trifft beispielsweise für bestimmte Krisensituationen zu oder auch, wenn ein Gesprächspartner sich in Selbstmitleid verliert. An ihre Grenze stößt die Akzeptanz des Verhaltens (nicht der Person) jedoch dann, wenn der Ratsuchende im Begriff ist, sich selbst oder anderen zu schaden.

3.4 Der Umgang mit dem Gebet

Das Gebet ist heute für Seelsorgerin und Gesprächspartner zu einer recht intimen Praxis geworden, die außerhalb des sakralen Raumes weitgehend unter Tabu steht. Deshalb ist es notwendig, besonders behutsam mit dem Gebet umzugehen, um niemandes Gefühle zu verletzen. Zwei Voraussetzungen sollten gegeben sein: Die Seelsorgerin sollte mit sich selbst in Einklang stehen; zugleich sollte sie dem Bedürfnis des Gesprächspartners gerecht werden.

Entsprechend ergeben sich für sie folgende Fragen: ist sie in der Situation frei genug? Hat sie eine so gefestigte Beziehung zum Gesprächspartner, daß sie mit ihm beten möchte? Ist es in der vorgegebenen Situation, wie etwa in einem Trauergespräch, ein mehr oder weniger dazugehöriges Ritual, das sie kongruent mit sich selber nachvollziehen kann oder wehrt sich etwas in ihr dagegen? Trägt ihr eigener Glaube, oder ist sie gerade in einer Phase der Verzagtheit und des Zweifels? Bei diesen Fragen sind Echtheit und Wahrhaftigkeit sich selbst gegenüber notwendig.

Im Blick auf den Gesprächspartner sollte versucht werden, folgendes wahrzunehmen: steht er dem Gebet fremd und ablehnend gegenüber? Ist es ihm zwar unbekannt, aber er ist dennoch dafür aufgeschlossen, so daß es eine Hilfe für ihn bedeuten könnte? Erwartet er das gemeinsame Gebet und tut das durch verschlüsselte Äußerungen kund? Fügt sich das Gebet für ihn in das vorangegangene Gespräch ein oder bedeutet es einen Bruch?

Hat die Seelsorgerin am Ende eines Gespräches den Eindruck, ein Gebet wäre angezeigt und spürt bei sich und ihrem Gegenüber auch die innere Bereitschaft dazu, so ergibt sich die Frage nach der Formulierung. Gebete sind nach meinen Erfahrungen dann am hilfreichsten, wenn sie den Inhalt des Gespräches als gemeinsames Anliegen vor Gott bringen. Der Gesprächspartner findet sich mit seinem Erleben darin wieder und kann es so am besten nachvollziehen. Mitunter fällt er sogar mit seinen eigenen Worten in das Gebet mit ein. Ein vorformuliertes Gebet, Psalmentexte oder andere Bibelworte spreche ich nur dann, wenn sie dem Gesprächspartner gut vertraut sind und ich davon ausgehen kann, daß er sie in seine Situation hineinnimmt. Mißverstanden ist die personzentrierte Haltung jedoch dann, wenn der Wunsch nach einem Gebet zwar empathisch aufgenommen, aber nicht erfüllt wird.[21]

Zusammenfassung:

• 1. Die Seelsorgerin kann das klientenzentrierte Konzept in ihre Arbeit integrieren, ohne auf das Menschenbild Rogers' angewiesen zu sein. Die Voraussetzungen hierfür findet sie in der christlichen Anthropologie.

• 2. Sie läßt sich auf die emotionale Betroffenheit des Gesprächspartners ein und verhilft ihm, gleichsam wie in einer Meditation, zu sich selber zu kommen.

• 3. Sie wird ihrem Verkündigungsauftrag gerecht, wenn sie sich bemüht, christliche Glaubensinhalte in die Lebenswirklichkeit des Menschen zu übersetzen und so mit Leben zu füllen.

• 4. Die Haltung der Echtheit, emotionalen Wärme und Akzeptanz entspricht dem seelsorgerlichen Verhalten Jesu und der christlichen Nächstenliebe.

• 5. Die Seelsorgerin bleibt in der Nachfolge Christi, wenn sie das für den Ratsuchenden Unannehmbare zu akzeptieren bereit ist. Sie trägt dadurch zu einem tieferen Verständnis von Schuld bei und hilft zu deren Überwindung.

• 6. Sie behaftet den jeweiligen Gesprächspartner in seiner Mündigkeit, indem sie seine eigene Entscheidungsfreiheit zu verantwortlicher Selbstbestimmung achtet und fördert.

Beispiel eines Gespräches, in dem die Verkündigung transparent wird:

G 1: Ich bin grundsätzlich am sortieren. Was mir am Sonntag sehr geholfen hat dabei: Wir waren in der Kirche, und da ist es mir wie Schuppen von den Augen gefallen. Es ging um den Text mit dem Lahmen. Jesus sagt: „Erwarte keine Wunder von mir", und dann sagt er: „Steh' auf und gehe."
Für mich ist das plötzlich so gewesen: das Eine ist: „gehend machen kann ich keinen, das erwarte nicht von mir; aber wenn ich sage: ,steh auf' zu dir, dann nimm' du deine Lähmung in die Hand, und dann wirst du auch gehen können!"
D.h. ich habe es als Aufforderung an mich selbst erlebt.
S 1: So etwa, daß Sie selbst es sind, der dieses Wunder vollbringen kann.
G 2: Richtig, ohne mich geht es nicht; und dieser Satz vorher: „erwarte keine Wunder von mir" – also du bist da drin, und wenn du vertraust auf mich und auch vertraust auf dich, dann wird das gehen, dann geht das auch.
S 2: Das ist wie so eine Zuversicht, die Sie berührt hat.

G 3: Ja, dieses Gelähmtsein habe ich eben auch so gefühlt, wirklich, ja, und: „Mach' mal los!" als sehr deutliche Aufforderung an mich.

S 3: So etwa: sie haben es in der Hand, Sie können es jetzt anpacken.

G 4: Ja, wenn ich Vertrauen auch in Jesus habe, dann kann ich auch Vertrauen in mich selbst haben.

S 4: Sie spüren, wie eng das so für Sie zusammenhängt.

G 5: Und ich hab' ja schon gesagt, daß ich in der Lähmung, die mich betroffen hat, auch Gottes Ferne empfinde und keinen Zugang zum Glauben habe.

S 5: Da fällt es Ihnen ganz schwer, so zu vertrauen.

G 6: – und ich hab' mir auch überlegt – die anderen sagen ja, dann ist Gott ihnen eine Hilfe; das hab' ich nicht so empfinden können bisher, sondern eben gerade eine Ferne erlebt; und bin halt irgendwie aus dem Glauben rausgekommen, aber –

S 6: Sie selbst erleben es gerade umgekehrt, in dem Moment, wo Sie nicht mehr weiterkommen, Sie auch so eine Gottesferne spüren.

G 7: Ja, es ist für mich jetzt am Schwanken. Mit diesem Bild von dem Gleichnis ist mir klar geworden, daß ich ja auch in dieser Situation Vertrauen zu mir oder auch Vertrauen in Gott in Frage stelle – oder es existiert nicht, dieses Vertrauen. Und warum eigentlich? Ich kann doch trotzdem in der Situation irgendwo ein Grundvertrauen haben, das ich ja an sich auch gelernt habe.

S 7: So etwa: wenn ich mich darauf besinne, ist da eine Möglichkeit für mich, da herauszukommen.

G 8: So empfinde ich das auch. Ich hab' also wirklich das auch als sehr deutliche Aufforderung gesehen: habe Vertrauen, die Lähmung zu überwinden! Es ist mir auch deutlicher: erwarte keine Wunder von anderen. Du mußt das selbst in die Hand nehmen, dann wird dir auch geholfen. Aber ohne mich geht es nicht.

S 8: Dieser Anruf an Sie selbst, das ist, was Sie auch aufmerksam gemacht hat.

G 9: Ja, sehr. Aufgerufen hat. Andere wollen dir gerne helfen und du kannst Hilfe im Glauben finden, aber du mußt einen Teil selber dazu tun, ohne das geht es nicht. Es bedingt sich beides gegenseitig.

S 9: Habe ich das so richtig verstanden? sie können nur dann Hilfe im Glauben finden, wenn Sie auch aktiv werden, nicht, wenn Sie sich hinsetzen und warten auf ein Wunder oder auf ein großes Ereignis.

G 10: Und gleichzeitig ist für mich so dieses Ineinanderverbundensein klargeworden: Das eine steht nicht da und das andere da, sondern es greift ineinander. Wenn ich mich nicht passend verhalte, dann wird sich auch so schnell nichts tun. Also ich muß schon mein Teil bringen, und das andere Teil wird mir wohl auch zufallen – gegeben.

S 10: Geschenkt?

G 11: Geschenkt, ja, aber auch so diese Aufforderung an mich selber.

S 11: Es wird Ihnen so deutlich, Sie können Glauben nicht billiger haben, als daß Sie auch etwas tun dafür.

G 12: Richtig. und das fand ich auch sehr – gar nicht so erdrückend, sondern im Gegenteil. Ja, so ist es: – ran, was tun!

S 12: Im Grunde, daß diese Aufforderung Ihnen auch angenehm ist.

G 13: Ja, eine Erleichterung. Es erinnert mich so ein bißchen auch an – ja, so: nun nimm' mal deine Hände an die Haare und zieh mal – das Aus-dem-Sumpf-herausziehen; und es w i r d jemand anderes schon helfen zu ziehen, wenn er das Signal nur sieht.

S 13: Ist das so, daß Sie hoffen: wenn ich jetzt anfange, wenn ich mich mühe, dann wird es dir auch geschenkt, dieses Vertrauen?

G 14: Ja, und für mich war das sonst wie so eine Lähmung, so ein undefinierbarer Zustand, unerklärlich, und gleichzeitig waren mir auch die Hände gebunden. (Ja) Für mich eher so im Hintergrund: na ja, ein bißchen mußt du schon tun. Bisher war es immer so, daß die Last erst richtig groß werden mußte, bevor ich in die Gänge gekommen bin, gerade jetzt, als ich zu Ihnen kam, wieder.

S 14: Dieses Bild hat Ihnen jetzt gezeigt, Sie brauchen gar nicht immer so lange zu warten, sondern wichtig ist für Sie, auch im Alltag – jetzt – immer aktiv zu sein in Ihrer Beziehung zu Gott.

G 15: Und nur wenn ich aktiv bin, kann ich etwas erwarten oder dann wird mir etwas geschenkt, kommt etwas auf mich zu. Und das paßt auch so zu der Erfahrung des letzten Gemeindeseminares. Da tu' ich was, da geb' ich mich rein, und es läuft.

S 15: – und es geht Ihnen gut.

G 16: – und es geht mir gut dabei. Genau so ist es.

S 16: So: wenn Sie sich hingeben, auch so in Glaubensübungen oder so etwas, daß Sie dann auch etwas bekommen.

G 17: Ja, so ist es. Nur, es ist eben so ganz neu für mich.

S 17: Fremd noch, so ungewohnt oder auch ungeübt?

G 18: Ungeübt ja. An sich liegt es auf der Hand. Es ist für mich einfach noch eine Kraft, es zu üben; es ist nicht selbstverständlich.

IV. Verlauf der Ausbildungskurse

1. Ziele und Inhalte

Eine Fortbildung in personzentrierter Gesprächsführung steht nach den Richtlinien der GwG allen denen offen, die im psychosozialen Bereich tätig sind.[1] In Ausbildungskursen lernen sie, in ihren Wahrnehmungen und Äußerungen weitgehend kongruent mit sich selbst zu sein, Andersartigkeit zu akzeptieren und sich auf die Erlebensweise ihres Gegenüber einzustellen. So werden sie befähigt, Kontakt mit sich selber zu haben, ihre Beziehungen effektiv zu gestalten und Konflikte angemessen auszutragen sowie Ratsuchende so zu begleiten, wie es in der jeweiligen Situation angemessen ist. Für Rogers heißt das nicht mehr und nicht weniger als loszulassen vom „diagnostischen Scharfsinn und von professionellen Wertbestimmungen; er (der Helfende) darf sich nur auf ein Ziel konzentrieren: Zu tiefem Verstehen und zur Akzeptierung der Einstellungen zu gelangen, die der Klient im Augenblick bewußt wahrnimmt, in dem er Schritt für Schritt in das gefährliche Gebiet eindringt, das er bislang seinem Bewußtsein gegenüber geleugnet hat."[2]

Bei hinreichender Eignung läßt sich eine Ausbildung zum Berater, bei entsprechender beruflicher Vorbildung auch zum Psychotherapeuten anschließen. Viele spezialisieren sich vorwiegend für ihre beruflichen Arbeitsfelder.

Den Zielen entsprechend erstrecken sich die Inhalte der Fortbildung im wesentlichen auf vier Bereiche: Selbsterfahrung, theoretische Grundlagen, berufsspezifische Fragestellungen und methodische Hilfen.

• S e l b s t e r f a h r u n g durchzieht die gesamte Fortbildung; denn nur wer sich selbst mit den eigenen Fähigkeiten und Grenzen richtig einschätzen kann, wird in der Lage sein, sich ganz auf den anderen einzulassen und eine helfende Beziehung einzugehen. Erst wenn ich „bei allem, was in mir aufsteigt, ruhig anwesend sein kann, ohne Angst oder Abwehr, kann ich auch für alles, was in meinem Klienten lebt, um so mehr empfänglich sein. Ohne diese Offenheit, ohne dieses Akzeptieren, ist es nicht möglich, das Erleben meiner Klienten zur Entfaltung, völlig zum Leben kommen zu lassen"[3] Der Berater ist nicht mehr genötigt, sich in eine wie auch immer geartete Technik zu flüchten, um der Nähe des anderen auszuweichen.

Selbsterfahrung geschieht auf dreierlei Weise:
– In Einzelgesprächen, in denen die Lernenden die Möglichkeit haben, ganz persönliche Probleme aufzuarbeiten und so die Wirksamkeit personzentrierter Gesprächsführung an sich selbst zu erfahren;
– In der Ausbildungsgruppe. Hier haben die Teilnehmer die Chance, personenzentriert miteinander umzugehen und ihre Wirkung auf andere kennenzulernen. Sie können sich dem Gewordensein ihres Selbstkonzeptes stellen oder auch Konflikte in der Gruppe aufarbeiten. Auf diese Weise haben sie eine ideale Möglichkeit die personzentrierte Haltung gemeinsam zu integrieren.
– In der Supervision, in der durch die Analyse der Tonbänder die Lernenden ihre

Blockaden im Gespräch und ihre tatsächlichen Einstellungen, Wünsche oder auch Aggressionen dem Gesprächspartner gegenüber entdecken können. Sie lernen, ihre eigenen Anteile an Interaktionsvorgängen zu erfassen.

• T h e o r e t i s c h e   G r u n d l a g e n . Zu Beginn unserer Arbeit haben wir der Theorie weniger Beachtung geschenkt, um dem sonst so selbstverständlichen diagnostizierenden und interpretierenden Verhalten dem Ratsuchenden gegenüber bereits im Ansatz zu begegnen. Es hat sich aber gezeigt, daß sich das Verständnis des klientenzentrierten Konzeptes vertieft, wenn deutlich wird, wie es im Kontext psychologischer Wissenschaft entstanden ist und sich weiterentwickelt hat. Auch können die Grundlagen psychologischer Diagnostik es erleichtern, tieferliegende Gefühle und dadurch ausgelöstes Erleben und Verhalten so zu erfassen, daß adäquat darauf reagiert werden kann. Der Gefahr, sich in Diagnostik, Interpretation oder anderen Techniken zu verlieren, versuchen wir entgegenzusteuern, indem wir von Anfang an theoretische Ausbildung und praktische Erfahrung eng miteinander verzahnen.

• B e r u f s s p e z i f i s c h e   A r b e i t s f e l d e r . Wesentlich ist für uns, die jeweils spezifischen Arbeitsfelder auf ein angemessenes personzentriertes Verhalten hin zu überprüfen. Wann ist es über das Aufnehmen der Gefühle hinaus notwendig, Fragen zu stellen und Informationen zu geben, wann ist Konfrontation oder Selbsteinbringung angezeigt? Wie gehe ich mit der Wahrhaftigkeit am Krankenbett um, welche Aufklärung ist für den Kranken angemessen? Wie lange kann ich auf die Eigenverantwortung vertrauen, wann muß soziale Hilfe gewährt werden? In Kursen mit stärker seelsorgerlich interessierten Teilnehmern begleiten theologische Reflexionen die Arbeit während der gesamten Fortbildung. Sie entstehen an den Grundfragen des Glaubens, die z.B. während der Selbsterfahrung im Rückblick auf die persönliche religiöse Entwicklung offenbar werden. Gelingt es dabei, theologisches Wissen und persönliches Erleben zur Deckung zu bringen, so kann die so oft beklagte Sprachunfähigkeit oder auch Sprachlosigkeit, Glaubensinhalte weiterzugeben, beträchtlich überwunden werden. Die Teilnehmer lernen, ohne den Schutz der theologischen Sprache oder den des sakralen Raumes sich selbst einzubringen und die religiösen Bedürfnisse des Ratsuchenden hinter seiner oft recht verschlüsselten Sprache wahrzunehmen.

• V e r s p r a c h l i c h u n g   d e r   E m p a t h i e wird durch eingehende Analysen von schriftlich vorliegenden Gesprächsprotokollen oder anhand von Tonbändern selbstgeführter Gespräche erlernt. Hierbei lassen sich die Auswirkungen empathischen Eingehens auf den Gesprächspartner transparent machen. Die Gruppenmitglieder überprüfen gemeinsam, ob die jeweilige Äußerung der Beraterin dem Bezugsrahmen des Gesprächspartners entspricht und somit für ihn weiterführend ist, oder ob der Prozeß des Gespräches durch mögliche Wahrnehmungsstörungen der Beraterin beeinträchtigt wird. Sie fragen weiter, ob Achtung und Akzeptanz des Gesprächspartners gewahrt ist. Auf diese Weise können sie an sich selbst spüren, wie eng personzentrierte Haltung und aktives Zuhören miteinander verzahnt sind und die Effektivität eines Gespräches ausmachen.

2. Der Weg durch das Curriculum

Wer sich für eine Ausbildung in personzentrierter Gesprächsführung interessiert, sollte nachweislich über eine fundierte Praxis in Gesprächsführung oder Seelsorge verfügen sowie die Bereitschaft mitbringen, sich mit sich selbst und seiner beruflichen Tätigkeit kritisch auseinanderzusetzen.

• Der E i n f ü h r u n g s k u r s umfaßt fünfzig Stunden, die nach unseren Erfahrungen am besten genutzt werden, wenn die Gruppe fünf bis sechs Tage gemeinsam in einem Tagungsheim verbringt, ungestört von Unterbrechungen des Alltags. Ziel des Kurses ist es, die Teilnehmer mit Theorie und Praxis des klientenzentrierten Konzeptes vertraut zu machen und zugleich deren Motivation an der Fortbildung zu klären. Abgesehen von der äußeren Struktur wird der Verlauf der Kurstage von den Teilnehmern selbst bestimmt: Sie legen Inhalte und Arbeitsweisen gemeinsam fest, einigen sich über die für sie notwendigen theoretischen Grundlagen oder stellen ihre Erfahrungen in bestimmten Gesprächssituationen zur gemeinsamen Reflexion zur Verfügung. Bei unterschiedlichen Berufsfeldern der Teilnehmer wird dadurch die Arbeit besonders lebendig. Von Anfang an wird deutlich, daß sie die Verantwortung für sich, für die Gruppe und für den Lernprozeß selber mittragen.

Die Aufgabe der Trainer besteht im wesentlichen darin, Impulse für die Arbeitsabläufe, situativ angepaßte Vorschläge für die Weiterarbeit oder auch fachliche Informationen zu geben. Insbesondere haben sie die Vorgänge des Gruppenprozesses – z.B. die Entscheidungsfindungen – transparent zu machen, um so die Gruppenmitglieder für ihr eigenes Verhalten sensibel werden zu lassen.

Um ein besseres Verständnis unserer Verhaltensweisen im Umgang miteinander zu gewinnen, bieten wir unterschiedliche Wahrnehmungs-, Vertrauens- oder auch Durchsetzungsübungen an. Es entwickelt sich mehr und mehr ein lebendiges und offenes Miteinander, das es den Gruppenmitgliedern ermöglicht, eigene Gespräche in personzentrierter Haltung auf Tonband zu führen. Sie überprüfen dabei, ob das klientenzentrierte Konzept ihnen z.Zt. entspricht oder ob sie sich lieber einer anderen Orientierung zuwenden möchten. Aus diesen Erfahrungen heraus haben wir in den letzten Jahren die Einführungskurse mehr oder weniger als Erprobungskurse verstanden.

Nach dem Einführungskurs trifft sich die Gruppe vierzehntägig zur Supervision. Hier geschieht die Vertiefung der ersten theoretischen Kenntnisse, der Selbsterfahrung und der methodischen Hilfen.

• Der T h e o r i e k u r s von 50 Stunden erfolgt in einzelnen Sitzungen und im Selbststudium. Da heute viele Teilnehmer bereits mit anderen psychotherapeutischen Richtungen vertraut sind, erarbeiten wir gemeinsam die unterschiedlichen Theorieansätze und Erklärungsmodelle menschlichen Verhaltens. So kommen die vielfältigen Auffassungen erfahrungsbezogen ins Blickfeld und können zugleich kritisch beleuchtet werden.

• Der anschließende P r a x i s k u r s I hat zum Ziel, die Besonderheiten des personzentrierten Gespräches einzuüben, und zwar so, daß sich die Teilnehmer nach Kursabschluß zutrauen, in ihrem Berufsfeld eigenständig hilfreiche Gespräche zu führen. Für das eigene Erleben sowie für das des Ratsuchenden werden sie zunehmend sensibel. Sie nehmen sich deutlicher in ihren Empfindungen wahr und erleben sich mit sich selbst kongruenter. Als Arbeitsweisen bieten sich die Analysen mitgebrachter Tonbandprotokolle an, mit deren Hilfe die komplexen Interaktionsvorgänge zwischen den Gesprächspartnern gemeinsam erarbeitet werden. Auch Rollenspiele tragen dazu bei, Gesprächsverhalten zu überprüfen, geben sie doch die Chance, sich sowohl in die Situation des Gesprächspartners hineinzuversetzen und ihn dadurch besser zu verstehen als auch sich eigene, durch das Gespräch ausgelöste Gefühle und Vorgehensweisen zu verdeutlichen. Unter dem schützenden Mantel der Rolle ein unterschiedliches Gesprächsverhalten miteinander zu erproben, schenkt vielen erst das Vertrauen in die personzentrierte Haltung. Nach Abschluß des Kurses sollten die Teilnehmer in der Lage sein, in einem zehnminütigen Gesprächsabschnitt aufzuzeigen, daß sie die Grundhaltung personzentrierter Gesprächsführung realisieren können.

• Es folgt die praxisbegleitende S u p e r v i s i o n von mindestens fünfzig Stunden, die als Kernstück der Ausbildung zu verstehen ist. Eine Begriffsdefinition gibt Walter Andreas Scobel: Supervision bedeutet „Analyse und Kontrolle der Berufsausübung von professionellen Helfern"[4]. In den Gruppensitzungen haben die Teilnehmer die Gelegenheit, ihre Gesprächspraxis vorzustellen und auftauchende Schwierigkeiten anzusprechen: solche der Interaktion, solche des Gesprächspartners oder auch solche, die in der eigenen Person begründet sind. Für den einzelnen ist es hilfreich zu erkennen, wie weit sein einfühlendes Verstehen für den Gesprächsprozeß förderlich ist oder auch umgekehrt eigene gefühlsmäßige Blockaden den Prozeß der Selbstexploration des Gesprächspartners behindern; d.h. es wird besonders auf Einstellung, Gefühle und Verhalten der Helfenden dem Gesprächspartner gegenüber geachtet.

Da das Tonband Tonfall und Wortwahl festhält, zeigt es objektiv auf, ob Nähe oder Distanz, versteckte Aggressionen oder auch das sich übermäßige Identifizieren mit dem Gegenüber die Interaktion bestimmen. Diskrepanzen zwischen Selbsteinschätzung und tatsächlichem Vorgehen werden sichtbar und helfen so der Beraterin, ihre Haltung realistisch zu erleben. Je nach ihren Möglichkeiten wachsen die Teilnehmer zunehmend in das Basisverhalten partnerbezogener Gesprächsführung hinein. Sie können ihren persönlichen Einfluß entdecken und damit auch verantworten. Insofern sind Selbsterfahrung und Reflexion der Gespräche in der Supervision eng miteinander verflochten und in ihrer Bedeutung auch gleichwertig zu sehen. Walter Scobel weist darauf hin, daß ein Übergewicht zur einen oder anderen Seite immer eine Störung bei der Durchführung dieses Konzeptes signalisiert.[5]

Einen besonderen Vorteil der Supervisionsgruppen sehen wir in der Gemeinschaft, die es dem oft in der Vereinzelung arbeitenden Seelsorger bzw. Arzt oder auch Sozialarbeiter ermöglicht, seine beruflichen Probleme mit Kollegen durchzusprechen oder bei persönlichen Schwierigkeiten Hilfe zu erfahren. Die Teilnehmer haben es nicht mehr nötig, Gedanken auf intellektueller Ebene zu diskutieren, die im Grunde im eigenen Erleben begründet sind. Sie wagen zunehmend, aus dem unfruchtbaren Konkurrenzdenken herauszukommen und auch andersartige Positionen zu tolerieren, sei es theologischer, politischer oder auch weltanschaulicher Art. Ein ausufernder Subjektivismus oder auch mangelnde Kritikbereitschaft braucht trotzdem nicht befürchtet zu werden, denn die Standpunkte werden weiterhin abgeklärt und auf ihre Richtigkeit hin befragt. Nur hat man es nicht mehr nötig, den eigenen Standpunkt verteidigen und den des anderen angreifen zu müssen. Es kommt zu einer sachlichen und damit fruchtbaren Auseinandersetzung.[6] Dazu schreibt eine Teilnehmerin in ihrem Zwischenbericht: „Durch die Geborgenheit in der Gruppe verlor ich schnell die Angst vor dem Wegfall der Fassade und der selbsterwählten Schutzmechanismen und lernte durch die Selbsterfahrung, mein eigenes Sozialverhalten besser einschätzen."

• In den S e l b s t e r f a h r u n g s k u r s e n wird der Prozeß, sich mit sich selbst und der Gruppe auseinanderzusetzen, vertieft. Wir sprechen z.B. an, welche prägenden „Leitsätze" durch die Erziehung in unser Selbstkonzept eingedrungen sind. Gemeinsam herauszufinden, wie weit sie unser Verhalten noch heute bestimmen, ist für alle eine hilfreiche Übung: Ist unser Harmoniebedürfnis so stark ausgeprägt, daß wir Konflikte scheuen? (Leitsatz: „Wenn du dich wehrst, bist du böse.") Können wir dem anderen den notwendigen Raum zur Entfaltung lassen? („Ich weiß, was für dich gut ist.") Erschweren Vorurteile unvoreingenommenes Zuhören? („Die … sind so!") Wird unsere Hilfsbereitschaft zu schnell aktiviert? („Du mußt immer dafür sorgen, daß es den anderen gut geht!") Wer gerne möchte, bietet der Gruppe persönliche Probleme an, die dann miteinander aufgearbeitet werden.

• Nach zwei bis drei Jahren folgt der P r a x i s k u r s II, in dem die Teilnehmer lernen, mit besonderen Problemen im Gespräch umzugehen. Voraussetzung ist ein praktisch und theoretisch nachgewiesener, möglichst sicherer Umgang mit dem klientenzentrierten Konzept, besonders auch in schwierigen Situationen.

Bei erfolgreichem Abschluß erhalten die Teilnehmer das Zertifikat der Gesellschaft für wissenschaftliche Gesprächspsychotherapie (GwG) in klientenzentrierter Gesprächsführung. Insgesamt umfaßt die Fortbildung dreihundert Stunden. Sie umfassen die zweihundert Stunden der Fortbildung in Gesprächsführung nach den Richtlinien der GwG, die aber auf Wunsch der Teilnehmer noch um hundert Stunden erweitert sind, um mehr Sicherheit für die praktische Arbeit zu gewinnen. Damit ist zugleich die Grundstufe zu einer anschließenden seelsorgerlichen Beraterausbildung gegeben, die insgesamt 600 Stunden umfaßt (s. Anhang).

3. Erfahrungen mit Ausbildungskursen

3.1 Die Teilnehmer

Vor mir leben die vielen Kurse auf, die ich für Pastoren und Vikare einiger Landeskirchen, für Studenten oder auch für Gruppen mit Angehörigen unterschiedlicher Berufe durchgeführt habe. Am meisten hat mich dabei beeindruckt, wie eine nach Alter, Beruf oder auch Religionszugehörigkeit ganz unterschiedlich zusammengesetzte Gruppe verhältnismäßig rasch miteinander vertraut werden kann und es zu gegenseitiger Akzeptanz der Andersartigkeit eines jeden kommt.

Vom Einführungskurs geht zunächst die stärkste Wirkung aus, weil es etwas völlig Neues für die meisten Teilnehmer ist, sich selbst bestimmen zu können und dabei wesentlich intensiver zu lernen, als es in einem strukturierten Kurs möglich ist. Sie erleben es vielfach zum ersten Mal, auf sich selber zu achten, ihre Bedürfnisse offen zu artikulieren und auch zu ihnen stehen zu können, ohne fürchten zu müssen, dadurch die Zuwendung der anderen zu verlieren. Der folgende Beitrag aus dem Rückblick einer Teilnehmerin mag das exemplarisch verdeutlichen (Tonbandaufzeichnung): „Ich habe schon oft an Seminaren und Tagungen teilgenommen, die liefen immer nach einem sehr stark organisiertem Schema ab. Man kriegte vorher eine Tagesordnung zugeschickt – und hinterher war ich immer sehr geschlaucht. Das ist dieses Mal anders. Das liegt sicherlich an verschiedenen Dingen: einmal an der nicht organisierten, streng vorgeschriebenen Form des Ablaufs, dann im wesentlichen daran, daß wir viel stärker unsere eigenen Erfahrungen und Ängste und unser eigenes Leben mit eingebracht haben. Das, was wir hier getan haben, habe ich wie einen Schlüssel empfunden, mit dem ein Bereich aufgeschlossen ist, den ich so noch nie empfunden habe. Ich habe das zunächst, als ich es entdeckte, als unheimlich beängstigend empfunden. Im Verlauf der Gespräche und des Miteinander war es nur noch eine Befreiung."

Wir haben uns gefragt, wie es zu diesen fast euphorischen Aussagen kommt. Einer der Gründe ist sicher darin zu sehen, daß die Gruppe den Verlauf des Kurses in Inhalten und Intensität selbstverantwortlich gestaltet. Zum anderen überrascht es die Teilnehmer, daß es durch eine Arbeit auf emotionaler Ebene in relativ kurzer Zeit mit bis dahin völlig fremden Menschen zu so viel Vertrauen und Offenheit kommen kann. Persönliche Kontakte werden spürbar vertieft. Diese Erfahrung hängt in hohem Maße damit zusammen, daß die Teilnehmer Lerninhalte nicht allein kognitiv übernehmen, sondern aufgrund persönlicher Erfahrungen auch emotional in sich aufnehmen. Mit Hilfe unterschiedlicher Übungen versetzen sie sich in die Rolle des Gesprächspartners und bekommen auf diese Weise an sich selbst zu spüren, wie sich das eine oder andere Beraterverhalten auswirkt. Erfahren sie, wie unangenehm es ist, ausgefragt, mit Lösungsvorschlägen bedrängt oder mit Zuschreibungen in eine Objektrolle versetzt zu werden, bildet sich wie von selbst eine starke Aversion gegen ein solches wenig hilfreiches Verhalten. Der Lernprozess öffnet die Teilnehmer für neue Möglichkeiten des Umganges miteinander: Sie finden den Weg von der Neigung zu urteilen und sich selbst zu rechtfertigen (Angriff und Verteidigungsspiel) hin zum verstehenden Miteinander. Damit haben sie die Voraussetzung für hilfreiche Begegnungen gefunden.

Es gibt aber auch Teilnehmer, die mit dem Angebot, sich frei bestimmen zu dürfen, wenig oder gar nichts anfangen können. Sie fühlen sich ohne Führung desorientiert und reagieren zunächst in ihrer Hilflosigkeit aggressiv oder auch depressiv, bevor sie die Vorteile des selbstbestimmten Lernens erkennen und annehmen. Eine zu große Unsicherheit kann Anfänger schließlich dazu veranlassen, die Fortbildung abzubrechen. Schwierig wird es auch für diejenigen, die das klientenzentrierte Konzept für eine leicht erlernbare Gesprächstechnik halten, ohne die dahinterstehende Haltung als das entscheidend Förderliche im Gespräch wahrzunehmen. Mit nichtdirektivem Vorgehen glauben sie, den Gesprächspartner zu begleiten und sind enttäuscht, bisweilen sogar aggressiv, wenn sie dabei nicht sonderlich hilfreich sind. Sie meinen, dann doch auf andere Methoden zurückgreifen zu müssen, im Grunde aber akzeptieren sie die notwendige Haltung nicht.[7] Die personzentrierte Gesprächsführung erscheint zwar leicht realisierbar, doch zeigt sich während der Fortbildung bald, daß gerade das anscheinend Einfache nicht immer leicht ist. Einfachheit kann sogar höchste Kunst sein. Die Schwierigkeit der Gesprächsführung beschreibt Michael Gutberlet folgendermaßen: „Zum einen entdeckt man, daß das Bemühen um personzentrierte Haltung in verwirrende W i d e r s p r ü c h e (zwischen Anspruch und Wirklichkeit) hineinführen kann. Zum zweiten wird man verwundert oder erschrocken feststellen, welche Verantwortung und Last es bisweilen bedeutet, seinem Gesprächspartner auch als Person und nicht hauptsächlich als theoretisch und methodisch gut ausgestatteter Fachmann gegenüberzutreten. Drittens ist man mit der Tatsache konfrontiert, daß man anderen auf der Suche nach verschütteten inneren Potentialen nur dann helfen kann, wenn man s e l b s t d i e s e n s c h w i e r i - g e n W e g g e h t ."[8]

Wer diese Zusammenhänge nicht ernst genug nimmt, ist enttäuscht, wenn die Gespräche trotz guten Willens nicht vorankommen, sich im Kreise drehen oder immer wieder durch störende Feststellungen von seiten des Beraters unterbrochen werden. Allein Antworten im Gespräch zu üben und zu erlernen, gibt noch lange nicht die Fähigkeit, weiterführende Prozesse in Fluß kommen zu lassen. Jeder Antwort läßt sich abspüren, ob sie angelernt oder aus innerer Haltung erwachsen ist. (Wir merken in unseren Kursen, daß so manch ein Widerstand gegen das klientenzentrierte Konzept auf derart schlechte Erfahrungen in einer Therapie zurückzuführen ist.) Hierzu Reinhard Tausch: „Diese Haltung von Achten-Wärme-Sorgen kann nicht ‚trainiert' werden. Sie kann nicht durch eingelernte Redewendungen, durch eine freundliche Fassade ersetzt werden. Auch wenn ein Gesprächspartner diese Oberfläche nicht durchschauen sollte: Er wird keine starken unmittelbaren Empfindungen von Achtung, Wärme und Anteilnahme erfahren." Deshalb sind die entscheidenden Fragen eines Helfers an sich selbst zu bedenken: „Achte ich den Gesprächspartner als Person? Fühle ich wirklich Wärme und Anteilnahme ihm gegenüber? Kann ich ihn in seinem Fühlen und in seiner inneren Welt voll annehmen? Bin ich ihm wirklich sorgend zugewandt?"[9] Wie weit traue ich seiner Selbstaktualisierungstendenz, habe ich Hoffnung für ihn?

Der kritischen Überprüfung des Gesprächsverhaltens dient in erster Linie das Tonbandprotokoll. Es hilft, die Wirkung dessen, was gesagt wird, zu erkennen. Das gilt sowohl im Hinblick auf den Gesprächspartner als vor allem auch im Hinblick auf die Beraterin. Wie stark der Ausdruckswert eines jeden Wortes ist und je nach Erfahrungshintergrund von Sender und Empfänger zu Vertrauen oder Mißverständnissen führt, wird an den einzelnen Interaktionen eindrucksvoll anschaulich. Zu Beginn der Ausbildung erstaunt und verunsichert es einige zu spüren, wie nachhaltig der Eindruck ihrer Worte sein kann und welche Folgen eine undifferenzierte Sprache hat. Ist die personzentrierte Haltung jedoch im Selbstkonzept integriert, so entwickelt sich wie von selbst eine empathische Sprache.

Kann sich jemand nur unzureichend auf die geforderte Haltung einlassen, weil sie vielleicht seinem Wesen nicht entspricht, bliebe er nicht mit sich selbst kongruent, wollte er sich dazu zwingen. Das gleiche gilt für diejenigen, die keinen Zugang zu ihren Gefühlen finden und auch nicht suchen möchten. Andere wiederum trauen zunächst der Haltung allein zu wenig therapeutische Wirksamkeit zu. Nach ihrer Auffassung bedarf es anderer Methoden, um das „eigentliche Problem" des Ratsuchenden „herauszubekommen" und zu klären. Erst wenn sie miterleben, daß weder Aufdecken noch diagnostisches Einordnen Heilung bewirkt, es vielmehr am besten weiterhilft, die emotionale Befindlichkeit ausreichend zu verstehen, dann werden sie motiviert, sich vorbehaltlos auf die weitere Fortbildung einzulassen.

Häufig konnten wir feststellen, daß während und nach einer Lehrtherapie die vorläufige Schwierigkeit, sein Gegenüber empathisch anzunehmen, überwunden wurde. Sich mit eigenen Schwächen intensiv auseinanderzusetzen, trägt dazu bei, sich mit Hilfesuchenden auf gleicher Ebene verbunden zu wissen. Die eigenen Abwehrstrukturen werden durchschaut und stören infolgedessen nicht mehr unbewußt die Beziehung. Uns scheint es darüber hinaus notwendig zu sein, die Wirkung einer Beratungsform an sich selbst zu erleben, um mit ihr überzeugt und überzeugend umgehen zu können.

3.2 Der Trainer/die Trainerin

Die Entwicklung zu einer autonomen, emotional aufgeschlossenen Gruppe ist um so intensiver, je besser Ausbilder und Ausbilderin das von Rogers entwickelte Basisverhalten verwirklichen. Nach unserer Einschätzung ist diese Aufgabe nicht zu leisten, ohne ständig durch eine Ausbildersupervision begleitet zu werden. Sie hilft uns, Konflikte aufzuarbeiten und Selbsttäuschungen zu vermeiden – eine Voraussetzung, um die Offenheit der Teilnehmer untereinander zu fördern.

Die Aufgaben der Trainerin sind folgende:

• die gegenseitige Akzeptanz der einzelnen Gruppenmitglieder zu fördern. Sie bedingt die angstfreie Atmosphäre, in der sich jeder gefahrlos öffnen kann. Aus diesem Grunde bemühen wir uns, auf alle Beiträge oder auch Übungen so einzugehen, daß die Teilnehmer sich weder gewertet noch beurteilt, sondern verstanden fühlen. Sie können dadurch ihre Gefühle freier artikulieren sowie Konflikte miteinander austragen. Modellhaft bringen wir uns selbst ein. Ferner versuchen wir, darauf zu achten, daß auch zurückhaltende Gruppenmitglieder zu ihrem Recht kommen. Hinderlich hierfür kann sich starkes Durchsetzungsinteresse von seiten bestimmter Teilnehmer oder unkontrollierte Sympathie zu einzelnen von seiten der Trainerin auswirken. Ebenso problematisch ist es, wenn die Trainerin sich keine Rechenschaft über die Wirkung ihrer Autorität ablegt. Jedoch nur dann, wenn sie sich hierauf einläßt, kann sie entsprechende Projektionen erkennen oder eigenen uneingestandenen Machtansprüchen auf die Spur kommen. Die Korrektur durch die Zusammenarbeit mit einem Co-Trainer, vor allem auch die Kontrolle durch die Ausbildersupervision, ist deshalb unabdingbar.

• die bekannten „Spiele der Erwachsenen" (Berne) zu verdeutlichen. Wir machen ganz bestimmte Verhaltensweisen bewußt, sei es nun die von Angriff und Verteidigung, die von Opfer und Täter, die vom Leidenden und Helfenden oder die der Rolle, sich durch Intellektualisieren vor persönlicher Begegnung zu schützen. Ein weiteres dieser Spiele liegt darin, in der dritten Person über einen Anwesenden zu sprechen. Zum Objekt der Betrachtungen gemacht, brauchen seine Konfrontationen nicht gefürchtet zu werden. Uns überrascht es immer wieder, wie oft ein Reden über den anderen anstatt mit ihm zu Beginn der Fortbildung ganz selbstverständlich geschieht.

• die indirekte Kommunikation zu entschlüsseln und zur direkten werden zu lassen. Hierdurch werden Echtheit und Offenheit, warmherzige Akzeptanz und ein besseres Verständnis von sich selbst gefördert.

• auf den Kontakt des jeweiligen Sprechers mit sich selbst zu achten. Auf diese Weise hoffen wir, dem Gruppenzwang entgegenzuwirken, der allzu leicht demjenigen den Raum nimmt, der die schwächeren Darstellungsfähigkeiten hat.

• Spannungen aufzudecken und personzentriert zu klären. Die Teilnehmer finden die Gelegenheit, ihre Verhaltensweisen und Reaktionen aus eigener emotionaler Betroffenheit heraus zu reflektieren. So können sie an sich selbst spüren, daß ein emotional aufgeschlossenes Gruppenklima entscheidend von einem kongruenten Umgang mit sich selbst und mit anderen abhängig ist. Folgender Beitrag einer Teilnehmerin mag diesen Prozeß verdeutlichen:

„Besonders wichtig sind für mich Erfahrungen, wie Differenzen aufgearbeitet werden. Meine positive Beurteilung hängt vor allem damit zusammen, daß wir die auftretende Krise bearbeitet haben. Daß sie überwunden wurde, liegt auch daran, daß die Gruppenteilnehmer bereit waren, das Gelernte praktisch durchzuführen. Das hat mir Mut gemacht, weil ich in meinem sonstigen Berufsleben so etwas nicht erlebe. Insofern ist für mich dieser Kursus nicht nur ein Stück Erfahrung für meine Ausbildung, sondern er hat mir geholfen, meine Situation zu anderen Menschen anders zu sehen."

Zusätzlich zu den genannten Aufgaben der Trainerin ist der angemessene Umgang mit Aggressionen zu nennen. Gerade im klientenzentrierten Konzept kann ein Leistungsdruck entstehen, dem anderen jederzeit emotionale Wärme entgegenbringen zu müssen. Ein solcher Zwang widerspräche der Echtheit und blokkierte jeden weiteren Lernprozeß. Der Umgang miteinander wirkt unnatürlich und gezwungen. Spätestens Worte wie: „Ich finde die Atmosphäre schwer erträglich, ich empfinde das unnatürlich, daß einer auf den anderen eingeht und wir nicht so scharf aufeinander losgehen wie sonst", signalisieren der Trainerin, auf latente Aggressionen zu achten. Sind sie vorhanden, sollten sie für die Gruppe transparent gemacht werden. Doch das Unbehagen an einer vermeintlich zu freundlichen Atmosphäre kann auch davon zeugen, daß das Angriffs- und Verteidigungsverhalten in unserer Gesellschaft so tief verwurzelt ist, daß es bereits als Maßstab für den Umgang miteinander gilt.

Stellen sich in einer Gruppe Aggressionen ein, so achten wir verstärkt auf die auslösenden Gefühle der Feindseligkeit wie z.B. Ohnmacht, Kränkung oder Schmerz. Dadurch, daß wir sie ansprechen, bieten wir die Möglichkeit, sich von vornherein mit dem ursprünglichen (Ohnmacht) und nicht mit dem ausgelösten Gefühl (Wut) auseinanderzusetzen. Verhältnismäßig schnell wird dann die Aggression in ihrer Bedeutung als Abwehrfunktion gegen Ängste und Wehrlosigkeit durchschaut und braucht nicht mehr als Machtmittel eingesetzt zu werden, wenn diese verarbeitet sind.

Eine Trainerin sollte zudem zwischen den unterschiedlichen Ausdrucksformen der Aggression unterscheiden können: Ist sie als abgeleitetes Gefühl zu verstehen, das zumeist auch Feindseligkeit beinhaltet? Beruht sie auf einer Beziehungsstörung, oder ist sie gar die Folge alter Erfahrungen (Projektionen)? Ist sie als Ausdruck einer Ich-Schwäche oder der Lebensenergie und zielstrebigen Entschlossenheit zu verstehen? Solange ein angstfreier Raum für die Klärung dieser jeweils aktuellen Zusammenhänge gegeben ist, kommt es kaum zu einer Eskalation destruktiver Aggressionen.

Es gibt aber auch Gruppen, in denen es uns nicht hinreichend gelingen will, ein sich gegenseitiges Bewerten und Beurteilen zu überwinden oder das von Rogers geforderte Basisverhalten zu verwirklichen. Dann ist zu fragen, ob die Trainerin in eine führende Rolle geraten ist. Es kann auch vorkommen, daß sie zu einem einzelnen Teilnehmer nur schwer eine positive emotionale Beziehung findet. Um dem zu begegnen, arbeiten wir – wie schon gesagt – stets mit einem Co-Trainer zusammen, mit dem nach jeder Sitzung auftretende Probleme reflektiert werden.

In der Ausbildersupervision fragen wir uns ebenfalls anhand von Tonbändern, ob wir dem personzentrierten Konzept gerecht werden. Falls das nicht der Fall ist, prüfen wir, inwieweit die Ursachen im Trainerverhalten oder in der Gruppe liegen. Feed-back-Bögen geben darüber Auskunft, ob möglicherweise eine zu starke Gruppen-Euphorie entstanden ist. Wir möchten vermeiden, daß Teilnehmer unter Druck geraten, weil sie keinen Raum mehr finden, negative Kritik oder belastende Gefühle auszusprechen.

3.3 Die Gruppe

Die Zusammensetzung der Gruppe hat einen wesentlichen Einfluß auf das Gelingen des Gruppenprozesses. Nicht etwa, daß sie möglichst homogen sein sollte; im Gegenteil haben die Teilnehmer in ganz gemischten Gruppen eine gute Möglichkeit, sich in ihrer Andersartigkeit akzeptieren zu lernen. Auch werden Vorurteile anderen Berufsgruppen gegenüber abgebaut, so daß es zu einem ganz neuen Hören und Verstehen kommt (z.B. Arzt-Seelsorgegruppen). Gruppen mit Teilnehmern gleichen Alters und gleicher Berufe entbehren dagegen der Vielfalt der Probleme, die sonst miterlebt werden können.

Sollten sich bei den Teilnehmern seelische Probleme zeigen, die sich für den Prozeß der Fortbildung nachteilig auswirken – wie etwa zu hohe Kritikempfindlichkeit, Selbstbezogenheit oder zu starke eigene seelische Belastungen – so halten wir es für nötig, miteinander oder auch in Einzelgesprächen die Situation zu klären; denn eine Ausbildungsgruppe ist keine Therapiegruppe. Wird hier nicht unterschieden, so kommen auf der einen Seite die Ausbildungswilligen, auf der anderen Seite die Therapiewilligen mit ihren Erwartungen zu kurz. Liegen bei einzelnen Teilnehmern zu viele Sperren vor, hindert sie gar eine psychische Beeinträchtigung aufgeschlossen und offen zu sein, so kann das wachsende Vertrauen in die Gruppe als Ausbildungsgruppe beeinträchtigt werden. Sollte sich ein Teilnehmer entschließen, die gemeinsame Fortbildung nicht mehr fortzusetzen, ist es der Gruppe aufgegeben, diesen Entschluß zu akzeptieren. Auch das Loslassen will eingeübt sein. Unter Umständen sind die Trainer sogar verpflichtet, einen Teilnehmer anzuregen, die Fortbildung zu unterbrechen oder gar zu beenden. Erfahrungsgemäß geht jedoch vom Lernprozeß eine nicht zu unterschätzende Wirkung aus, auf die wir zunächst einmal vertrauen, bevor wir dazu raten, die Fortbildung zu beenden.

Aus diesem Grunde sind wir auch mit intensiven Auswahlverfahren zurückhaltend. Wir möchten denjenigen, die beruflich Gespräche führen müssen, wenigstens im Einführungskurs die Chance bieten, die Grundlagen einer hilfreichen Gesprächsführung kennenzulernen und sich damit auseinanderzusetzen. In Einzelgesprächen geben wir jedem die Gelegenheit, sich über seine Eignung als Berater klar zu werden.

4. Bericht über die Erfahrungen während der Ausbildung

Ich habe den Bericht eines Arztes aus unseren Arztseelsorgekursen gewählt, weil ein ausführlicher Bericht eines Pfarrers bereits in meinem Buch „Seelsorgerliche Gesprächsführung" aufgenommen worden ist:

„Das Erleben, in Gesprächen mit Patienten in bedrängenden, ängstigenden Situationen die Angst des Gegenübers zwar wahrzunehmen, zu erahnen, aber sie nicht zulassen zu wollen oder zu können – aus der eigenen Angst, damit dann auch umgehen zu müssen, hat immer wieder Unzufriedenheit mit dem eigenen Agieren hervorgerufen. Das hat aber auch dazu geführt, nach Wegen zu suchen.

Die Erfahrung, in solchen Gesprächen weder durch Solidarisierung mit dem Gegenüber noch durch das Aufzeigen möglicher Lösungen dem Gesprächspartner wirklich helfen zu können, hat mich zunächst wenig selbstkritisch, mehr trotzig mit dem Gegenüber hadern lassen, das mein Wohlwollen, meinen Einsatz, mein ihm entgegengebrachtes Interesse vermeintlich so gar nicht umsetzen wollte.

Ich fühlte mich meiner Kompetenz beraubt, befolgbare Ratschläge geben zu können. Dann folgte die Verunsicherung darüber, ob denn die mir selbst zugesprochene Kompetenz des Ratgebens überhaupt vorhanden war. Erst danach kam mir die Frage nach dem Wert solcher Ratschläge, die doch nur aus *meiner* Sicht der Dinge erwuchsen – damit verbunden war die Anerkennung der Andersartigkeit, der Eigenständigkeit des Gegenüber und *seiner* Sicht der Dinge. Dieses Erkennen führte zwar zur Zurückhaltung als Ratgeber, aber auch zur Unsicherheit bis Mutlosigkeit über das fehlende ‚Instrumentarium', dem Gesprächspartner weiter helfen zu können.

Die personzentrierte Gesprächsführung machte mich in diesem Zustand neugierig, zunächst unter der Vorstellung, vielleicht das mir fehlende ‚Instrumentarium' erlernen zu können. Das Erfahren einer Gruppe offensichtlich auch Suchender war gleichzeitig Bestätigung wie Aufforderung und Ermutigung zu Neugier.

Schon bald wurde deutlich, nicht ‚Instrumentarium', nicht Technik war nötig; Erkennen und Annehmen des Du als Du und nicht als projiziertes oder modifiziertes Ich, Änderung am Ich, um das Du annehmend und damit hilfreich begleiten zu können, war Ziel.

Das Erkennen, daß die eigene Wahrnehmung durch die individuelle sozial-emotionale Biographie geprägt und dadurch nicht zwangsläufig auch als die des Gegenüber zu unterstellen ist, war in dieser Deutlichkeit bisher nicht von mir erlebt.

Aufzuspüren, daß mein Erkenntniszustand nur für mich gilt, ohne Verbindlichkeit oder gar pädagogisch-zwangsläufige Vorbildlichkeit für den Gesprächspartner heißt, auch anzuerkennen, daß sein Zustand Respektierung durch mich erfährt, ich ihn sich selbst sein lassen muß.

Daß ich mich zurücknehme, um ihm Raum lassen zu können – verbunden mit der Hilfe durch für ihn erkennbare Akzeptanz – bedeutete auch, ihn aushalten zu können.

Ein Weg für mich, der an Kontur und Klarheit gewann im Verlauf der über einjährigen Gruppenarbeit. Aber auch ein Weg, der deutlich die noch zu gehenden Wegstrecke aufzeigt."

V. Theoretische Hilfen zum Erlernen personzentrierter Gesprächsführung

1. Hilfen zum Verständnis der Kommunikation

1.1 Bedeutung des „setting"

Die Rahmenbedingungen, das sog. „setting", müssen für eine Beratung so gestaltet sein, daß eine persönliche Begegnung in einer angstfreien und annehmenden Atmosphäre geschehen kann. Voraussetzung ist ein geschützter Raum: ungestört von Familienangelegenheiten, von anderen Mitarbeitern oder von Telephongesprächen. Sind diese Bedingungen erfüllt, stellen sich der Beraterin folgende Fragen: Kann sie sich genügend auf das Gespräch einstellen, ohne durch andere, weitere Aufgaben abgelenkt zu werden? Ist die Atmosphäre des Raumes angenehm oder durch Bücherwände, Akten usw. eher abweisend? Können Beraterin und Ratsuchender „über Eck" an einem Tisch sitzen, ohne daß der Schreibtisch als Abgrenzung zwischen ihnen steht? Sind die Stühle zum Sitzen bequem genug?

Kommt der Ratsuchende zu einem verabredeten Gespräch, lassen sich diese Rahmenbedingungen gut ermöglichen. Schwieriger wird es dann, wenn sich unvorhergesehene Gespräche ergeben oder wenn sie in einem fremden Raum stattfinden müssen. Sollte gar eine Aussprache im Beisein anderer erwünscht sein, so sind dem aktiven Zuhören Grenzen gesetzt. Mühsam zurückgehaltene Emotionen können hochkommen und das Gefühl der Peinlichkeit auslösen, wenn die Intimität des Gespräches nicht gewahrt werden kann.

Doch selbst bei einer zufälligen Begegnung kann es sinnvoll sein, auf die hinter äußeren Sachverhalten verborgenen Signale zu achten. Mitunter ergeben sich selbst unter ungünstigen äußeren Bedingungen Gespräche, die dem Gesprächspartner über eine kritische Situation hinweghelfen können.

Bei einem vereinbarten Gespräch können durch aktives Zuhören die oft unklaren Motive eines Besuches verhältnismäßig schnell erfaßt werden. Die zugewandte Haltung ermöglicht es der Beraterin, anfängliche Schwierigkeiten im Gespräch zu überwinden, so daß das eigentliche Anliegen des Ratsuchenden eher zur Sprache kommt, als dies durch direkte Fragestellungen der Fall ist.

Der Wert auch eines einmaligen personzentrierten Gespräches ist für einen bedrängten Menschen mitunter viel größer, als gemeinhin angenommen wird. Ich habe diese Tatsache in Krisensituationen, bei Trauernachbesuchen, versteckten Schuldproblemen, ja sogar bei psychosomatischen Störungen mehrfach feststellen können. Erleben die Betroffenen, einmal richtig verstanden und akzeptiert worden zu sein, so können sie sich ihrer Inkongruenz zwischen Selbstkonzept und Erfahrung stellen, sich den damit verbundenen Ängsten öffnen und das Bedrängende loslassen.

Die Gesprächsdauer läßt sich bei einmaligen Kontakten nicht so genau festlegen wie in einer Beratung. Trotzdem vereinbaren wir auch dann im voraus eine Stunde. Scheue Gesprächspartner verlieren dadurch die Angst, den Berater über Gebühr aufzuhalten, während andere es lernen müssen, ihre Ansprüche zu reduzieren. Sollte es nicht möglich sein, das anstehende Problem innerhalb der vereinbarten Zeit zu verarbeiten, so ist es sinnvoller, einen weiteren Termin auszumachen, als die festgesetzte Zeit zu überziehen. Wohl jeder hat schon einmal erlebt, wie ermüdend und letztlich unfruchtbar sich zu lang hinziehende Gespräche auswirken. Sie drehen sich im Kreise und lösen schließlich wegen ihrer Ineffektivität auf beiden Seiten Aggressionen aus. Die Zeit zu begrenzen, schützt den Ratsuchenden davor, sich zu überfordern, während die Beraterin überhöhte Ansprüche an sich selbst einzugrenzen lernt.

Stellt sich jedoch heraus, daß eine länger dauernde Konfliktverarbeitung angezeigt ist, so ist es wesentlich besser, weitere Termine zu vereinbaren, als daß Zeitmangel oder auch Indisposition der Beraterin zu einem unbefriedigenden Gesprächsverlauf und damit notgedrungen zu Enttäuschungen führen. Bedenken, dem Ratsuchenden nicht gleich Hilfe zuteil werden zu lassen (abgesehen von ganz akuten Krisensituationen), sind nach unseren Erfahrungen mehr das Problem der Beraterin als das des Gesprächspartners.

Kommt es zu sog. Gesprächsreihen, ist es erforderlich, daß der Ratsuchende die Beraterin aufsucht, damit seine Eigeninitiative gefördert wird. Sollte ein Kommen des Ratsuchenden aufgrund seiner Situation nicht möglich sein, so daß die Beraterin ihn aufsuchen muß, sind die Auswirkungen zu bedenken. Durch die Zuwendung der Beraterin bei ihrer intensiven, kontinuierlichen Begleitung kann für den Ratsuchenden ein Leidensgewinn entstehen, der sich für die Verarbeitung seiner Situation nachteilig auswirkt.

Zu kritischen Anfragen an eine beratende Tätigkeit in der Gemeindearbeit soll aufgrund unserer Erfahrungen in den Supervisionsgruppen im Folgenden Stellung genommen werden:

• a) Stehen dem Pfarrer oder der Diakonin genügend Zeit und Kräfte für eine derartige Beratungsarbeit zur Verfügung?

Nachgewiesen ist, daß empathisches Vorgehen schneller zur Klärung der Problematik und zur deutlicheren Entlastung des Ratsuchenden führt, als dies bei einem mehr führenden Gesprächsverhalten möglich ist.[1] Jede Seelsorgerin kennt das Problem mit Gemeindegliedern, die mit immer neuen Fragestellungen ihren Alltag belasten. Sie suchen Kontakt und Hilfe, ohne ihre eigentliche Not aussprechen zu können. Schafft eine Seelsorgerin die hierzu notwendigen Voraussetzungen, ist sie zwar für eine gewisse Zeit intensiv in Anspruch genommen, bleibt dann aber von weiteren Forderungen verschont. Sie kann sich ungestört ihren anderen Aufgaben widmen.

Auf der anderen Seite wird derjenige, der sich dem klientenzentrierten Konzept verpflichtet weiß, fraglos mehr für schwerwiegende Probleme in Anspruch genommen. Doch die verhältnismäßig schnelle Hilfe, die Freude an einer erfolgreich verlaufenen Gesprächsreihe, das positive Echo, das die Beraterin erhält, wird für den stärkeren Kräfteaufwand als Ausgleich erlebt. Ihre Zeit ist befriedigend und sinnvoll gefüllt.

• b) Wie weit ist es nach so intensiven persönlichen Kontakten der Beraterin noch möglich, dem Gesprächspartner in der Gemeinde unbefangen zu begegnen? Im Gegensatz zu den Erfahrungen der analytisch orientierten Seelsorge haben sich Begegnungen außerhalb der Gesprächsreihe im allgemeinen als unproblematisch erwiesen, was mit der geringeren Übertragungsproblematik zusammenhängen mag. Statt einer intensiven Bindung entsteht eine mehr vertrauensvolle Beziehung. Allerdings würde ein Seelsorger leicht den Schutzraum verletzen, den er einem Gesprächspartner während der Gespräche gewährt hat, käme er in anderen Situationen auf die durchgesprochenen Inhalte zurück. Trennt er dagegen streng seine seelsorgerliche Tätigkeit vom Gemeindealltag, kommt es nach unseren Erfahrungen zu keinen Schwierigkeiten. Mitarbeitern oder nahestehenden Menschen empfehlen wir jedoch, ihre Probleme mit Beraterinnen außerhalb des eigenen Arbeitsfeldes durchzusprechen.

• c) Sind die für die Supervision unentbehrlichen Tonbandaufnahmen dem Gesprächspartner zuzumuten?

Der Gebrauch eines Kassettenrecorders ist dem Arzt oder Psychotherapeuten mit größerer Selbstverständlichkeit möglich als der Seelsorgerin. Die vielfältigen Gründe, aus denen ein Gemeindeglied sie aufsucht und die unterschiedlichen Erwartungen, die an sie herangetragen werden, erfordern eine sorgfältige Prüfung, wann eine Tonbandaufnahme gerechtfertigt ist und wann nicht. Sie verbietet sich bei Beichtgesprächen und in allen schweren Grenzsituationen wie bei Schwerkranken, Sterbenden oder bei akut Trauernden von selbst. Es liegt auch wenig Grund vor, ein einmaliges Gespräch auf Tonband festzuhalten. Dagegen sind für uns bei Gesprächsreihen Mitschnitte als Hilfe für die Seelsorgerin und vor allem zum Schutz des Ratsuchenden erforderlich. Einwände hiergegen werden von Gemeindegliedern verhältnismäßig selten erhoben.[2] Sobald dem Ratsuchenden deutlich wird, das Tonband dient zu seinem Schutz, fühlt er sich besonders ernst genommen. Meistens legt er sogar Wert darauf, daß bei seinen Besuchen das Gerät auch eingeschaltet ist. Sollte sich dennoch ein Gesprächspartner durch das Tonband stärker beeinträchtigt fühlen, so liegt es im Ermessen der Beraterin, ob sie in dem gegebenen Fall eine intensive Gesprächsreihe ohne Aufzeichnungen verantworten möchte und kann.

• d) Ist die Verwendung des Tonbandes mit der Schweigepflicht zu vereinbaren?

Im § 33 PfG (Hannover) Abs. 2 heißt es: „Ebenso hat der Pfarrer über alles, was ihm in seiner Eigenschaft als Seelsorger anvertraut worden oder bekannt geworden ist, zu schweigen. Wird er in Fällen, die nicht zur Beichte und zum Begehren der Absolution führen von der Schweigepflicht durch denjenigen, der sich ihm anvertraut hat, entbunden, soll er gleichwohl sorgfältig prüfen, ob und inwieweit er Aussagen oder Mitteilungen verantworten kann."

Solange der Seelsorger seine Beratungsgespräche zwar auf Tonband aufzeichnet, sie aber ohne Namen unter absolutem Verschluß hält und keinem zugänglich macht, also nur zur Selbstkontrolle verwendet, können keine Bedenken gegen die Verletzung der Schweigepflicht erhoben werden. Erst, wenn es für den weiteren Beratungsverlauf notwendig wird, Gesprächsabschnitte einer Supervisionsgruppe vorzustellen, könnten sich Schwierigkeiten ergeben. Jedoch ist die Seelsorgerin dann verpflichtet, den Ratsuchenden darüber zu informieren sowie den Sinn der Supervision zu erklären.

Der geforderten Sorgfaltspflicht wird in der Supervision bei der Besprechung der Bänder durch unterschiedliche Auflagen Rechnung getragen: Es muß die Anonymität gewährleistet bleiben, d.h. es darf weder ein Name genannt werden, noch darf die auf dem Tonband vorgestellte Person einem Gruppenmitglied bekannt sein. Abschnitte, die besonderer Diskretion bedürfen, werden selbstverständlich nicht vorgestellt. Die Supervisionsgruppe selbst steht zudem unter strenger Schweigepflicht. Tatsächlich entscheidet sich die Frage nach der Diskretion nicht am Für und Wider von Tonbandaufnahmen, sondern an der verantwortungsbewußten Einstellung des Seelsorgers. Sorgfältiger Umgang mit Anvertrautem ist deshalb ein grundsätzliches Problem. Die mitunter anzutreffenden Enttäuschungen von Gemeindegliedern aufgrund von Indiskretionen zeigen, wie schnell Anspruch und Wirklichkeit auseinanderfallen.

Woher kommt es zu derartigen Indiskretionen? Sicher mag es u.a. dem seelischen Druck angelastet werden, der durch intensive beratende Tätigkeit hervorgerufen wird. Er birgt die Gefahr in sich, an ungeeigneter Stelle (z.B. Ehemann oder -frau, denen die Gemeindeglieder bekannt sind) Entlastung zu suchen. Dagegen entspricht die Arbeit in der Supervisionsgruppe der Seelsorge am Seelsorger und erweist sich für den einzelnen als entlastend. Insofern wirkt sie gerade der Indiskretion entgegen und trägt indirekt zur Wahrung der Schweigepflicht bei. Die Diskrepanz zwischen Anspruch und Verwirklichung der Schweigepflicht ins Bewußtsein zu rufen, gehört zu den notwendigen und besonders zu beachtenden Aufgaben bei der Fortbildung zur beratenden Seelsorge.

1.2 Erfahren der subjektiven Realität

Es ist für uns alle selbstverständlich, daß wir das, was wir als Wahrnehmungsfeld aufnehmen, als objektive Realität ansehen. Den hierin liegenden Irrtum kognitiv und emotional zu erkennen, ist eine notwendige Voraussetzung für die Akzeptanz der Andersartigkeit eines jeden. Anhand bestimmter Übungen läßt sich das Gefühl für die unterschiedlichen individuellen Wahrnehmungen und deren Wertungen sensibilisieren. Zu denken wäre u.a. an „Kippbilder"[3], Nacherzählungen oder Geschichten, die von zwei oder drei Gruppen nachgespielt werden. Die unterschiedliche Darstellung offenbart die subjektive selektive Wahrnehmung.

Am meisten beeindruckt die Teilnehmer stets eine Bildbetrachtung wie z.B. die Jüdische Hochzeit von Chagall.[4] Jedesmal ist es für alle eine irritierende Erfahrung zu sehen, wieviele Eindrücke sie als Fakten ansehen, die tatsächlich bereits ihre persönliche Assoziation und Deutung sind. Dazu aus dem Bericht eines Teilnehmers: „Das Erkennen, daß die eigene Wahrnehmung durch die individuelle, sozial und emotionale Biographie geprägt und dadurch nicht zwangsläufig auch als die des Gegenüber zu unterstellen ist, war in dieser Deutlichkeit bisher nicht von mir erlebt."

Im Anschluß an die Bildbetrachtung lassen sich die unterschiedlichen Filter erkennen, die unsere Wahrnehmungen, Vorstellungen und unser Denken geprägt haben. Ist erst einmal kognitiv und emotional akzeptiert, daß bei allen Sinnesreizen aufgrund von Interessen, Erfahrungen, Emotionen und deren gefühlsmäßige Bedeutungen eine quantitativ und qualitativ starke Auslese unserer Wahrnehmungen stattfindet, gelingt es dem einzelnen wesentlich besser, auf Verhaltensweisen und Einstellungen anderer verständnisvoller zu reagieren.[5] Die Vorstellung von einer für alle gleichermaßen identischen Wirklichkeit wird als Illusion durchschaut, so daß die Bereitschaft wächst, auf eigene Lösungsvorstellungen für den Ratsuchenden zu verzichten.

1.3 Das Hören mit vier Ohren

Eine weitere Hilfe, Kommunikationsmuster zwischen Berater und Ratsuchendem zu verstehen oder aufzulösen, sehen wir in der Analyse der Interaktionsvorgänge. Ausgehend von der Kommunikationspsychologie hat Friedemann Schulz von Thun aufgezeigt, daß ein und dieselbe Nachricht stets viele Botschaften gleichzeitig enthält.[6] Um diesen Vorgang zu verdeutlichen, möchte ich das von ihm entwickelte Schaubild aufzeigen, aus dem die unterschiedlichen Varianten des Sichverstehens oder Mißverstehens anschaulich werden.

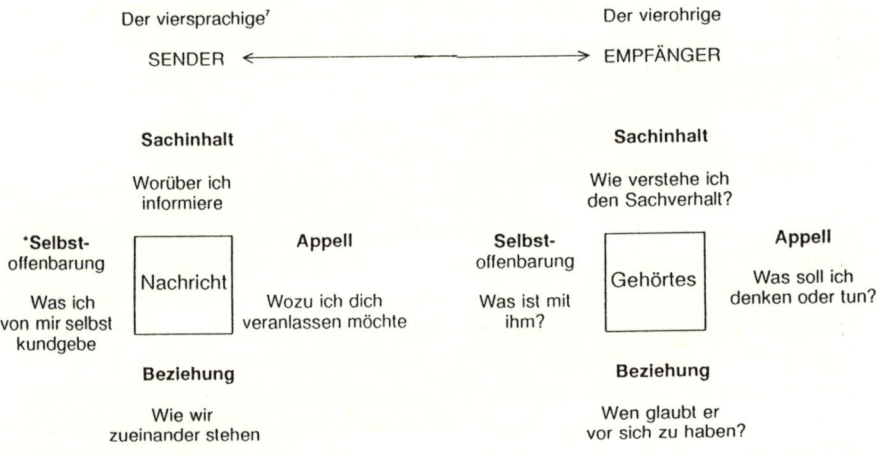

*Das Selbstoffenbarungsohr wurde später von Friedemann Schulz v. Thun "Selbstkundgabeohr" genannt.

80

In der Selbsterfahrung versuchen wir, uns darauf zu konzentrieren, welches „Ohr" bei jedem einzelnen von uns besonders ausgeprägt ist. Auf diese Weise beugen wir den auf unterschiedliches Senden und Empfangen zurückzuführenden Mißverständnissen vor.

• Ist das *Sachohr* übermäßig entwickelt, so besteht die Gefahr, mit Erklärungen und Sachauseinandersetzungen seinem Gegenüber helfen zu wollen, ohne den dahinterstehenden Wunsch nach Beziehung richtig wahrzunehmen.

• Ist das *Beziehungsohr* einer Beraterin überempfindlich, vermag sie nur schwer von sich abzusehen. Jede Äußerung oder Verhaltensweise wird persönlich genommen, als verletzend oder aggressiv erlebt, so daß der Gesprächspartner kaum Chancen hat, sich kritisch mit seiner Beraterin auseinanderzusetzen.

• Ist das mit dem Beziehungsohr eng verbundene *Appellohr* stark ausgeprägt, so fühlt sich der Betreffende genötigt, es allen recht zu machen. Jede Bemerkung erlebt er als Aufforderung, dem anderen zu helfen. Gelingt ihm das nicht, so neigt er schnell zu Schuldphantasien[8], dem Gefühl, dem anderen etwas schuldig geblieben zu sein. In der Beratungssituation kann das den Gesprächspartner in seiner eigenen Lösungssuche erheblich behindern. Was er im Grunde alleine lösen könnte und auch möchte, wird ihm abgenommen, so daß er sich seiner Selbständigkeit beraubt sieht.[9]

• Ist vorwiegend das *Selbstkundgabeohr* entwickelt, so stellt sich der Betreffende auf das ein, was der andere von sich persönlich mit seiner Äußerung aussagen möchte. Die Fähigkeit, auf die persönlichen Botschaften zu hören, ermöglicht es, den Prozeß der Selbstfindung einfühlsam zu begleiten. Wenn jedoch die Beraterin ihre eigene Betroffenheit hinter ihrer Zurückhaltung versteckt, so kann das aktive Zuhören zur Technik entarten; das Axiom, „Heilung aus Begegnung" wird empfindlich gestört.

Es mag mit der Wahl der sozialen Berufe zusammenhängen, daß bei den meisten unserer Teilnehmer Beziehungsohr und Apellohr am stärksten ausgeprägt sind. Wird diese Neigung durchschaut, so fällt der Zwang, fremde Wünsche erfüllen zu müssen, „wie Fesseln" (Beitrag einer Teilnehmerin) von ihnen ab. Befreit von dem Druck, für jedes Problem eine Lösung bieten zu müssen, vermindern sich zugleich ihre Schuldphantasien, wenn sie für den Gesprächspartner keine Lösung finden. Zugleich mindern sich ihre Aggressionen, wenn dieser andere Wege als die von ihnen vorgeschlagenen bevorzugt.

Tritt die Vorrangigkeit von Beziehungs- und Appellohr zurück, so kann das Selbstkundgabeohr besser geschult werden. Dies geschieht jedoch nicht, um es diagnostizierend und entlarvend einzusetzten „(,so einer bist du also'); sondern in dem Bemühen, sich in die Gefühls- und Gedankenwelt des Senders nichtwertend einzufühlen. Dadurch verhilft der Empfänger dem Sender, mehr zu sich selber zu kommen."[10] Zugleich bemühen wir uns, das Sachohr so weit zu entwickeln, daß wichtige Informationen dem Ratsuchenden zur rechten Zeit gegeben werden können.

Je intensiver eine solche Selbsterfahrung verläuft, je genauer die Analyse der Tonbänder vom Erleben der Teilnehmer und deren Fähigkeit zu hören her erfolgt, desto besser wird es ihnen gelingen, die vier Ohren sinnvoll und gleichwertig in der Beratungsarbeit einzusetzen.

2. Hilfen zur Vertiefung der Empathie

2.1 Grundsätzliche Erwägungen zur Theorie

„Nicht die Beschäftigung mit einer Theorie hindert den Therapeuten am Verstehen des Klienten, sondern das zu starke Beeindrucktsein v o n einer Theorie."[11] Was steht hinter dieser Aussage? Auch in dem Wissen darum, daß der therapeutische Prozeß erst durch die Art und Weise der Kommunikation und durch die Beziehung Therapeut-Klient seine heilende Wirkung entfalten kann, sind doch fundierte theoretische Kenntnisse des therapeutischen Ansatzes und psychologisches Grundwissen eine notwendige Voraussetzung. Sie dienen der Beraterin zum besseren Verständnis der Erlebens- und Verhaltensweisen des Ratsuchenden. Zusammenhänge zwischen Erfahrungen, emotionaler Reaktion, Kognitionen und Handeln werden erfaßt. So kann sich die Beraterin besser Rechenschaft über ihr Tun ablegen und ist davor geschützt, sich in angebotene Erlebensweisen zu verlieren, sich zu solidarisieren oder eigene Grenzen nicht deutlich genug wahrzunehmen. Verleitet die Theorie dagegen dazu, den Ratsuchenden aus einer bestimmten, vielleicht einseitig diagnostischen Sichtweise heraus zu beurteilen, so wirken sich theoretische Kenntnisse auf den therapeutischen Prozeß eher schädlich aus. Im extremen Fall haben wir sogar erlebt, daß sich der Klient in eine ihm vorgesetzte Beurteilung fügt. Selbst wenn sie zutreffend sein sollte, entsteht eine neue Abhängigkeit und der Prozeß der Selbstfindung wird gestört.
Je intensiver sich die Kursteilnehmer mit Theorie befassen, desto stärker wächst in Ihnen die Spannung, auf der einen Seite fundierte Kenntnisse erworben zu haben, sich auf der anderen Seite aber mit ihrem Wissen zurückhalten zu wollen — es ist die Spannung zwischen Führen und Wachsenlassen. Bei der Vermittlung theoretischer Kenntnisse ist zwischen abstrakter, auf Beurteilung zugeschnittener Theorie und solcher, die dem besseren Verstehen dient, zu unterscheiden. Am besten läßt sich eine auf das Verstehen hinzielenden Theorie vermitteln, wenn die Kenntnisse über psychologische Grundlagen aus den persönlichen Erfahrungen der Teilnehmer gewonnen werden. Zwar kann eine solche praxisorientierte Didaktik die lückenlose Systematik der einzelnen Wissensgebiete beeinträchtigen; doch uns erscheint es wichtiger, die Fähigkeit zum Einfühlen und zum aktiven Zuhören zu fördern als auf Vollständigkeit des Wissens hinzuwirken. Ein an der Praxis orientiertes Interesse wird nicht so schnell von eindrucksvollen Thesen oder auch Hypothesen gefangengenommen; vielmehr ist es von der Vielfalt möglicher Erlebensweisen bestimmt, die Wahrnehmungen und Verhaltensmuster prägen. Das heißt nicht, im personzentriertem Konzept diagnostisches Denken völlig außer acht zu lassen, nur ist der entscheidende Diagnostiker nicht der Therapeut, sondern der Klient! Die Diagnose ereignet sich prozeßhaft während des Gespräches bzw. wird gemeinsam erarbeitet. Sie gewinnt ihre Bedeutung durch

die Person und nicht durch das Problem.[12] Im Gegensatz zur medizinischen Diagnose ist sie daher eher dynamisch und nicht statisch aufzufassen. Der prozeßorientierte Umgang mit diagnostischen Kriterien ist für diejenigen Kursteilnehmer recht ungewohnt, die mehr vom kausalorientierten Denken bestimmt sind. Zur Verdeutlichung möchte ich beide Sichtweisen einander gegenüberstellen:

Bei einer „problemorientierten" Diagnose steht beispielsweise ein Arzt seinem Patienten gegenüber und sieht sich mit dessen Symptomen konfrontiert. Er muß ihnen eine Bedeutung geben, d.h. sie nach seinen Vorstellungen interpretieren, um von da aus eine Behandlungsstrategie entwickeln und verantworten zu können. Seine Stellung zum Patienten ist deshalb die des Experten zum Laien, sein Verhalten von der Subjekt-Objekt Beziehung bestimmt. Hierdurch wahrt er die für eine Untersuchung und Behandlung notwendige Distanz.

Bei einer „personorientierten Diagnose" geht die Gesprächspsychotherapeutin von der Einstellung aus, daß der Klient sich selbst am besten verstehen – beurteilen kann. Deshalb steht sie ihm nicht als Expertin gegenüber, sondern als Begleiterin neben ihm. Ihr Verhalten ist mehr von der Subjekt-Subjekt Beziehung bestimmt.

Der Ort, wo auch über das Problem des Klienten nachgedacht werden kann und muß, ist die Supervisionsgruppe. Hier kommen auch problemdiagnostische Kriterien zur Sprache, um therapeutischen Grundsatzfragen und eigenen Grenzen besser gewachsen zu sein und, falls erforderlich, auch rechtzeitig einen Experten hinzuziehen zu können. Aber auch hier werden die Störungen eher beschrieben als in Kategorien festgelegt.

Den Unterschied zwischen einem diagnostischen und einer auf das Verstehen bezogenen Vorgehensweise möchte ich am Umgang mit Trauernden verdeutlichen: Auf der einen Seite kann ich mitspüren, welche emotionalen Verwirrungen der Trauernde in den einzelnen Phasen erlebt und mich auch in seine schmerzlichen Gefühle einfinden. Auf der anderen Seite kann ich den Trauernden von der Phasentheorie her sehen, ihn sozusagen daran messen. Aus einer solchen Sichtweise heraus nehme ich aufgrund meines eigenen Vorverständnisses nur noch die emotionale Befindlichkeit der von mir angenommenen Phase wahr, in der der Trauernde sich angeblich zu dem Zeitpunkt des Gespräches zu befinden hat. Nicht mehr die Person, sondern die Theorie und das Problem stehen im Mittelpunkt des Vorgehens und Verstehens, denen der Ratsuchende als Objekt zugeordnet wird. Von schwerer Trauer wissen wir jedoch, daß sie sich nicht in ein typisches Verlaufsschema pressen läßt. Jeder erlebt sie ganz individuell und noch dazu in einem ewigen Auf und Ab der Gefühle. Meint er gerade loslassen zu können, überfällt ihn kurz darauf wieder die Verzweiflung über den erlittenen Verlust. Hierin mitzugehen und zugleich um die Gefühle und Verhaltensweisen in den einzelnen Phasen zu wissen, ist die Gratwanderung bei der Verbindung von Theorie und Praxis im klientenzentrierten Konzept. Die Anstrengung für die Therapeutin bei einem solchen Vorgehen liegt darin, mit ihrem eigenen, diagnostischen Vorverständnis in Kontakt und, obwohl sie ihr Wissen nicht weitergibt, auch kongruent mit sich selbst zu bleiben.

Ein Beispiel für einen von einer Gesprächspartnerin selbst entwickelten diagnostischen Prozeß läßt sich aus der im 7. Kapitel dargestellten Gesprächsreihe entnehmen:

Zu Beginn: — Ich habe Kopfschmerzen,
— ich bin ängstlich und unsicher,
— weil ich nichts wert bin.

zum Ende: — Ich bin aber etwas wert,
— also brauche ich nicht ängstlich und unsicher zu sein.
— ich habe die Kopfschmerzen nicht mehr nötig

Die Therapeutin hat die Diagnose nicht als Istzustand gestellt und eine Therapie darauf aufgebaut (selbst wenn sie es so eingeschätzt haben mag). Sie hat vielmehr die Klientin aufmerksam in ihrem Prozeß begleitet. So konnte diese ungestört die Ursache ihrer Kopfschmerzen selbst finden und eigenständig notwendige therapeutische Konsequenzen entwickeln. Die Tatsache, den Grund ihrer Schwierigkeiten selbst erkannt zu haben, hat das Selbstwertgefühl der Gesprächspartnerin so stark gefestigt, daß sie von da an darauf vertrauen konnte, ihre Probleme selbständig lösen zu können. Nach Auffassung des klientenzentrierten Konzeptes hat sich die Fremdwertung: „Du kannst nichts, bist nichts wert" aus dem Selbstkonzept gelöst. Die ursprüngliche Erfahrung des Organismus, etwas wert zu sein, konnte sich entfalten.

2.2 Die Begleitung depressiver Gesprächspartner

Das personzentrierte Gespräch eignet sich insbesondere für die Begleitung depressiver Ratsuchender,[13] da die warme Anteilnahme, das verständnisvolle Angenommensein der Mut- und Hoffnungslosigkeit des Depressiven entgegenwirkt und bereits als Entlastung erlebt wird. Dagegen bleibt jedes Ermuntern, Trösten oder Ablenken wirkungslos, geht es doch an dem Grundgefühl des Depressiven vorbei. Es kann sogar sein Gefühl der eigenen Ohnmacht noch verstärken, wenn er sich der Beraterin dankbar verpflichtet fühlt, dem aber nicht folgen kann, was sie von ihm erwartet. Insofern setzt die Begleitung depressiver Ratsuchender die absolute Zuverlässigkeit einer akzeptierenden Beziehung voraus. Der Gesprächspartner muß spüren, daß er sich auf das setting sowie auf die warmherzige Haltung der Beraterin verlassen kann. Diese Voraussetzung gilt für jede Form depressiver Erscheinungsbilder; die jeweilige Ausprägung der Depression erfordert jedoch ein entsprechend unterschiedliches empathisches Vorgehen der Beraterin. Eine übersichtliche Klassifizierung der depressiven Ausdrucksformen hat Paul Kielholz [Die larvierte Depression, Köln 1981, S. 20. © Deutscher Ärzte-Verlag, Köln] vorgenommen (Abb. S. 85). Die nosologische Einordnung der Depressionszustände zeigt die Depressionsformen und deren unterschiedliche Genese auf.

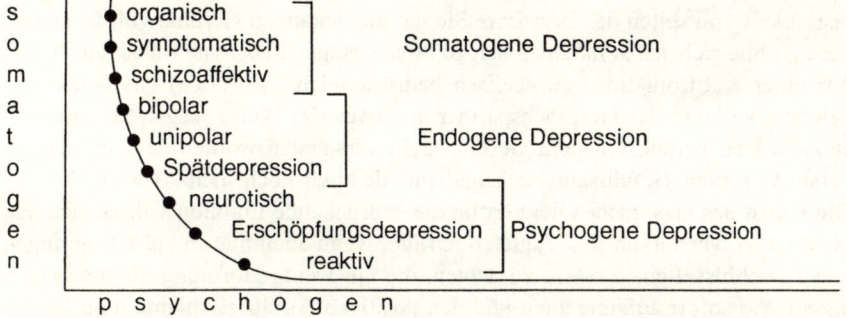

- Bei der *reaktiven* Depression handelt es sich um „Verstimmungszustände, die unmittelbar im Anschluß an ein psychisches Erlebnis auftreten" und bei der sich „Intensität und Dauer inadäquat zum auslösenden Ereignis verhalten" (S 21).
- Die *Erschöpfungsdepression* tritt erst nach einer gewissen Latenzzeit auf, wenn „langdauernder Affektdruck, wiederholte schwere Psychotraumen oder ständige affektive Nadelstiche" überhand nehmen (S 22).
- Die *neurotische* Depression beruht auf unverarbeiteten frühkindlichen Konfliktsituationen, wie etwa eine gestörte Eltern-Kind-Beziehung. „Diese unbewußten Verdrängungen sind ein ständiger Störfaktor und können sich im späteren Leben, z.B. in Spannungssituationen oder biologischen Krisenzeiten, als depressive Zustände manifestieren" (S 24).
- Die *endogene* Depression gehört schon wegen der starken Suizidgefährdung in die Hand des Facharztes, weil neben der Psychotherapie eine medikamentöse Behandlung erforderlich ist. Diese Depressionsform verläuft meistens unipolar mit vorwiegend depressiven Phasen, selten bipolar mit depressiven und manischen Phasen (S. 26). Als Beraterin kann ich in Absprache mit dem behandelnden Arzt den Kranken begleiten. Die Zielsetzung der Gespräche ist dann nicht die, von depressiven Symptomen zu befreien, sondern durch die empathische Begleitung von zu bedrückenden Gefühlen zu entlasten.
- Die *schizoaffektive* Depression (Begleiterscheinung einer Schizophrenie) sowie die somatogene Depression, die bei hirnstrukturellen Veränderungen *(organische* Depression) oder als Folge von körperlichen Erkrankungen *(symptomatische* Depression) auftritt, gehören unbedingt in die Hand des Arztes.
Eine genauere diagnostische Abklärung der unterschiedlichen Depressionsformen ist Sache des Fachmannes, zumal schwer zu erkennende Mischformen häufig sind. Deshalb ziehe ich bei der Begleitung eines depressiven Ratsuchenden stets einen Arzt hinzu, der Art und Schwere der Depression abklärt, wenn nötig, eine medikamentöse Behandlung einleiten kann. Bei ausgeprägter Depression, die durch erhebliche Antriebs- und Mutlosigkeit, Schlafstörungen, Hoffnungslosigkeit oder auch durch Schuldgefühle gekennzeichnet ist, muß die Beraterin stets mit einer Suizidgefährdung rechnen. Das trifft insbesondere dann zu, wenn in der Depression auch der Sinn des Lebens und religiöser Halt verlorengehen, was noch zu zusätzlicher Verzweiflung führen kann.[14]

Gespräche mit Depressiven bedürfen einer besonderen Aufmerksamkeit und Belastbarkeit von seiten der Beraterin. Sie hat die negativen Gefühle voll zu akzeptieren, ohne sich selbst hineinziehen zu lassen. Bagatellisiert sie (meist aus Scheu vor einer Konfrontation mit seelisch bedrückenden Zuständen) das belastende Erleben, so kann der Gesprächspartner auf zweierlei Weise reagieren: entweder er zieht sich zurück mit dem Gefühl, nicht verstanden worden zu sein; oder er verstärkt seinen Gefühlsausdruck und ruft dadurch noch mehr Abwehr hervor. Die Kunst des Gespräches liegt darin, die bedrückende Emotion voll zuzulassen, ohne sie zu verstärken und zugleich auf die, wenn auch manchmal nur geringen und verschlüsselten, Ansätze zu achten, die ein wenig Hoffnung durchscheinen lassen. Sie sofort aufzunehmen und den positiven Ansatz nachwirken zu lassen, kann dazu führen, daß der Gesprächspartner wieder durchatmen kann.

Folgende Richtlinien haben sich bei der Begleitung Depressiver bewährt:

• 1. Das belastende Gefühl nicht verstärken. Dadurch wird der Ratsuchende davor geschützt, von negativen Gefühlen überflutet zu werden.

• 2. Jede auch nur geringe angedeutete Hoffnung verbalisieren. Durch die Versprachlichung wird sie dem Ratsuchenden bewußter.

• 3. Das vom Ratsuchenden negativ formulierte Gefühl (wie z.B. Angst, Verzweiflung) möglichst in seiner positiven Umkehrung wiedergeben, jedoch mit der notwendigen Einschränkung: statt Verzweiflung – wenig Mut (vgl. 3. Prot. S 21: „sich nach Wärme sehnen"). Man vermeidet dadurch, den Depressiven am Negativen zu behaften und öffnet den Prozeß in Richtung einer Verarbeitung.

• 4. Die zeitliche Begrenzung einer depressiven Verstimmung durch eine entsprechende Verbalisierung bewußt machen: „Im Augenblick sehen sie wenig Hoffnung."

Beispiele für die genannten Verhaltensweisen und deren Auswirkungen finden sich im dritten Protokoll.

2.3 Die Begleitung erkrankter Gesprächspartner

Im folgenden möchte ich mich auf die für ein Gespräch notwendigen Informationen über das typische Erleben eines Erkrankten beschränken, ohne eine grundsätzliche Erörterung über die Krankheit vornehmen zu wollen.

Dabei gehe ich von der Definition aus, daß Krankheit eine Störung im leibseelischen Wohlbefinden ist, die die Lebensführung des betroffenen Menschen wesentlich beeinträchtigt.

Fünf Leitsätze in Anlehnung an Karlheinz Engelhardt[15] möchte ich voranstellen, deren Kenntnis die Voraussetzung für ein einfühlendes Verstehen von Befinden und Verhalten des Patienten ist.

• 1. Jeder Mensch erlebt seine Krankheit anders und verhält sich entsprechend anders.

• 2. Jeder Mensch hat ganz unterschiedliche Bedingungen, seine Krankheit zu verarbeiten und sie in sein Leben zu integrieren.

● 3. Mit dem Einbruch der Erkrankung gerät der Mensch in eine Bedrohung, die um so größer wird, je länger die Erkrankung anhält. Chronische Krankheit führt oft zu einer Krise, bei der die Angst vor der Zukunft in keinem Verhältnis zur Diagnose steht.

● 4. „Chronische Krankheit bedeutet ein ständiges Gegenüber, einen quälenden, kontinuierlich anwesenden ‚Partner'" (S. 8) oder auch Feind, der aus dem Leben nicht mehr wegzudenken ist.

● 5. Ein Einfühlen in die Situation und in die mitunter abnorme Reaktion des Kranken ist nur bedingt möglich; denn beide, der Erkrankte und der Gesunde, leben in einer anderen Wirklichkeit. Hierin liegen Chance und Schwierigkeit zugleich: *Chance*, die subjektive Realität des Kranken den objektiven Gegebenheiten anpassen zu helfen; *Schwierigkeit*, sich in seine Wirklichkeit hineinzuversetzen.

Da es nach klientenzentriertem Konzept keine Gesetzmäßigkeiten gibt, nach dem das Verhalten eines Patienten zu beurteilen wäre, zielt die Hilfe der Beraterin darauf ab, ein individuelles Verarbeiten des Krankheitsgeschehens zu ermöglichen. Deshalb ist bei der Begleitung auf das persönliche Erleben zu achten, was sich noch zusätzlich differenziert, je nachdem, ob der Patient vorübergehend, chronisch oder lebensbedrohlich erkrankt ist.

2.3.1 Die Situation v o r ü b e r g e h e n d Erkrankter ist am belastendsten, wenn eine Krankenhauseinweisung notwendig wird. Nach Karlheinz Engelhardt reagieren nur 27% darauf gefaßt, 21% ängstlich, während 52% offene Furcht empfinden.[16] Seine Untersuchungen beziehen sich auf das Jahr 1970. Durch die hochtechnisierte Medizin, die fortschreitende Entpersonalisierung der Pflege sowie die zunehmend kritische Auseinandersetzung mit Ärzten – teilweise bedingt durch die in den Medien verbreiteten Halbinformationen – werden sich diese Zahlen eher noch erhöht haben. Die Atmosphäre des Krankenhauses wirkt ausgesprochen fremd und beängstigend. Der Kranke sieht sich unbekannten Bedrohungen gegenüber, denen zu begegnen er noch keine Handlungsmuster kennt, so daß er entsprechend emotional reagiert. Folgende belastende Erfahrungen möchte ich als Beispiel nennen:

● *Aufgabe des Privatlebens.* Der Patient fällt aus der natürlichen Geborgenheit seines gesunden Lebens heraus und gerät in eine für ihn fremde Isolierung, besonders dann, wenn er aus einer tragenden Familienstruktur kommt. Trotz der vielen Bezugspersonen im Krankenhaus hat er oft niemanden, der für ihn zuständig ist und an den er sich mit seinen Sorgen und Ängsten wenden könnte. So fühlt er sich gerade in der bedrohlichen Situation einer Krankenhauseinweisung vereinsamt und verlassen. Für Alleinstehende können jedoch auch positive Gefühle mit der Einweisung verbunden sein. Sie verbrauchen nicht mehr ihre letzten Kräfte, um für sich selbst sorgen zu müssen; auch können sie die von Bezugspersonen häufig erwartete Maske des Starken ablegen und sich fallenlassen. Das Gefühl, versorgt zu werden (nicht geborgen zu sein!) kann in den Vordergrund treten. (Hierfür spricht z.B. die Zunahme der Krankenhauseinweisungen in der Weihnachtszeit.)

• *Die Erfahrung, Objekt zu sein.* Der Kranke spürt, daß Ärzte und Pflegende sich vorwiegend für seinen Körper interessieren. Die ihm unverständliche Sprache sowie das Ausgeliefertsein an eine undurchschaubare Technik verstärken noch den Eindruck, als Person nichts zu gelten. Der Ich-Verlust kann so beängstigend sein, daß der Patient der Situation unangemessene, schwer nachvollziehbare Verhaltensweisen entwickelt. Hier gilt es, mit ihm gemeinsam konstruktive Wege zu finden, die ihm helfen, sein Ich zu bewahren.

• *Verlust der Autonomie.* Der Kranke erfährt, daß im allgemeinen über ihn entschieden wird. Er wird ständig beobachtet und in seiner Intimsphäre verletzt – für selbständige Menschen eine starke Herausforderung. Sie fühlen sich eingeengt, wehrlos und ohnmächtig. Einige reagieren aggressiv, kämpfen um ihre Autonomie und werden dann als sogenannte unbequeme Patienten angesehen; andere werden fügsam, geben alle Verantwortung ab und reagieren depressiv. Entlastend in dieser Situation wirkt eine Beraterin, die in ihrer Begleitung so weit wie möglich den Willen des Patienten zur Selbstbestimmung achtet.

• *Verunsicherung durch eine unbekannte Zukunft.* Der Kranke weiß nicht, was auf ihn zukommt. Was steht ihm an Untersuchungen bevor, wie fällt die Diagnose aus? Sind gar Operationen notwendig? Wie wird sein soziales Umfeld sein, mit welchen Menschen wird er auf engstem Raum zusammensein? Dem Pflegepersonal bleibt meist nur wenig Zeit, die damit verbundenen Ängste des Kranken anzuhören. Eine Folge nicht angenommener Angst ist mitunter Klagsamkeit als ihr verschlüsselter Ausdruck. Wird gar dem Grübelzwang des Patienten mit Ironie begegnet, um sich nicht auf ihn einlassen zu müssen, kann ein derart Zurückgewiesener regelrecht in Panik geraten. Es geschieht aus dem Gefühl heraus, beschämt und isoliert zu sein.

Hat der Patient dagegen genügend Raum, um seine Sorgen auszusprechen, sie „förmlich umzuwälzen", erhält er die notwendigen Informationen über die Vorgänge um ihn herum und erklärt darüber hinaus eine Beraterin die medizinischen Fachausdrücke, so tritt meistens eine spürbare Entspannung ein.

2.3.2 Die Situation c h r o n i s c h Erkrankter verlangt eine intensive Auseinandersetzung mit den damit verbundenen Einschränkungen. H. Raspe definiert chronische Krankheit folgendermaßen: „Chronisch nennen wir eine Krankheit, die dem Betroffenen (und meist auch anderen Personen) für den Rest seines Lebens eine merkliche materielle und immaterielle Last aufbürdet."[17] Während bei akuter Erkrankung der Betroffene krank i s t, muß der chronisch Erkrankte sich mit seinem Krank s e i n auseinandersetzen. Er muß lernen anzunehmen, daß sein Zustand irreversibel ist. Körperliche Beeinträchtigung sowie das Wissen,von Rücksichtnahme, Verständnis, vielleicht sogar von ständiger Pflege abhängig zu sein, kennzeichnet sein Erleben. Die Begleitung derjenigen, die mit einer Krankheit leben müssen, erfordert deshalb viel Geduld, besonders in der ersten Zeit der Auseinandersetzung mit der neuen Wirklichkeit. Die Beraterin muß sich das für den Gesunden schwer einfühlbare Phänomen des Gefangenseins in einer Krankheit immer neu bewußt machen, um unverständliche Reaktionen akzeptieren zu können:

• In ihrem täglichen Leben müssen Kranke mit ganz unterschiedlichen Einschränkungen zurechtkommen. Bei ungenügender Frustrationstoleranz kommt es zu Neidvorstellungen dem Gesunden gegenüber oder gar zur Verbitterung. Erstaunlich ist, daß eine in frühen Jahren einsetzende Erkrankung mitunter besser verkraftet wird, als eine, die im späteren Lebensalter ausbricht. Es ist, als ob noch mehr Flexibilität vorhanden wäre, um sich auf die unausweichlichen Veränderungen einzustellen.

• Die unangenehmen Gefühle von Enttäuschung, Verunsicherung und Angst bei gleichzeitig labilem vegetativen Nervensystem tragen zu emotionalen Entgleisungen bei. Das wird häufig an überschießenden seelischen und körperlichen Reaktionen sichtbar.

• Das Selbstwertgefühl als positive oder negative Einstellung zur eigenen Person muß neu organisiert werden. Einmal leidet die Identität darunter, wenn Krankheit bis dahin als etwas Verachtenswertes angesehen wurde (was bin ich mir noch wert?). Zum anderen erschüttert es das Selbstwertgefühl, wenn eine Leistungseinschränkung in einer an Glück und Wohlbefinden orientierten Gesellschaft eingestanden werden muß (Was bin ich anderen noch wert?).

• Vielen droht der Statusverlust, verbunden mit finanziellen Einbußen oder das Ende einer beruflichen Karriere. Noch bedrückender können sich eingeschränkte Arbeitsfähigkeit oder gar frühzeitiges Rentnerdasein auswirken.

• Die sozialen Rollen und Aufgaben in Beruf und Familie ändern sich. Der Kranke fühlt sich als Last, kann nicht mehr selbstverständlich für andere sorgen, ist eingeschränkt in seiner sexuellen Spannkraft. So fühlt er sich durch eine schwer erträgliche Isolierung bedroht, die besonders bei alten Menschen tatsächlich erschreckend zugenommen hat (Erfahrungen aus Besuchsdienstkreisen). Es kann sich genauso nachteilig auswirken, wenn zu starke Rücksichtnahme und Hilfsbereitschaft die noch mögliche Selbständigkeit weiter eingrenzen. Der Kranke gerät in Gefahr, eigene Fähigkeiten und Kräfte verkümmern zu lassen.

• Nicht zuletzt sind die existentiellen Ängste zu bedenken, die durch eine chronische Erkrankung ausgelöst werden: die Konfrontation mit unserer Endlichkeit. Sie verlangt vom Betroffenen eine Auseinandersetzung mit seinem Sterben, der viele bis dahin ausgewichen sind; angesichts des körperlichen Verletztseins läßt sie sich jedoch nicht mehr verdrängen.

Für die Lebens- und Krankheitsbewältigung ist entscheidend, ob es gelingt, trotz oder auch mit den vorhandenen Einschränkungen ein erfülltes und lebenswertes Dasein zu finden, oder ob mehr oder weniger neurotische Verhaltensweisen die weitere Lebensführung beeinträchtigen.

Wie weit eine befriedigende Verarbeitung gelingt, hängt vorwiegend von den positiven oder negativen Einflüssen ab, denen der Kranke ausgesetzt ist. Die wichtigsten sind:

a) seine Persönlichkeitsstruktur. Die *prämorbide* Persönlichkeitsstruktur entscheidet darüber, in welcher Art und Weise der Erkrankte seine Situation verarbeiten kann: Wie weit hat er es gelernt, mit Versagen und Frustrationen umzugehen? Neigt er einer mehr hysterischen, depressiven, zwanghaften oder schizoiden

Persönlichkeitsstruktur zu (nach Riemann)? Entsprechend wird er auf die Krankheit und deren Auswirkungen reagieren.

b) das *soziale* Umfeld. Es kann stützend und helfend, aber auch beeinträchtigend sein, je nachdem, ob der Betroffene Verständnis und Zuwendung findet, ohne entmündigt zu werden, oder ob er ganz auf sich gestellt bleibt. Jede Art der Geborgenheit ist ein Gewinn für den Verarbeitungsprozeß.

c) die *religiöse* oder philosophische Einbindung. Sie ermöglicht es dem Erkrankten, sich mit dem Sinn des Geschehens auseinanderzusetzen. Linus Geisler weist in seiner Eigenschaft als Arzt in diesem Zusammenhang auf die Bedeutung des Gebetes hin, weil aus Glauben und Gebet eine Hoffnung erwächst, ohne die zu leben dem Menschen nicht möglich ist.[18] Religiöse Einbindung kann trotz möglicher Fragen und Zweifel eine Grundlage sein, die dem Menschen Sinn und Halt gibt.

Das folgende Schaubild gibt einen Überblick über die unterschiedlichen Einflüsse, denen der Kranke ausgesetzt ist. Sie prägen seine körperliche und seelische Befindlichkeit, was beides wiederum eine Wechselwirkung aufeinander hat. Achtet die Beraterin auf entsprechende Defizite, so kann sie über das Gespräch hinaus durch Informationen oder diakonische Hilfen dem Patienten zusätzlich beistehen. Findet sie konstruktive Verhältnisse und persönliche Stärken vor, so kann sie durch deutliches Akzentuieren seiner positiven Möglichkeiten die Kräfte des Patienten mobilisieren.

Bei der Auseinandersetzung mit der Erkenntnis, unabänderlich leidend zu sein, finden sich die gleichen Verhaltensweisen vor, die wir von Trauernden kennen. Das ist verständlich, da Krankheit den Abschied von einem unbeeinträchtigten Leben bedeutet. Wie bei der Trauer ist die Auseinandersetzung mit dem Sterben gefordert. Die bekannten Phasen sind Schock, Verleugnung, Regression, Verarbeitung und Adaption. Der Betroffene kann dabei u.a. die auf S. 91 dargestellten Abwehrmechanismen entwickeln.

• 1. *Verdrängung* oder Verleugnung. Die mit der Erkrankung verbundenen Einsichten, Affekte und Gefühle werden unbewußt abgespalten. Das kann soweit gehen, daß z.B. erkrankte Ärzte auf ihren eigenen Röntgenbildern bedrohliche Symptome nicht erkennen, selbst dann nicht, wenn sie darauf aufmerksam gemacht werden. Diesen Schutz braucht der Betroffene, bis er seelisch in der Lage ist, sich der Realität zu stellen.

• 2. *Depressionen* bis hin zur Verzweiflung, häufig verbunden mit Grübelzwang und Zwangsweinen. Je unsicherer die Diagnose ist, je weniger der Patient die Gelegenheit hat, seine Emotionen zu verarbeiten, je mehr Ängste zu einem ständigen Reden über die Situation führen und damit zur Vereinsamung beitragen, je einschneidender die wirtschaftlichen und beruflichen Folgen sind, desto größer ist für ihn die Gefahr, in einer solchen Depression gefangen zu werden.

• 3. *Regression* als Rückkehr auf frühere Phasen der Befriedigungsformen. Die Erkrankten zeigen besonders bei längerem Verweilen im Krankenhaus kindliches Verhalten. Sie wirken egozentrisch, realitätsfremd und neigen zur Überbewertung ihrer Situation. Geringfügigkeiten erhalten unverhältnismäßig hohe Beachtung. Das trifft besonders für bestimmte Worte zu, die der Kranke in seiner Um-

Überblick über die Einflüsse bei der Krankheitsverarbeitung

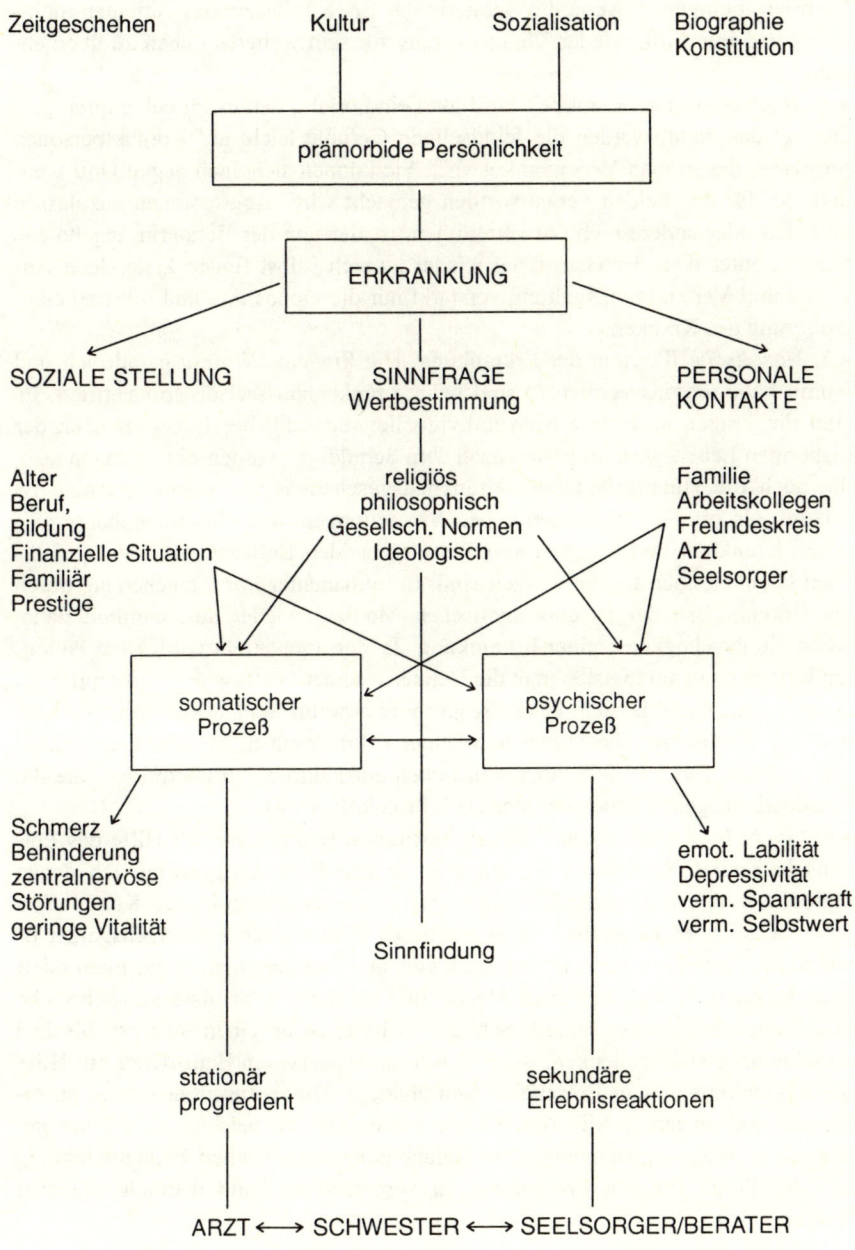

gebung aufnimmt. So hilfreich die Regression in der Phase der Schwersterkrankung sein kann, so hinderlich ist sie für die Akzeptanz des Unabänderlichen. Dem wirkt entgegen, wenn die Beraterin das Erwachsensein des Patienten mobilisiert und ihm hilft, wieder Verantwortung für sein weiteres Leben zu übernehmen.

• 4. *Aggression.* Die Krankheit wird als Feind erlebt, den es zu bekämpfen gilt. Gelingt das nicht, werden die feindseligen Gefühle leicht auf Kontaktpersonen projiziert, denen man Versagen vorwirft. Sie können sich auch gegen Gott wenden, der für das Leiden verantwortlich gemacht wird. Aggressionen zuzulassen und sich oder andere nicht zu verteidigen, ist der von der Beraterin angebotene Schutz, unter dem der Betroffene wieder zu sich selbst finden kann. Jede Angriffs- und Verteidigungshaltung verstärkt nur die Opposition und führt zu einer Isolierung des Kranken.

• 5. *Moralische Wertung* der Erkrankung. Die Fragen: „Warum gerade ich und womit habe ich das verdient?" sind jeder Krankenhausseelsorgerin vertraut. Es sind die Fragen nach dem Sinn individueller menschlicher Existenz, nach der bisherigen Lebensgestaltung und nach dem Schuldiggewordensein – Fragen also, die auch die Hintergründe des Krankheitsgeschehens zu erfassen suchen. Es scheint, als ob die alttestamentlichen Vorstellungen vom Zusammenhang zwischen Krankheit und Strafe trotz der weitgehenden Entfremdung vom christlichen Glauben noch tief verwurzelt sind. In immanenter Form tauchen sie durch die Erkenntnisse der psychosomatischen Medizin wieder auf, nämlich dann, wenn die Psychogenese einer Erkrankung als Versagen erlebt wird. Dem Patienten hilft es dann am meisten, daß die Beraterin seinen Auffassungen akzeptierend zuhört, seine Gefühle nicht bagatellisiert oder abwehrt. Es entlastet ihn zu erkennen, für die biologische Dimension seiner Erkrankung nicht verantwortlich zu sein, auf der anderen Seite aber sein Leben auf Faktoren zu überprüfen, die die Krankheit ausgelöst haben könnten (vgl. Protokoll Nr. 4).

• 6. *Flucht in die Krankheit.* Werden bestimmte Bedürfnisse mit Hilfe des Leidens befriedigt, so kommt es zum sogenannten Krankheitsgewinn. Ich denke hierbei z.B. an isolierte alte Menschen, die versuchen, durch Leiden Kontakte zu gewinnen; ich denke an diejenigen, die durch Renten oder Schmerzensgelder finanzielle Vorteile suchen und infolgedessen an Genesung nicht mehr interessiert sind. Bekannt ist, daß sich auch Macht- und Geltungsbedürfnisse mit Schwäche und Leiden befriedigen lassen. Schließlich ist noch an einen innerpsychischen Krankheitsgewinn zu denken, wenn sich beispielsweise ein Betroffener mit Hilfe der Erkrankung seinen Entscheidungen entzieht. Diese Zusammenhänge zu erkennen und zu lernen, die Bedürfnisse konstruktiv zu befriedigen, ist der gemeinsame Weg der Beratung. Der Gefahr einer neurotischen Fehlentwicklung mit der Folge für den Erkrankten, zu vereinsamen, kann dadurch begegnet werden.

Ein Beispiel für das Erkennen des Krankheitsgewinnes:[19]
1: Also, ist das nicht so, als wenn ich die anderen – na ja – ausnutze?
S1: Ach so, daß Sie –

Warum hab' ich da meinen Sohn das machen lassen, so daß ich das so genieße, mir helfen zu lassen? Ich meine, wenn ich gewollt hätte, hätte ich es vielleicht doch selbst geschafft, aber ich habe gesagt, ich kann das nicht ...

Aus P 2: als ob ich das suche, eine Schwäche suche, damit er mir helfen muß ...

S 3: Brauchen Sie das irgendwie, um ihn, ja zu binden oder so?

Aus P 4–P 7: Vielleicht, könnte das nicht sein? Das ist mir eben so gekommen, könnte das nicht sein? ... als ich wieder ins Krankenhaus mußte, da hab' ich das alles so klaglos auf mich genommen, so daß alle noch gestaunt haben; aber das ist ja auch so ... das geht mir jetzt erst ein, das ist wahr, ja, ja, warum nur – (weint) ja, ja, und ich habe das, – ja, ich habe das – genossen, so die Operation wenn ich das so ehrlich bedenke, genau, ...

S 8: Ja, das brauchen Sie so, dies Leiden, so daß andere sich um Sie kümmern müssen, so Mitleid bekommen auch.

P 9: Ja, ja, wenn das wirklich so ist, nicht, wenn das wirklich ist ist – (ihr bricht der Schweiß aus).

• 7. A d a p t i o n . Der Kranke ist mehr und mehr fähig, seine Lage zu akzeptieren und Wege zu finden, sein Leben mit der Krankheit zu gestalten. Die vorhandenen positiven und aufbauenden Gefühle deutlich bewußt werden zu lassen, ist in dieser Phase die Aufgabe der Beraterin. Die Begleitung der Betroffenen erfordert viel Geduld, hat aber die Chance, daß die Kranken trotz ihrer Beeinträchtigung zu einem erfüllten Leben finden können.

2.3.3 Die Begleitung l e b e n s b e d r o h l i c h Erkrankter wird heute durch eine weitgehende Tabuisierung des Todes erschwert. Abgesehen davon, daß Sterben nicht in unsere Vorstellung vom Recht auf ein glückliches Dasein paßt, ist auch die Selbstverständlichkeit eines gemeinsamen Glaubens an eine Ewigkeit verlorengegangen. Darüber hinaus fehlt uns üblicherweise die praktische Erfahrung im Umgang mit Sterbenden, so daß ein ganz natürliches, unbefangenes Gespräch selten geworden ist.[20] Entweder wird dem Kranken gegenüber der Tod überhaupt nicht angesprochen oder umgekehrt ganz unvermittelt zur Sprache gebracht: „Der Kranke muß doch wissen, wie es um ihn steht."

Im Umgang mit Sterbenden bedeutet das eine erhebliche Unsicherheit. Sie offenbart sich auch in der z.T. auffallenden Diskrepanz zwischen dem, was der Kranke sich ersehnt und dem, was medizinisch machbar und angeblich auch notwendig ist. Dazu Elisabeth Kübler-Ross: „Er mag um Ruhe, Frieden und Würde flehen – man wird ihm Infusionen, Transfusionen, die Herz-Lungen-Maschine, eine Tracheotomie (Luftröhrenschnitt) verordnen – was eben medizinisch notwendig erscheint."[21] Der Wunsch zu sterben, den gerade sehr alte Menschen zum Ausdruck bringen, wird dabei leicht überhört, ja mitunter nicht einmal wahrgenommen. Entsprechend fühlt sich das Krankenhaus den *Bedürfnissen* von Sterbenden und deren Angehörigen kaum verpflichtet.[22] Der Mensch ist in der Phase seines Lebens, in der er am dringendsten der Hilfe und des Gespräches bedarf, vielfach von Lüge und Sprachlosigkeit umgeben. Mitunter ist die Seelsorgerin die einzige Ansprechpartnerin, die dem Sterbenden beisteht. Durch das Annehmen seiner Not, durch das Herstellen eines intensiven Kontaktes und durch ein einfühlsames Gespräch kann sie seine Isolation durchbrechen. Sie ist auch diejenige, die bei dem Kontakt mit den Angehörigen auf einen wahrhaftigen Umgang miteinander hinwirken kann. Bei guter Zusammenarbeit mit dem Arzt kann sie vermitteln, besonders wenn dessen Handeln mit den Wünschen des Sterbenden zu sehr auseinanderklafft.[23]

Der Umgang mit Sterbenden erfordert besonders dann Feingefühl und Behutsamkeit, wenn die Frage nach dem Tod gestellt wird. Daß man sich als Besucher, Seelsorger oder Arzt stets nach den Bedürfnissen und der Aufnahmebereitschaft des Betroffenen zu richten habe, wird immer wieder betont, so z.B. von Elisabeth Kübler-Ross, Linus Geisler u. Werner Schweidtmann. Der Kranke braucht viel Zeit, um von seinem Leben, seiner Umgebung und schließlich von sich selbst Abschied zu nehmen. Schweidtmann weist auf die Ambivalenz hin, die beim Patienten zwischen Wissenwollen und Nichtwissenwollen liegt. Sie vorschnell aufzulösen, sei gefährlich. Gerade im Umgang mit Sterbenden zeigt sich, daß Echtheit und Offenheit nicht gleichzusetzen sind. Erst wenn sich der Patient bereit zeigt, offen über seinen Zustand informiert zu werden, ist es für ihn befreiend, mit einem vertrauten Menschen über seinen Abschied sprechen zu können.

Bedrohlich wird die Situation, wenn der Sterbende sein Ja zum bevorstehenden Tod gefunden hat, die Bezugspersonen den Abschied aber nicht akzeptieren wollen oder können. Daß die Seelsorgerin dann vermittelnde Aufgaben wahrnimmt, ist nach unseren Erfahrungen für alle Beteiligten wesentlich.

Zum besseren Verständnis bestimmter, manchmal schwer nachvollziehbarer Verhaltensweisen des Todkranken trägt das Wissen um die Sterbephasen bei.[24]

• In der ersten Phase des *Nichtwahrhabenwollens* ist das Leugnen des Patienten zu respektieren; denn die Realität zu verleugnen hilft ihm, Schock und Entsetzen aufgrund der bedrängenden Nachricht abzumildern.[25] Er braucht Zeit, um sich der unabänderlichen Tatsache des Sterbens zu öffnen. Die Kunst der Begleitung liegt darin, die vom Patienten geäußerte Genesungshoffnung so zu akzeptieren, daß das gefühlsmäßige Erleben ernst genommen wird, ohne zur Realität gemacht zu werden. Auf diese Weise bleibt die Begleiterin empathisch und zugleich mit sich selbst kongruent, auch wenn sie trotz besseren Wissens um eine infauste Diagnose der Hoffnung nicht widerspricht. Es ist äußerst problematisch, Hoffnung zu nehmen, wenn sie noch gebraucht wird. Deshalb sollte sich die Seelsorgerin auf die Aufnahmebereitsschaft des Sterbenden einstellen und darauf achten, wenn er unvermittelt auf ein nebensächliches Thema überwechselt. Womöglich will er damit zu verstehen geben, daß er im Augenblick Ruhe vor einer weiteren Auseinandersetzung haben möchte. Ist deswegen die Seelsorgerin enttäuscht, daß der Sterbende ihre Gegenwart nicht zu einem ausführlichen Gespräch über den Tod nutzt, sollte sie sich nach ihrem Selbstverständnis fragen.

• Die zweite Phase ist von starker *Aggressivität* gekennzeichnet. Der Kranke gerät über seine Situation in Zorn, der sich in der verzweifelten Frage ausdrückt: „Warum gerade ich?" Sachlich zu bleiben, ist ihm kaum möglich; alles und jede oder jeder ärgert ihn. Beziehen die Angehörigen diesen Zorn zu sehr auf sich, kann es zur Entfremdung zwischen allen Beteiligten kommen, was nach Eintritt des Todes leicht Schuldgefühle nach sich zieht. Jeder Versuch, logisch erklären zu wollen, daß doch kein Grund für den Zorn bestehe, wird den Ärger und das Gefühl, unverstanden und ohnmächtig zu sein, noch verstärken. In dieser Phase ist es für die Beraterin notwendig, von sich selbst abzusehen. Sie hat es dann nicht nötig, sich zu verteidigen oder gar den anderen wegen seines Verhaltens zu verurteilen. Der Todkranke ist ohnehin Angriffs- und Verteidigungsstrategien nicht mehr gewachsen; er wird der Verlierer sein und verstummen. Für die Angehörigen ist es wichtig, Informationen über die Aggressivität der Sterbenden zu erhalten, damit sie angemessen und nicht persönlich betroffen damit umgehen können.

• Die dritte Phase ist die des *Verhandelns*. Wie ein Kind mit den Eltern verhandelt, wenn es etwas erreichen will, so verhandelt der Todkranke mit Gott oder irgendwelchen anderen Mächten. Es ist der Versuch, das Unabänderliche noch einmal abzuwehren. Mitunter sind es bestimmte Daten, auf die hin der Kranke alle seine Kräfte mobilisiert, weil er sie noch erleben möchte. Viele teilen ihr heimliches Verhandeln nicht mit, so daß die Seelsorgerin nur aus Andeutungen erahnt, worum es dem Kranken geht. Möglicherweise verhilft ihm eine Entschlüsselung seiner Gefühle dazu, sich der Seelsorgerin anzuvertrauen, um sich realistisch mit der vorgegebenen Situation auseinandersetzen zu können.

• In der vierten Phase, der der *Depression*, versucht sich der Kranke mit der Unausweichlichkeit seines Sterbens abzufinden; verleugnen kann er es nicht mehr. Elisabeth Kübler-Ross unterscheidet hierbei die reaktive Depression als seelische Antwort auf einen erlittenen Verlust und die vorbereitende als Ausdruck der Angst vor der Zukunft.[26] Während der depressiven Phase aufgrund des erlittenen Verlustes läßt sich gemeinsam darüber nachdenken, welche praktischen Hilfen noch dazu beitragen könnten, die Situation zu entspannen. Während der depressiven Verstimmung aufgrund des bevorstehenden Abschiednehmens sind die Sorgen durchzusprechen, die das endgültige Loslassen erschweren: etwa Fragen der Versorgung, des Nachlasses oder auch die Angst, von sich selbst loslassen zu müssen. Der Kranke sollte seinen Kummer aussprechen dürfen, ohne durch vorschnell tröstende Worte daran gehindert zu werden. Oftmals ist auch ein stilles Dabeisein die einzige, aber wesentliche Hilfe, die man geben kann. Sie entspricht dem personzentrierten Vorgehen in der stummen Phase des Leidens.

• In der fünften Phase, der der *Zustimmung*, geht von dem Kranken eine innere Ruhe aus, die er nicht mehr durch Anregungen von außen gestört wissen möchte. Er nimmt seine Situation hin. In Symbolen spricht er von seinem Sterben, etwa vom Kofferpacken, vom Verreisen oder ähnlichem. Ich habe Angehörige, aber auch Pflegende erlebt, die diesen Symbolen verständnislos gegenüberstanden, ja sogar die Patienten für leicht verwirrt hielten. Sie waren dankbar, Informationen zu bekommen, die sie die Ausdrucksweise der Sterbenden besser verstehen ließ.[27]

Besteht keine Hoffnung mehr auf medizinische Hilfe, so suchen die Patienten häufig Halt im Glauben. Daß ein womöglich bis dahin festgehaltener Kinderglaube oder auch ein Glaube, der seelisch nicht genügend verwurzelt ist, in einer solchen Situation nicht tragfähig ist, schafft dem Sterbenden zusätzliches Leid. Eine kompetente seelsorgerliche Begleitung durchbricht die absolute Verlassenheit, die alles Sterben zu einem so furchtbaren Vorgang macht,[28] vor allem, wenn das Gefühl der Verlassenheit von Gott noch hinzukommt. In solchen Situationen hat für mich das stellvertretende Gebet am Sterbebett seinen Sinn.

Bei einer Sterbebegleitung sollten nach Möglichkeit die Angehörigen mit einbezogen werden, vor allem dann, wenn es für sie sehr schmerzlich ist, den Sterbenden gehen zu lassen. Sie trösten sich mit den Worten: „Du darfst uns nicht verlassen", erschweren dadurch aber sowohl sich selbst als auch dem Sterbenden den Abschied. Andere meinen, die Verleugnung des Todes dem Kranken gegenüber bis zum Schluß durchhalten zu müssen, fühlen sich jedoch entlastet wenn sie jemand zur Offenheit ermutigt.

Häufig wird in den Ausbildungskursen geäußert, man ginge einer intensiven Sterbebegleitung aus dem Wege, weil sie so hoffnungslos sei. Sie spiegeln unsere heutige Lebensauffassung wider. Hoffen bedeutet, Leben verlängern, Leiden abwenden zu können. Hoffnung ist darauf gerichtet, etwas Belastendes zu überwinden und sich dem Positiven zuzuwenden. Gilt das auch für den Tod, der die letzte unüberwindbare Grenze setzt? Für Werner Schweidtmann gehört beides zusammen: „die relative Gefaßtheit und Gelassenheit dem Tod gegenüber und das sichere Wissen um ein Weiterleben nach dem Tod."[29] Es ist die falsche Anbetung biologischen Lebens, wenn wir meinen, mit der Unabänderlichkeit des Sterbens alle Hoffnung aufgeben zu müssen. Hoffen als Überwinden des belastenden Gefühles gibt es für mich auch im Sterben. Sie kann im „Ja" zu dem notwendigen Ende liegen, wenn es als Teil des Lebens akzeptiert wird. Hoffnung kann heißen, einem würdigen Tod ohne Isolierung und Abgeschobensein entgegenzusehen. Hoffnung kann auch über den Tod hinausgehen.

2.4 Das personzentrierte Gespräch in Krisensituationen

Eine psychologische Krise (abgeleitet vom griechischen Begriff krisis, vor einer Entscheidung stehen) bedeutet eine extreme Auseinandersetzung mit schwerwiegenden Lebenserfahrungen, die dramatische Formen annehmen kann. Der Betroffene spürt, daß vertraute Verhaltensmuster nicht ausreichen, um bestimmten Bedrohungen standhalten zu können und reagiert darauf mit Angst, Unsicherheit und Verzweiflung. Nach Rogers wird eine Krise durch eine erhebliche Inkongruenz zwischen Erfahrung und Selbstkonzept des Betroffenen ausgelöst. Sie macht es ihm unmöglich, neue Wahrnehmungen und Erfahrungen sinnvoll für sich einzuordnen. Insofern ist die Krise ein bedrohlicher Zustand mit ungewissem Ausgang: sie kann eine Chance zur Reife sein, wenn dem Betroffenen eine neue seelische Anpassung gelingt, sie kann aber auch zu starkem seelischen Leiden bis hin zur Suizidgefährdung führen.

Kennzeichen der Krise sind emotionale Reaktionen, die der Situation nicht mehr angemessen sind. Je nach Intensität des Erlebens engt sich der Aktionsradius mehr und mehr ein, das Denken kreist schließlich nur noch um den zentralen, affektiv belasteten Auslöser und die gefürchtete Bedrohung. Da zugleich die Denkfähigkeit eingeengt ist, sind auch die Möglichkeiten begrenzt, nach Lösungen zu suchen. Es kommt zum Grübelzwang, zu Angstzuständen und regressivem Verhalten. Als begleitendes körperliches Symptom zeigt sich eine ausgeprägte vegetative Labilität, die in Schlaflosigkeit, Zwangsweinen, Appetitlosigkeit oder auch zwanghaftem Essen ihren Ausdruck findet. Zeigt die Umwelt wenig Verständnis für den Ratsuchenden und seine Reaktionen, wird die situative Bedrohung durch das Gefühl, isoliert zu sein, noch verstärkt. Schließlich brechen die seelischen Widerstandskräfte zusammen, so daß eine durchgreifende Hilfe erforderlich wird.

Den Schweregrad der Krise beeinflussen im wesentlichen drei Faktoren:

• 1. *Das soziale Umfeld:* Bringt es genügend Verständnis für die affektiven Reaktionen, für den Grübel- oder Redezwang auf? Begegnet der Betroffene Menschen, die ihn verstehen und die Not hinter seinen Reaktionen erkennen? Fühlt er sich alleingelassen oder findet er die notwendige Nähe?

• 2. *Die Widerstandskräfte* des Betroffenen: Verfügt er über eine ausreichende Frustrationstoleranz? Wie groß ist seine innere Bereitschaft, sich mit Widrigkeiten auseinanderzusetzen? Ist seine Selbstaktualisierungstendenz wesentlich beeinträchtigt oder reichen seine Kräfte noch so weit, daß er sich den neuen Anforderungen stellen kann? Welche Möglichkeiten der Sinngebung hat er, um das krisenauslösende Ereignis in sein Selbst- und Lebensverständnis einzuordnen?

• 3. *Die Art der Krise:* Hat sich die Krise langsam entwickelt oder ist sie durch ein schmerzliches Ereignis plötzlich über den Betroffenen hereingebrochen?

Es gibt natürliche Krisen, sog. *Entwicklungskrisen,* die mit jedem Lebensprozeß einhergehen, wie z.B. Pubertät, midlife crises oder auch Eintritt in den Ruhestand. Sie verlangen von uns, neue Erfahrungen in das Selbstkonzept zu integrieren, was zu veränderten Emotionen und Kognitionen führt. Da solche Krisen sich langsam vorbereiten, verlaufen sie nur dann dramatisch, wenn sich auch Selbstbild und Identität wesentlich verändern. Deshalb können sie zumeist ohne besondere Hilfen überwunden werden.

Die *psychosozialen Krisen* treten in allen zwischenmenschlichen Bereichen auf. Sie können zu erheblichen Selbstwertstörungen führen, besonders, wenn ein wiederholtes Scheitern zwischenmenschlicher Beziehungen erlebt wird. Oft sind sie mit *innerpsychischen Krisen* verbunden, bei denen der Betroffene sich selbst in Frage stellt. Wenn er beginnt, an seiner Inkongruenz so zu leiden, daß es zum totalen Zusammenbruch der seelischen Kräfte kommt, ist psychotherapeutische Hilfe angezeigt. Die widersprüchlich und bedrohlich empfundenen Gefühle gilt es zu verarbeiten und deren Kognitionen zu verändern, um wieder mit sich selbst kongruent werden zu können.

Anders sind die *situationsgebundenen Krisen* zu verstehen, die aufgrund von Verlusten (Erkrankung, Todesfall, Scheidung, Verarmung) oder schwerwiegenden Erlebnissen (Überforderung, sexueller Mißbrauch) ausgelöst werden. Sie treten meist plötzlich auf, überraschend, und fordern deshalb die Abwehrkräfte spontaner, aber auch intensiver heraus. Verändert die krisenauslösende Bedrohung das soziale Gefüge, kann ein Verlust der Identität eintreten, so daß der Betroffene sich in seinem Selbstbild total in Frage gestellt sieht.

Eine spezielle Art der Krise ist die *Entscheidungskrise*. Da wir heute zunehmend vor Entscheidungen stehen, deren Tragweite wir nicht übersehen können, fühlen sich viele Menschen überfordert oder sind es auch wirklich. Bedingt durch die Angst, zu versagen und schuldig zu werden, wenn die notwendige Entscheidung nicht gelingt, tritt eine gewisse Lähmung ein. Umgekehrt kann es auch zu einem starken affektiven Druck kommen, der rationale Überlegungen äußerst schwierig macht. Fehlen dazu noch die erforderlichen Voraussetzungen (Informationen), ein Für und Wider angemessen abzuwägen, so kommt es aufgrund der ausgesprochen ambivalenten Emotionen mitunter regelrecht zur Panik.

Ich habe in solchen Situationen gute Erfahrungen damit gemacht, zunächst den belastenden Emotionen genügend Raum zu geben und anschließend die notwendigen Informationen einzubringen. Auf diese Weise können die durch sie ausgelösten Gefühle gleich wieder durchgesprochen und verarbeitet werden. Erst danach ist, falls erforderlich, eine fachspezifische Beratung sinnvoll. Wenn neue Wege gesehen werden, die aufgrund der starken Affekte bis dahin nicht wahrgenommen worden sind, löst sich eine Krise mitunter erstaunlich schnell auf.

Ist eine Krisenintervention angezeigt, so sind drei Voraussetzungen zu erfüllen:

• 1. Grundlage ist eine verständnisvolle, absolut nicht wertende Haltung der Beraterin und die daraus resultierende vertrauensvolle Beziehung. Nur in einer solchen Geborgenheit kann der Betroffene seine Ängste und Affekte aushalten lernen, sowie den schweren, aber hoffnungsvollen Weg zur Überwindung seiner Furcht gehen. Es ist der Weg zu einem schöpferischen Umgang mit der Krise, auf dem Altes losgelassen und Neues gewonnen werden kann.[30] Gelingt es jedoch nicht, die Ängste zu reduzieren oder aber in einem bestimmten Maße mit ihnen umgehen zu lernen, so ist eine kreative Verarbeitung der Situation so gut wie unmöglich.

• 2. Tatsache ist, daß für den einen noch selbstverständlich zu verkraften ist, was für den anderen bereits eine Krise bedeutet. Deshalb kann nur der Gesprächspartner für sich selbst erschließen, wie weit und wie tief er etwas bereits als Krise erlebt. Er allein spürt, welche Erfahrungen für ihn bedrohlich sind oder auch nicht, wie weit seine Kräfte zur Bewältigung ausreichen oder er sich den Anforderungen nicht mehr gewachsen fühlt. Die Akzeptanz verhilft der Beraterin, das Verhalten des Ratsuchenden nicht nach ihren persönlichen Maßstäben zu messen.

• 3. Die Beraterin hat sich zu fragen, ob sie die Begleitung des Betroffenen übernehmen will und kann. In einer Krisenintervention wird von ihr Belastbarkeit und eine gute Kongruenz mit sich selbst erwartet.

Hat sie ähnliche schwere Erfahrungen gemacht (z.B. Scheidung) und selbst noch nicht verarbeitet, dann besteht für sie die Gefahr, sich in die belastenden Gefühle wie Mut- und Hoffnungslosigkeit mit hineinziehen zu lassen. Sie muß deshalb prüfen, ob sie die erforderliche Distanz wahren kann. Mitunter ist das, was mitgeteilt wird, derart aufrüttelnd, daß die Gefahr besteht, sich mit dem Betroffenen zu solidarisieren oder sich in Mitleid hineinziehen zu lassen. Mitleid kann dazu führen, daß gerade in der Krise die Selbstaktualisierungstendenz nicht genügend gefördert wird. Die Beraterin verliert die Hoffnung, daß der Gesprächspartner sich aus der bedrängenden Situation selbst wieder heraushelfen kann. Eine beiderseitige Lähmung und ein „Auf-der-Stelle-treten" bei der Verarbeitung der Probleme sind die Folge.

Weiterhin hat die Beraterin auf ihr „Appellohr" zu achten. Sie darf der Versuchung, in der Krisensituation für den anderen tätig werden zu wollen, nicht gleich nachkommen, auch wenn der Wunsch sie treibt, dem Ratsuchenden und damit auch sich selbst so schnell wie möglich aus der unangenehmen Situation wieder herauszuhelfen. Fühlt sie sich durch jedes appellative Signal genötigt zu helfen, verstärkt sie bei dem Ratsuchenden das Gefühl eigener Ohnmacht. Übernimmt sie gar die ihr häufig angetragene Mutter (Vater)rolle, wird der Betroffene noch stärker in die – in einer Krise ohnehin schon ausgeprägte – Regression gedrängt. Da der Betroffene in seiner gefühlsmäßigen Verwirrtheit nach jedem Halt greift, ist er sehr leicht beeinflußbar und willigt nur allzu leicht in Entscheidungen ein, die er womöglich nach Überwindung der Krise nicht mehr billigt.

Personzentriertes Vorgehen in der Krisensituation zielt in erster Linie darauf hin, die Selbstaktualisierungstendenz des Ratsuchenden zu fördern. Das setzt selbst in der Krise ein Vertrauen auf die in ihm vorhandenen Kräfte voraus. Der Ratsuchende gewinnt dadurch das Gefühl zurück, sich selber helfen und seine kritische Situation überwinden zu können.

Das aktive Zuhören hat ähnlich wie bei der Begleitung Depressiver so zu geschehen, daß die Emotionen zwar angenommen, auf der anderen Seite aber nicht zu tief wiedergegeben werden. Der Gesprächspartner könnte sonst zu stark von seinen Gefühlen überwältigt werden. Geschieht das dennoch und die Beraterin erträgt seine Affekte gelassen, so lernt er, sie selbst auch gelassener zu sehen („Sie bleiben so ruhig, sehen das gar nicht als so schlimm an, dann wird es wohl auch nicht so dramatisch sein"). Bringt die Beraterin dann die Gefühle, das gefühlsauslösende Moment und die Realität zusammen, ordnen sich für den Gesprächspartner seine diffusen Emotionen, es kommt zu einer nüchternen Betrachtung der Situation.

Über die Empathie hinausgehende weitere Impulse, wie z.B. verstärkte Selbsteinbringung, einfühlsame Konfrontation, der Hinweis auf Entspannungsübungen oder andere sich darüber hinaus bietende Möglichkeiten können eine sinnvolle Ergänzung des aktiven Zuhörens sein. Die Wahrnehmung des Betroffenen ist mitunter so eingeengt, daß er auf das Naheliegendste nicht mehr kommt.

Eine Kriseninterventtion hat zum Ziel, miteinander Hilfen zu entwickeln, um die neue Lebenssituation annehmen zu lernen und Ressourcen zu finden, sie zu bewältigen. Daß es dabei auch nötig sein kann, Hilfsmöglichkeiten aus dem sozialen Bereich mit heranzuziehen, versteht sich von selbst.

VI. Praktische Hilfen zum Erlernen personzentrierter Gesprächsführung

1. Richtlinien für Gesprächsformen

Ein intensives aktives Zuhören und empathisches Eingehen auf den anderen ist eng mit der eigenen Befindlichkeit verbunden, denn die Beraterin ist das wichtigste „Instrument" ihrer Tätigkeit. Befinden, Einstellung und Emotionen prägen ihre Haltung und ihre Äußerungen und lassen auf die eigentliche (nicht vermeintliche!) Beziehung zwischen Beraterin und Ratsuchendem schließen. Insofern dient die Analyse der Gespräche in der Supervisionsgruppe der Selbstfindung der Beraterin. Spannungen, Widerstände und Übertragungen, heimliche Abwertung oder auch zu starke Solidarität mit dem Ratsuchenden lassen sich erkennen und auf ihre Ursachen hin befragen. An den unterschiedlichen Gesprächsformen soll beispielhaft aufgezeigt werden, wie eng Haltung und Äußerung miteinander zusammenhängen.

• Hinter dem *Generalisieren* verbirgt sich im allgemeinen das Bedürfnis, sich nicht zu intensiv auf den Gesprächspartner einzulassen. Das angebotene Problem wird verallgemeinert, was mitunter den Gesprächspartner beruhigen kann, werden doch dadurch seine Schwierigkeiten relativiert. Auf der anderen Seite fühlt er sich leicht in der Einmaligkeit seines Leidens und Erlebens nicht ernst genommen.

• *Drängen* zeugt von mangelnder Geduld den Problemen des Ratsuchenden gegenüber. Ein drängendes Verhalten wird von dem Wunsch der Beraterin geleitet, etwas herausbekommen/erreichen zu wollen. Die Fähigkeiten und Möglichkeiten des anderen, seine ihm eigenen Lösungen zu finden, werden unterschätzt, der individuelle Entwicklungsprozess nicht genügend geachtet. Es kann sein, daß der andere im weiteren Gespräch aggressiv oder verschlossen reagiert.

• Beim *Diagnostizieren* läßt die Beraterin den anderen wissen, was sie meint aus seinen Äußerungen erkannt zu haben. Sie zeigt sich als jemand, die mehr weiß und das aus einer gewissen Distanz heraus auch deutlich macht. Ihr Autoritätsanspruch wird dadurch zwar befriedigt, zugleich aber das Anlehnungsbedürfnis des Ratsuchenden gefördert. Er gerät in eine Position, die seine Selbständigkeit behindert und ihn infolgedessen von weiterer Beratung abhängig macht.

• Beim *Interpretieren* wird den Zusammenhängen des Berichteten eine bestimmte Bedeutung gegeben, und zwar eine, die aus dem Erleben der Beraterin herrührt. Sie gewinnt dabei das angenehme Gefühl, das Problem des anderen vermeintlich zu durchschauen und dadurch Ansehen zu gewinnen, während der Ratsuchende Gefahr läuft, in Widerstand oder Abhängigkeit zu geraten. Sein Problem selbständig nach eigenen Erfahrungen zu lösen, wird ihm erheblich erschwert. Hat er ohnehin ein kindliches Abhängigkeitsbedürfnis und übernimmt dadurch gehorsam eine Fehlinterpretation, so wird er bei seinem Nachdenken über sich selbst in eine falsche Richtung gelenkt. Nur wenn der Ratsuchende fast selbst schon die Hintergründe seiner Schwierigkeiten erfaßt hat, kann er eine Interpretation als weiterführenden Impuls erleben.

• Beim *Dogmatisieren* wird die eigene Meinung verabsolutiert und damit als die allein denkbare angesehen. Die Beraterin stellt sich (be)lehrend über den anderen. Der Ratsuchende fühlt sich in eine Schülerhaltung versetzt.

• Fällt eine Beraterin *Urteile* oder bewertet sie das Gehörte, so gibt sie zu verstehen, es besser zu wissen. Sie wirkt auf den anderen stark verunsichernd, so daß er nur noch das sagt, was sie hören möchte. Möglicherweise geht er in eine heimliche Opposition, wodurch das Vertrauen gestört ist.

• Beim *Moralisieren* nimmt die Beraterin die Lebensauffassung des anderen nicht ernst, sondern legt ihm ein Verhalten nach ihren Normen nahe, seien es nun ethische oder psychologische (der Anspruch, sich mit sich selbst auseinanderzusetzen, psychisch intakt zu sein usw.). Damit schützt sie sich vor der vielleicht für sie bedrohlichen Situation, sich mit anderen Normen auseinandersetzen zu müssen. Ihr Bedürfnis nach Dominanz wird befriedigt, jedoch der andere gerät in die Rolle des zu Erziehenden. Da dem Moralisieren auch das Richten zugeordnet ist, löst es Angst aus und beeinträchtigt die Offenheit eines Gespräches.

• Beim *Anpredigen* läßt sich die Beraterin nicht auf den anderen und dessen Erleben ein. Dadurch vermeidet sie es, näheren Kontakt mit dem anderen aufzunehmen und beeinträchtigt die Beziehung. Ihr Geltungsbedürfnis wird befriedigt, doch bleibt der andere mit seinen Problemen allein.

• *Bagatellisieren* geschieht leicht aus der Angst heraus, sich auf Not, Leid und Trauer einlassen zu müssen. Der andere fühlt sich mit seinem Problem nicht ernst genommen. Was eigentlich für ihn als Hilfe gedacht ist, schlägt ins Gegenteil um: er fühlt sich allein gelassen, verstummt oder stellt seine Schwierigkeiten und Ängste noch einmal übertrieben dar – ein Hilferuf, gehört und verstanden zu werden.

• *Zuspruch* entspringt dem Wunsch, helfen zu wollen; doch erfolgt er zu schnell, wird er als beschwichtigend erlebt. Der Ratsuchende bleibt allein, weil die Beraterin vermeidet, das Leiden mit auszuhalten. Wird jedoch ein einfühlsamer Zuspruch nach Akzeptanz der belastenden Gefühle als Impuls zu einem Überdenken der Lebenssituation gegeben, kann er förderlich sein.

• *Ratschläge* stammen stets aus dem Selbstkonzept und Erfahrungshintergrund der Beraterin und sind deshalb für den anderen nicht weiterführend. Sie schützen vor dem emotionalen Kontakt mit dem anderen. Da Ratschläge im allgemeinen ohnehin nicht viel bewirken, sondern Abhängigkeitssituationen schaffen, beeinträchtigen sie den anderen in seinem Wachstumsprozeß und vermitteln ihm das Gefühl, unfähig zu sein. Einen Rat zu geben ist jedoch dann sinnvoll, wenn es aus fachlicher Kompetenz geschieht. Dadurch kann der andere davor geschützt werden, sich evtl. aus Unwissenheit schädigend zu verhalten. Auch in akuten Krisensituationen können bei Entscheidungsunfähigkeit einfühlsame Vorschläge eine vorübergehende Hilfe sein.

• *Solidarisieren oder Mitleid* verhilft der Beraterin, ihre eigene Geschichte mit Hilfe des Ratsuchenden erneut zu durchleben. Dieser fühlt sich zwar voll verstanden, hat möglicherweise sogar das Gefühl, eine Verbündete gefunden zu haben. Doch gerät er leicht in Gefahr, sich in Selbstmitleid zu verlieren. So kann er der anstrengenden Arbeit einer Problemlösung ausweichen. Entsprechend wirkt Solidarisieren demotivierend. Einfühlendes Verstehen ist kein Mitleid, sondern ein Verstehen der inneren Erlebenswelt.[1]

• *Argumentierende Debatten* sind eine starke Vermeidungsstrategie, das Bewegende, Gefühlsbetonte anzusprechen. Je intellektueller und sachbezogener ein Gespräch geführt wird, desto mehr verbirgt es das eigentliche Problem. Oft sind Rationalisierungen symptomatisch für Kommunikationsängste. Dem, der sich durchsetzt, stärkt es zwar das Selbstwertgefühl, der Verlierer aber fühlt sich unangenehm unterlegen.

Beispiele für die Gesprächsformen
Äußerung des Gesprächspartners: „Mit mir ist nichts los, also katastrophal. Ich werde von Tag zu Tag müder oder abgeschlaffter, dabei ist gar kein Grund vorhanden."
Generalisieren: Das geht vielen so jetzt bei diesem Novemberwetter.
Drängen: Meist hat das doch eine Ursache. Denken Sie mal darüber nach, was in der letzten Zeit gewesen ist.
Diagnostizieren: Das ist wieder Ihre typische depressive Phase.
Interpretieren: Sie brauchen das, um Zuwendung zu bekommen.
Dogmatisieren: Das ist die Erscheinungsform einer Depression, wenn in der Kindheit die Liebe gefehlt hat.
Urteilen/Bewerten: Es ist nicht gut, daß Sie sich wieder so treiben lassen.
Moralisieren: Nun lassen Sie mal den Kopf nicht gleich hängen.
Bagatellisieren: Es wird schon wieder besser werden. So etwas kommt vor.
Zuspruch: Sie können darauf vertrauen, daß wir beide die Situation wieder in den Griff bekommen.
Ratschlag: Am besten ist es für Sie, sich abzulenken, zu verreisen oder etwas zu unternehmen.
Solidarisieren: Das ist ja auch wirklich schlimm für Sie.
Argumentieren: Alles hat einen Grund. Lassen Sie uns erst einmal die Hintergründe, das Für und Wider betrachten.

2. Hilfen zum Einschätzen des Beraterverhaltens

Ich bin mir bewußt, daß Skalen zu dem Mißverständnis beitragen können, personzentriertes Beraterverhalten sei eine Technik, was besonders für die Skalen nach Truax und Carkhuff (siehe S 127) zum Einschätzen der Gespräche gilt. Vor allem verleiten sie dazu, mehr auf die Verbalisierung der Gefühle zu achten, als auf die dahinterstehende Haltung, die letztlich die Sprache beeinflußt. Sie sind deshalb umstritten. In erster Linie trifft das für die VEE Skala zu, mit deren Hilfe die Verbalisierung emotionaler Erlebnisinhalte eingeschätzt wird. Auch halten die Skalen nicht den Ansprüchen an wissenschaftliche Genauigkeit stand. Trotzdem werden sie von uns als didaktische Hilfe weiterhin benutzt, was allerdings nur dann sinnvoll ist, wenn sie eng auf die Haltung bezogen bleiben. D.h. wenn die Wiedergabe emotionaler Erlebnisinhalte daraufhin überprüft wird, ob sie mit Wärme und Achtung vor dem anderen gesprochen und auf seine innere Welt bezogen ist. Insofern tragen sie dazu bei, das Zuhören zu üben und das für die Situation Förderliche zu erkennen. Unter dieser Voraussetzung erleben unsere Gruppen sie als gute, wenn auch vorübergehende Orientierung, auf die sie nicht verzichten wollen. Die unterschiedliche Art, Gefühle wahrzunehmen und Erlebensweisen wiederzugeben, sie in ihrer Bedeutung besser unterscheiden zu lernen, wird für sie nachvollziehbar. Wichtig ist allerdings, hierfür den richtigen Zeitpunkt zu wählen und die Rating-Bögen der Skalen so einzuführen, daß sie nicht normierend aufgenommen werden; sonst führen sie zu einem unnötigen Leistungsdruck, der eher einschüchternd als fördernd wirkt.

Bei der Selbsterfahrung tragen die Skalen dazu bei, den Umgang mit Kritik zu schulen und dabei einem perfektionistischen Streben auf die Spur zu kommen. Geraten die Teilnehmer bei der Besprechung der Tonbänder zu schnell „aus dem inneren Gleichgewicht", so kann diese Erfahrung ein Anstoß dafür sein, rechtzeitig an den Ursachen einer solchen Kritikempfindlichkeit zu arbeiten; denn gerade einer Beraterin des klientenzentrierten Konzeptes sollte es besonders am Herzen liegen, keine Vollkommenheitsansprüche zu stellen (a fully functioning person is always in process, Rogers), kann sie doch nur dann dem Gesprächspartner gegenüber akzeptierend bleiben.

Vorrangig möchte ich die Skalen von Reinhard Tausch vorstellen. Sie dienen in erster Linie dazu, die Haltung der Beraterin zu überprüfen. Anschließend zeige ich die von Truax und Carkhuff als eine weitere Möglichkeit auf.

2.1 Skaleneinteilung nach Reinhard Tausch [Aus: Tausch/Tausch, Gesprächspsychotherapie, Göttingen, 8. Aufl. 1981, S. 35, 68, 88. © Hogrefe-Verlag, Göttingen]

A) E i n f ü h l e n d e s   nicht   w e r t e n d e s   V e r s t e h e n [2]

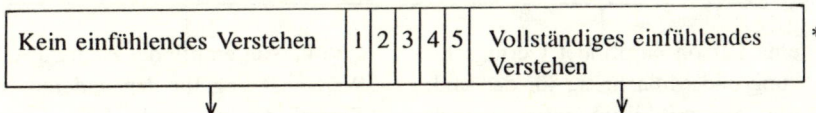

| Kein einfühlendes Verstehen | 1 | 2 | 3 | 4 | 5 | Vollständiges einfühlendes Verstehen | * |

| ° eine Person geht auf die Äußerungen des anderen nicht ein, sie geht nicht auf die vom anderen ausgedrückten oder hinter seinem Verhalten stehenden gefühlsmäßigen Erlebnisinhalte ein | ° eine Person erfaßt vollständig die vom anderen geäußerten gefühlsmäßigen Erlebnisinhalte und gefühlten Bedeutungen |
| ° sie versteht den anderen deutlich anders, als dieser sich selbst sieht | ° sie wird gewahr, was die Äußerungen oder das Verhalten für das Selbst des anderen bedeuten |

---

*   Stufe 1 = kein einfühlendes nicht-wertendes Verstehen der inneren Welt des anderen
    Stufe 3 = mäßiges einfühlendes nicht-wertendes Verstehen
    Stufe 5 = vollständiges einfühlendes nicht-wertendes Verstehen

- ° sie geht von einem vorgefaßten Bezugspunkt aus, der den des anderen völlig ausschließt
- ° sie zeigt nicht einmal, daß ihr die vom anderen offen ausgedrückten Oberflächengefühle bewußt sind
- ° sie ist entfernt von dem, was der andere fühlt, denkt und sagt
- ° sie bemüht sich nicht, die Welt mit den Augen des anderen zu sehen
- ° sie befaßt sich nicht mit den vom anderen geäußerten gefühlsmäßigen Erlebnissen oder schmälert diese, indem sie bedeutsam geringere gefühlsmäßige Erlebnisinhalte des anderen anspricht
- ° ihre Handlungen und Maßnahmen sind nicht der inneren Welt des anderen angemessen, sie gehen an dem Fühlen und den inneren Bedürfnissen des anderen vorbei

- ° sie versteht den anderen so, wie dieser sich im Augenblick selbst sieht
- ° sie teilt dem anderen das mit, was sie von seiner inneren Welt verstanden hat
- ° sie hilft dem anderen, die von ihm gefühlte Bedeutung dessen zu sehen, was er geäußert hat
- ° sie ist dem anderen in dem nahe, was dieser fühlt, denkt und sagt
- ° sie zeigt in ihren Äußerungen und Verhalten das Ausmaß an, inwieweit sie die Welt des anderen mit seinen Augen sieht
- ° sie drückt die vom anderen gefühlten Inhalte und Bedeutungen in tiefgreifenderer Weise aus, als dieser es selbst konnte
- ° ihre Handlungen und Maßnahmen sind dem persönlichen Erleben des anderen angemessen

B) E m o t i o n a l e   W ä r m e   –   A k z e p t a n z[3]

Mißachtung – Kälte – Härte	1	2	3	4	5	Achten – Wärme – Sorgen	*

- ° eine Person empfindet Geringschätzung und Mißachtung für den anderen, sie mißbilligt seine Art des Fühlens und Erlebens, sie urteilt ihn nach ihren eigenen Wertmaßstäben ab
- ° sie ist gegenüber dem anderen abweisend, sie lehnt ihn ab, wertet ihn ab, sie mißbraucht ihn, nutzt ihn aus

- ° eine Person empfindet Achtung und Wertschätzung für den anderen, sie akzeptiert seine Art des Fühlens und Erlebens, auch wenn diese gegensätzlich zu ihren eigenen Wertmaßstäben ist
- ° sie nimmt Anteil an ihm, sie beachtet ihn, läßt ihn gelten, anerkennt ihn, sie läßt ihn erfahren, daß er willkommen ist, sie ist ihm zugeneigt

---

* Stufe 1 und 5 = deutliche Ausprägung
Stufe 2 und 4 = schwächere Ausprägung
Stufe 3 = etwa gleich viel Mißachtung – Kälte – Härte wie Achten – Wärme – Sorgen

104

○ sie geht mit ihm unfreundlich, herzlos um, sie ist ihm gegenüber unnachsichtig, sie demütigt ihn
○ sie entmutigt ihn

○ sie geht mit ihm freundlich, herzlich um, sie ist nachsichtig ihm gegenüber
○ sie ermutigt ihn, sie behandelt ihn wohlwollend

○ sie mißtraut ihm
○ sie vertraut ihm

○ sie ist passiv und gleichgültig, reagiert mechanisch, läßt den anderen fallen, flößt ihm Angst ein, verletzt ihn, droht ihm
○ sie hält zu ihm, sie steht ihm bei, sie beschützt ihn, sie umsorgt ihn, sie hilft ihm, sie tröstet ihn – sie sorgt dafür, daß er sich wohlfühlt

○ sie ist ihm gegenüber distanziert, sie verschließt sich ihm, gibt nichts Persönliches von sich preis
○ sie ist ihm nahe, sie öffnet sich ihm gegenüber, gibt Persönliches von sich preis

C) E c h t s e i n (Kongruenz, selektive Offenheit)[4]

Unechtsein, Fassadenhaftigkeit	1	2	3	4	5	Echtsein, Ohne-Fassade-Sein	*

○ Eine Person drückt Gegensätzliches zu dem aus, was sie fühlt und denkt
○ die Äußerungen einer Person entsprechen ihrem Fühlen und Denken

○ sie gibt sich anders, als sie wirklich ist
○ sie gibt sich so, wie sie wirklich ist

○ sie verhält sich gekünstelt, mechanisch, spielt eine Rolle
○ sie verhält sich ungekünstelt, natürlich, spielt keine Rolle

○ sie gibt sich amtlich, professionell, routinemäßig
○ sie ist ohne professionelles, routinemäßiges Gehabe

○ sie lebt hinter einer Fassade, hinter einem Panzer
○ sie ist sie selbst, sie lebt ohne Fassade und Panzer

○ sie zeigt häufig ein stereotypes Verhalten in Gesten und Worten
○ sie verhält sich in individueller, origineller, vielfältiger Weise

○ ihr ist nicht vertraut, was in ihr vorgeht und sie setzt sich nicht damit auseinander
○ sie ist vertraut mit dem, was in ihr vorgeht und setzt sich damit auseinander

○ sie täuscht andere, sie heuchelt
○ sie ist aufrichtig und heuchelt nicht

○ sie ist unehrlich sich selbst gegenüber, macht sich etwas vor, vermeidet sie selbst zu sein
○ sie ist ehrlich sich selbst gegenüber, macht sich nichts vor, ist bereit, das zu sein, was sie ist

○ Äußerungen, Handlungen, Mimik und Gestik dienen der Verteidigung, der Fassade, damit der andere ihr wirkliches Ich nicht kennenlernt
○ sie offenbart sich dem anderen, gibt sich mit ihrem Ich zu erkennen, sie verleugnet sich nicht

---

* Stufe 1 und 5 = deutliche Ausprägung
  Stufe 2 und 4 = schwächere Ausprägung
  Stufe 3 = etwa gleich viel Fassadenhaftigkeit wie Echtsein

° sie ist undurchschaubar	° sie ist durchschaubar
° sie drückt keine tiefen gefühlsmäßigen Erlebnisse aus	° sie drückt tiefe gefühlsmäßige Erlebnisse aus

2.2 Skaleneinteilung nach T r u a x und C a r k h u f f
[Bearbeitet nach W.M. Pfeiffer, GwG Infos 1977, 29,7ff. Verwendung dieses Textes mit freundlicher Genehmigung der Gesellschaft für wissenschaftliche Gesprächspsychotherapie e.V., Köln]

A) Skalen zur Einschätzung der S e l b s t e x p l o r a t i o n (SE)

Definition: „Unter ‚Selbstexploration' soll verstanden werden, daß der Klient über sich selbst, besonders über seine spezifisch persönlichen inneren Erlebnisse spricht, sich über sie klarer wird oder daß er sich wenigstens deutlich um Klärung bemüht."[5]

o 1: Der Gesprächspartner spricht ausschließlich über *Tatbestände,* die unabhängig von seiner Person sind.

o 2: Er erzählt von Personen oder Sachen, die zu ihm in einer *Beziehung* stehen.

o 3: Er berichtet von *äußeren* Vorgängen und auch von seinem eigenen Verhalten, jedoch nicht von seinem spezifisch persönlichen, inneren Erlebnis, das dazu in Beziehung steht.

o 4: Wie 3, man kann jedoch annehmen, daß das Berichtete für ihn mit *Gefühlen* verbunden oder von ziemlicher Bedeutung ist.

o 5: Der überwiegende Teil der Aussage besteht in der Schilderung seines Verhaltens oder äußerer Ereignisse; seine spezifisch *inneren* Erlebnisse werden nur *kurz* erwähnt.

o 6: Der Inhalt der Aussage besteht *überwiegend* aus der Schilderung seiner *inneren* Erlebnisse.

o 7: Er berichtet überwiegend von seinen spez. persönlichen inneren Erlebnissen. Zusätzlich ist ein *Ansatz* zu erkennen, sie weiter zu klären

o 8: Das *Suchen* nach *neuen Aspekten* und Zusammenhängen in seinem inneren Erleben kommt deutlich zum Ausdruck.

o 9: Es wird deutlich, daß er *neue Aspekte* und Zusammenhänge in seinem inneren Erleben *findet.*

• Beispiele für die Selbstexploration
l: Zwei Arbeiterinnen sind vor kurzem aus einer anderen Stadt zu uns gekommen und suchen nun Kontakt.
Begründung: Der Gesprächspartner spricht nicht von sich selbst, sondern von Personen und Tatbeständen, die unabhängig von seiner Person sind.
2: Mein Mann geht gerne abends aus und nimmt dann unsere Bekannten mit. Er langweilt sich beim Fernsehen und sucht wohl andere Abwechslung.
Begründung: Der Gesprächspartner berichtet nicht über sich selbst, aber über Personen, die mit ihm in Beziehung stehen.

3: Ich habe vor neun Jahren geheiratet, jetzt haben wir uns gut eingerichtet, mein Mann verdient genug, ich selbst bin nicht mehr berufstätig. So haben die Kinder es wirklich gut.

Begründung: Der Gesprächspartner berichtet von äußeren Vorgängen und von sich selbst, jedoch ohne seine Gefühle zu nennen.

4: Die letzten drei Wochen habe ich viel Schmerzen gehabt. Nun soll ich morgen operiert werden. Es ist eine große Operation, aber die Ärzte sollen hier ganz tüchtig sein.

Begründung: Der Gesprächspartner berichtet von seinem Ergehen und den bevorstehenden Belastungen, ohne die Gefühle direkt zu nennen, die damit verbunden sind. Sie sind verschlüsselt, aber deutlich wahrzunehmen.

5: Sie sagt mir ihre Ideen, und wenn sie mir nicht passen, springe ich ziemlich aggressiv mit ihr um. Und sie reagiert dann aber auch so. Wir spielen uns dann gegenseitig hoch.

Begründung: Der Gesprächspartner spricht von seinem Verhalten und nennt nur kurz seine Gefühle.

6: Wissen Sie, ich kann mich mit dem Gedanken, sterben zu müssen, einfach nicht abfinden. Mir ist das ein so widersinniger Gedanke, dieses einfache Verloschensein.

Begründung: Der Gesprächspartner spricht vorwiegend von den Gefühlen, die ihn belasten, ohne eine Möglichkeit anzudeuten, wie er sie bewältigen könnte.

7: Vielleicht möchte ich auch glauben wie ein Christ, daß der Tod nichts Endgültiges ist. Ich glaube, das würde mir helfen. Aber dann kommen wieder meine Zweifel an Gott, und dann kann ich einfach nicht. Manchmal habe ich schon versucht zu beten, aber ich weiß nicht wie, ich kann das nicht. Vielleicht habe ich auch zu viele Zweifel.

Begründung: Der Gesprächspartner spricht vorwiegend von seinen Gefühlen und deutet erste Möglichkeiten an, wie er sich vorstellt, mit seiner Verzweiflung umgehen zu können.

8: Wenn sie weggehen will, muß ich sagen: „o.k. geh weg"; und ich darf dann auch keine Angst haben, daß sie nicht wiederkommt. Ich glaube, wenn ich ihr meine Angst zeige, daß das vielleicht gerade deshalb ein Grund ist, das zu machen. Ich möchte einfach nicht mehr so reagieren, daß ich sage: „Ich darf das wohl, du aber nicht."

Begründung: Der Gesprächspartner sucht eine Lösung für seine Eheschwierigkeiten, und zwar nicht nur andeutungsweise, sondern ist entschlossen, sich zu verändern. Er möchte seiner Frau gegenüber toleranter sein und sie nicht mehr so bevormunden.

9: Ich sehe ein, daß das so nicht weitergeht; ich muß einfach mit meiner Frau sprechen, denn ich spüre, wie meine Depressionen mit diesen unausgesprochenen Dingen zusammenhängen, wie das immer neue Spannungen in mir hervorruft. Und ich möchte das nicht mehr. Ich habe jetzt auch den Mut dazu, mir ist einfach wohler bei dem Gedanken, daß es zu einer Klärung kommt.

Begründung: Der Gesprächspartner erkennt und benennt die Ursache seiner Verstimmungen. Auch sieht er Möglichkeiten, die Situation zu verändern.

B) Skalen zur Verbalisierung emotionaler Erlebnisinhalte (VEE)

Aufgegriffen werden Gefühle, die der Klient verbal oder nonverbal äußert, gefühlsmäßige Bewertungen von Ereignissen, Zielen, Wünschen und Interessen sowie die Vorstellungen, die der Klient von sich selber und von seiner Wirkung auf andere Menschen hat.

o 2: Der Therapeut geht nicht auf die Gefühle und die vom Klienten vorgebrachten äußeren Sachverhalte ein, sondern er *belehrt, ermahnt* oder *mißversteht* beispielsweise den Klienten.

o 4: Der Therapeut geht nicht auf die vom Klienten geäußerten Gefühle ein. Er äußert sich jedoch über irgendwelche vom Klienten vorgebrachten *äußeren Sachverhalte*.

o 6: Der Therapeut geht auf ein dem Klienten *nicht wichtiges* Gefühl ein.

o 8: Der Therapeut geht auf *einen Teil* der dem Klienten wichtigen Gefühle ein.

o 10: Der Therapeut geht auf den *überwiegenden Teil* der dem Klienten wichtigen Gefühle ein. Es sind nicht alle wichtigen Gefühle berücksichtigt.

o 12: Der Therapeut geht auf *alle wichtigen* vom Klienten geäußerten Gefühle ein.

• Beispiele für die VEE:
Gesprächspartner: „Eigentlich finde ich das richtig schön, daß ich vielmehr hinhöre und die anderen dadurch offener werden und sagen, was sie möchten. Davon habe ich früher immer nichts gehalten. Jetzt sehe ich mich auch mal etwas kritischer und stelle in Frage, was ich da überhaupt mache, wenn ich auf andere gar nicht eingehe.“
ad 1: Wie gut, daß Sie das einsehen, schließlich ist das auch notwendig, wenn Sie nicht einsam werden wollen.
Begründung: Die Beraterin wertet das Verhalten und gibt einen versteckten Ratschlag.
ad 4: Andere werden jetzt ganz offen Ihnen gegenüber.
Begründung: Die Beraterin erwähnt lediglich das Verhalten anderer Personen.
ad 6: Früher war es Ihnen gleichgültig, wenn andere sich öffneten.
Begründung: Die Beraterin weist auf ein vergangenes Gefühl hin, was die Freude an gegenwärtiger Selbstkritik und Veränderung außer acht läßt.
ad 8: Im Umgang mit anderen haben Sie etwas verändert. Das macht Sie jetzt zufriedener als früher.
Begründung: Das wesentliche Gefühl der Zufriedenheit ist aufgenommen, während die Selbstkritik außer acht bleibt.
ad 10: Sie sind froh, daß Sie dabei sind, sich zu verändern und Ihr Verhalten auch kritisch sehen können.
Begründung: Das wesentliche Erleben ist aufgenommen und in seiner Bedeutung angesprochen worden.
ad 12: Sie sind froh, jetzt auf andere zu achten und dadurch mehr ins Gespräch zu kommen; das ist viel befriedigender für Sie. Sie bezweifeln auch ob ihr bisheriges Verhalten so in Ordnung war.

Begründung: Alle wesentlichen Gefühle sind auf tieferer Ebene aufgenommen und in ihrer Bedeutung gesehen.

C) Skalen zur Einschätzung der E m p a t h i e
(präzises, einfühlendes Verstehen und genaue Mitteilung des Verstandenen)

o 1: kein Verständnis, *vorgefaßtes* Bezugssystem, Gefühlsinhalte außer acht gelassen.
o 2: *Verringerung oder Verzerrung* von Erlebnissen und deren Bedeutungen
o 3: Grundstufe therapeutischer Wirksamkeit: *Verständnis* für die auf der Oberfläche liegenden Gefühle
o 4: prozeßförderndes Mitgehen. Auch tieferliegende Gefühle werden erfaßt, *Entschlüsseln* der inneren Erlebnisse
o 5: Prozeßförderndes Mitgehen, *wesentliche Ergänzung* der Selbstexploration

• Beispiele für die Empathie:
Gesprächspartner: „Ich weiß wirklich nicht, was ich machen soll. Ich bin mir klar, daß die Arbeit mit Skinheads notwendig ist, aber wenn die so kommen und alles zerschlagen wie neulich, ich weiß nicht – das ist so: das steht mir dann richtig im Halse und ich merke ja auch, wie sehr das meine Arbeit mit Jugendlichen kaputt macht."
ad 1: Sie arbeiten doch sonst auch mit Jugendlichen.
ad 2: Ich denke, Sie brauchen da nicht so unsicher zu sein. Das sind doch auch Menschen.
ad 3: Sie fühlen sich da so hin- und hergerissen, Sie möchten es gerne machen und haben doch Angst davor.
ad 4: Sie fürchten sich davor, was dabei herauskommen kann und fühlen sich doch verpflichtet.
ad 5: Für Sie ist es ganz wichtig, sich um die Skinheads zu kümmern, aber Sie haben auch große Angst vor ihnen und fürchten um ihre Arbeit.

D) Skalen zur Einschätzung der A k z e p t a n z, des emotionalen und nicht an Bedingungen gebundenen Engagements.

o 1: *kühle Distanz*, Ablehnung, *Wertungen.*
o 2: *Bereitschaft* zur emotionalen Zuwendung, aber abhängig von *Bedingungen.*
o 3: Grundstufe therapeutischer Wirksamkeit: gleichbleibend freundlich und *zugewandt, neutral.*
o 4: deutliches emotionales Engagement und *Achtung* für den anderen in bestimmten Situationen sich zurücknehmend.
o 5: *tiefe Achtung,* bedingungslose positive Wertschätzung.

• Beispiele für akzeptierendes Verhalten:
Gesprächspartner: „Ich war ganz stolz innerlich und empfand es als Fortschritt, daß ich die Depressionen mal los war. Und jetzt kommt das also wieder so hoch-

gradig. Ich könnte es begreifen, wenn irgend was los gewesen wäre oder ich überlastet wäre. Aber das ist nicht der Fall."

ad 1: Sie denken zu viel an Ihre Depressionen. Es ist wichtig, daß Sie sich mal davon lösen.

ad 2: Ich verstehe, daß Sie das beunruhigt, aber wenn Sie sich Mühe geben, schaffen Sie das, da rauszukommen.

ad 3: Sie waren so froh, schon so weit zu sein und sind jetzt über den Rückfall beunruhigt.

ad 4: Das hat Sie so überrascht, und es ängstigt Sie auch, daß das wiedergekommen ist, auch so die Frage, wie es weitergehen soll.

ad 5: Sie waren einfach so glücklich. Und jetzt schockiert es Sie richtig, daß diese schweren Gefühle Sie grundlos wieder so überfallen haben. Das macht Sie auch so unsicher.

E) Skalen zur Einschätzung der E c h t h e i t (Kongruenz, selektive Offenheit)

o 1: stellt sich *nicht als Person,* deutliche Widersprüche zwischen Erleben, Sprache und Verhalten.

o 2: gibt nur *oberflächlichen Einblick* in seine Person, verbirgt sich hinter professioneller Rolle und Methode.

o 3: Grundstufe therapeutischer Wirksamkeit: *Gewährt Einblick* in seine Person auf Anfrage, kongruent zwischen Erleben, Sprache und Verhalten.

o 4: *Einblick* in persönliches Erleben, transparent in Bereichen, die die therapeutische Beziehung berühren. Konstruktiv bei negativem/ablehnenden Empfinden.

o 5: *spontan* in der Interaktion, konstruktiv bei selektivem *Einblick in seine Person.*

• Beispiele für echtes, mit sich kongruentes Verhalten:

Gesprächspartner: „Sie müssen mir jetzt auch mal sagen, was ich machen soll, sonst bringt mir das hier nichts mit Ihnen. Ich finde das einfach nicht gut, daß Sie sich davor drücken." (Berater ist erschrocken).

ad 1: Das trifft mich nicht. Das ist jetzt wirklich Ihr Problem, ich tue schließlich was ich kann.

ad 2: Das ist meine Aufgabe als Berater, aber es fällt Ihnen schwer, mit meiner Art zurechtzukommen.

ad 3: Das überrascht mich, ich hoffte so, daß Sie selbst Ihren Weg finden.

ad 4: Ich bin jetzt erschrocken, es trifft mich auch, Sie so zu erleben.

ad 5: Das erschreckt mich richtig, daß Sie von mir enttäuscht sind. Ich merke aber auch, wie ich mich von Ihnen etwas bedrängt fühle.

EINSCHÄTZUNG EINES GESPRÄCHSAUSSCHNITTES
Name:

1) Selbstexploration
Der Gesprächspartner berichtet

1	über Tatbestände unabhängig von der Person
2	über Personen/Sachen, die in Beziehung zur eigenen Person stehen
3	über Vorgänge und Verhalten, ohne Gefühle zu äußern
4	über Vorgänge und Verhalten, vermutlich mit Emotionen verbunden
5	überwiegend über äußere Vorgänge, Erleben nur kurz erwähnt
6	überwiegend Schilderungen innerer Erlebnisse
7	überwiegend Gefühle, Ansatz, inneres Erleben weiter zu klären
8	Suchen nach neuen Aspekten des inneren Erlebens
9	Finden neuer Aspekte des inneren Erlebens

2) Empathie (präzises, einfühlendes Verstehen)

1	kein Verständnis, vorgefaßtes Bezugssystem, Gefühlsinhalte außer acht gelassen
2	Verringerung oder Verzerrung von Erlebnissen und deren Bedeutungen
3	Grundstufe therapeutischer Wirksamkeit: Verständnis für die offenliegenden Gefühle
4	tieferliegende Gefühle erfaßt (Entschlüsseln)
5	prozeßförderndes Mitgehen mit den inneren Erlebnissen

Akzeptanz und nicht an Bedingungen gebundenes Engagement

1	kühle Distanz, Ablehnung, Wertung
2	Bereitschaft zur emotionalen Zuwendung, aber abhängig von Bedingungen
3	Grundstufe therap. Wirksamkeit: gleichbleibend und zugewandt, zugleich verhältnism. distanziert, neutral
4	deutliches emotionales Engagement und Achtung für den anderen, sich in bestimmten Situationen zurück-nehmend
5	tiefe Achtung, keine Bedingungen, aktive Unterstützung

Echtheit (Kongruenz, selektive Offenheit)

1	deutliche Widersprüche zwischen Erleben und Verhalten stellt sich nicht als Person
2	gibt nur äußeren Einblick in seine Person, verbirgt sich hinter Methode und professioneller Rolle
3	Grundstufe therap. Wirksamkeit: gewährt Einblick in die Person auf Anfrage, kongruent zu Erleben und Verhalten
4	Einblick in persönliches Erleben, transparent in Bereichen, die die therapeut. Beziehung berühren, konstruktiv bei negativem, ablehnendem Empfinden
5	spontan in der Interaktion, konstruktiv, Einblick in die Person, prozeßfördernd

3) Verbalisierung emotionaler Erlebnisinhalte des Gesprächspartners (VEE)

1	
2	Belehrungen, Ermahnungen, Bewertungen
3	
4	äußere Sachverhalte
5	
6	nebensächliche Gefühle
7	
8	ein Teil der wichtigen Gefühle
9	
10	überwiegender Teil der wichtigen Gefühle
11	
12	alle wichtigen Gefühle

3. Anfragen an die Beraterin zur Überprüfung ihrer Haltung

Folgende Fragen lassen sich bei der Analyse der Gespräche an die Beraterin stellen, wobei drei Voraussetzungen zu beachten sind:

Im Mittelpunkt der Zuwendung steht der Gesprächspartner in seinem Sosein und nicht in seinem Soseinsollen.

Im Mittelpunkt der Analyse steht die Haltung der Beraterin, nicht das Verhalten des Gesprächspartners.

Es gibt keine feststehenden Gesetze in der Gesprächsführung: „richtig" ist, was für den anderen in seiner jeweiligen Situation förderlich ist.

• *Achtet* die Beraterin genügend auf *sich selbst?* Gelingt mir eine kritische Haltung meinen eigenen Reaktionen gegenüber? Kann ich die Kritik eines anderen annehmen? Wie weit stören mich eigene Wertvorstellungen, Gefühle oder Ängste, eine personzentrierte Haltung zu verwirklichen? Bin ich innerlich frei genug, um ihre eigene Befindlichkeit wahrzunehmen und soweit zurückzustellen, daß ich mich auf den anderen voll einlassen kann? Nehmen meine Verbalisierungen die emotionalen Erlebnisse des Ratsuchenden auf, oder unterlege ich ihm meine eigenen Gefühle und Wahrnehmungen?

• Kann sie angemessen *zuhören?* Die beste Hilfe für den Ratsuchenden ist es, ungestört bei sich selbst bleiben und seine innere Befindlichkeit auf sich wirken lassen zu können. Schweigend zuhören kann mangelndes Interesse vermitteln, aktiv zuhören heißt, empathisch auf das einzugehen, was man wahrgenommen hat – sozusagen „in die Schuhe des anderen zu schlüpfen."

• *Äußert* sie *eigene Betroffenheit?* Es ist weiterführend, wenn dem Ratsuchenden damit Verständnis gezeigt wird; es ist jedoch dann nicht angezeigt, wenn dadurch zu starke Solidarität mit der Not des anderen vermittelt wird.

• Ist sie in der Lage, angemessen zu *intervenieren?* Wenn der Ratsuchende Schwierigkeiten hat, sich zu formulieren, kann eine vorsichtige sprachliche Hilfe ihn von dem Gefühl entlasten, sich nicht ausdrücken zu können. Sie sollte jedoch behutsam erfolgen, damit er nicht verunsichert wird und die Korrekturen als Belehrung empfindet.

Intervenieren erweist sich als konstruktiv:

wenn wir beispielsweise dem schnellen Redefluß nicht mehr folgen können. Wir geraten sonst in Gefahr, uns emotional vom Ratsuchenden zu entfernen;

wenn viele wesentliche Gefühle bereits genannt sind, die wir nicht mehr alle aufnehmen können;

wenn wir unsicher sind, ob wir richtig verstanden haben. Mitunter genügt es, einen Begriff zu wiederholen. Der Ratsuchende wird ihn dann deutlicher erklären, ohne in eine „Schülerhaltung" zu geraten;

wenn wir den Eindruck gewinnen, der Ratsuchende fürchtet sich davor, etwas auszusprechen: vielleicht wagt er nicht, sich zu einer Schuld zu bekennen oder ein Tabu zu durchbrechen.

• Achtet sie auf scheinbar *Nebensächliches?* Mitunter wird gerade in beiläufig hingeworfenen Sätzen der Grund eines Problems deutlich. Der andere kann dann überrascht sein, ausgesprochen zu haben, was ihm noch nicht richtig bewußt ist.

So kann er neu darüber nachdenken und Zusammenhänge entdecken.

• Achtet sie auch auf *nicht angesprochene* Themenkreise? Da sich mitunter gerade hinter dem Nichtausgesprochenen die eigentliche Schwierigkeit verbirgt, könnte es als drängend empfunden werden und damit Angst auslösen, wenn die Beraterin darauf hinweist. Der Ratsuchende bekommt das Gefühl, „ertappt" worden zu sein; seine weitere Offenheit wird beeinträchtigt. Bleibt die Beraterin dagegen geduldig und dabei doch hellhörig, spürt sie den richtigen Zeitpunkt für einen entsprechenden Impuls.

• Findet sie den *Vergleichspunkt* mehrerer Beispiele? Wird ein Beispiel an das andere gereiht, so ist es sinnvoll, den Vergleichspunkt aller zu erfassen und zu benennen. Oft variieren sie nur ein und dasselbe Thema. Beispiele werden häufig aneinandergereiht, wenn sich der Ratsuchende emotional noch nicht richtig verstanden fühlt.

• Werden *Wunsch und Realität* genügend auseinandergehalten?

Wird ein Wunsch genannt, der nicht realisierbar ist, sollte er nicht als Faktum verbalisiert werden. Die Auseinandersetzung mit unabänderlicher Realität wird dadurch beeinträchtigt.

Beispiel: „Ich werde wohl wegen dieses Unfalles nicht mehr laufen können."

Beraterin: a) (nicht hilfreich): „Sie wünschen sich das so."

            b) (hilfreich):„Sie leiden darunter, daß das nun nicht mehr geht."

Umgekehrt: Wird ein Wunsch mit einer veränderbaren Realität verbunden, sollte er deutlich aufgenommen werden. Dadurch können die Kräfte des Ratsuchenden mobilisiert werden, auf die Erfüllung seines Wunsches zuzuleben.

Beispiel: „Ich werde am Bein operiert und wünsche mir, danach wieder laufen zu können."

Beraterin: a) (nicht hilfreich): „Es ist schwer, daß sie das nicht können."

            b) (hilfreich): „Sie hoffen, dann wieder aktiv zu werden."

• Werden *Pausen* richtig eingeschätzt? Nach einer Äußerung der Beraterin benötigt der andere Zeit, um das Geschehen in sich wirken zu lassen. Für ihn kann eine Pause kurz sein, die uns als Beraterin lang erscheint.

Im Gegensatz dazu kann eine längere Pause nach einer Äußerung des Ratsuchenden das Gefühl auslösen, nicht verstanden worden zu sein oder die Beraterin irritiert zu haben. Braucht die Beraterin Zeit, um sich besser einfühlen zu können, so ist es sinnvoll, das auch kurz anzudeuten. Der andere kann dann leichter mit einer längeren Pause angstfrei umgehen, ohne verunsichert zu werden.

• Wie geht sie mit *Schweigen* um? Ein stark betroffener Ratsuchender braucht mitunter lange Pausen des Schweigens, um innerlich Ruhe zu finden. In gleicher Weise benötigt die Beraterin Zeiten des Schweigens, um sich Rechenschaft über ihre Gefühle abzulegen. Es auszuhalten, ist für das Gespräch förderlich, während es peinlich wirkt, wenn sich die Beraterin durch ihr Schweigen dem anderen verweigert, etwa auf eine persönliche Frage hin, oder wenn sie auf die Bitte um ein gemeinsames Gebet keine Antwort gibt. Auch ist längeres Schweigen für den Gesprächspartner bedrohlich, wenn er Schuld oder große Not angesprochen hat. Vermag die Beraterin im Augenblick nichts darauf zu sagen, hilft es mehr, wenn sie das zum Ausdruck bringt.

• Formuliert sie ihre *Antworten kurz* genug? Der Ratsuchende wird durch längere Antworten in seinem meditativen Gedankengang gestört. Er kann sie ohnehin nicht in sich aufnehmen, wenn er emotional stark betroffen ist.[6]

• Werden sachliche, wertfreie *Informationen* gegeben? Es ist selbstverständlich, auch beim aktiven Zuhören dem anderen eine für die Lösung seiner Probleme wertfreie Information zu geben. Verweigert sich die Beraterin darin, wird sie als unecht empfunden (methodenzentriert), die Beziehung wird gestört.

• Werden *Lob und Tadel* gebraucht? Genau wie ein Tadel kann auch ein Lob das Gefühl von Abhängigkeit oder gar Angst vermitteln und die Eigenverantwortlichkeit behindern.

• Geht sie mit *Fragen* angemessen um? Indirekte Fragen brauchen nicht beantwortet zu werden, da der Ratsuchende sie mehr sich selbst als der Beraterin stellt. Direkte Fragen sind zu beantworten, wenn der Ratsuchende eine Information braucht; sie sollten dagegen nicht beantwortet werden, wenn er dadurch Entscheidungen delegieren möchte. Er überträgt dadurch seine Verantwortung auf die Beraterin, ohne für die Folgen seiner Entscheidung aufkommen zu müssen.

Als Beraterin Fragen zu stellen, kann sich unterschiedlich auswirken:

Fragt sie vorsichtig und verständnisvoll, wird sie als interessiert erlebt.

Fragt sie drängend, ausfragend, neugierig, dann versetzt sie den anderen in eine Examenssituation.

Fragt sie, um etwas Bestimmtes herausholen zu wollen (diagnostisches Interesse), dann zwingt sie den anderen, etwas zu sagen, was er im Augenblick vielleicht noch gar nicht sagen möchte. Ängste können ausgelöst werden, weil der andere sich in die Objektrolle gedrängt fühlt.

• Bringt sie genügend *Geduld* auf? Auch wenn die Beraterin Zusammenhänge schneller übersieht, helfen Geduld und Toleranz dem Ratsuchenden mehr, als ein schnelles Aufdecken seines Problems. Ruhiges Abwarten gibt ihm die Chance, es selbst zu lösen (vgl. Protokoll Nr. 4).

• Geht sie angemessen mit *Widersprüchen* um? Nehmen wir in den geschilderten Sachverhalte Widersprüche wahr und konfrontieren mit unserer Beobachtung, so fühlt sich der Ratsuchende ertappt, wird unsicher und neigt dazu, sich ängstlich selbst zu beobachten. Der freie Fluß der Selbstexploration wird behindert. Werden jedoch Widersprüche der Gefühle herausgehört (Ambivalenzen), so müssen sie zur Verarbeitung des Konfliktes angesprochen werden.

• Kann sie ihren eigenen *Wissensdurst zurückhalten?* Ausfragen, um etwas herauszubekommen, dient lediglich dem eigenen Interesse. Wer auf Ratschläge verzichtet, braucht nicht wie ein Rechtsanwalt die Fakten auf dem Tisch zu haben. Es gibt Situationen, die nicht angesprochen werden müssen, weil sie eine zu starke emotionale Betroffenheit auslösen. Es gilt, die Achtung vor dem Leid des anderen zu wahren! Was dem Ratsuchenden wichtig ist, wird er von selbst und zu seiner Zeit erzählen; was uns wichtig ist, können wir ohne Schaden zurückstellen.

• Wagt sie es, *Tabus* beim Namen zu nennen? Für den Ratsuchenden ist es erleichternd zu erfahren, wenn Themen benannt werden, über die zu sprechen er sich fürchtet. Er kann sich weiter vorwagen ohne die Angst, auf Unverständnis zu stoßen oder gar sich lächerlich zu machen. Je selbstverständlicher die Beraterin mit tabuisierten Problemen umgeht, desto sicherer wird auch der Ratsuchende.

• Kann sie die *affektbesetzte Person* aus ihren Äußerungen herauslassen? Läßt die Beraterin die affektbesetzte Person (die Person, die mit dem Ratsuchen in emotionaler Spannung steht) so weit wie möglich aus ihren Antworten heraus, so kann der Ratsuchende über Beziehung und Spannungen zu der betreffenden Person weiter nachdenken. Andernfalls besteht die Gefahr, daß die affektbesetzte Person zum Thema des Gespräches wird; die Beraterin gerät in Versuchung, Partei zu ergreifen, und verhindert dadurch eine selbstkritische Auseinandersetzung des Ratsuchenden mit dem anstehenden Konflikt.

• Fügt sie angemessene *Aktivitäten* in ihre personzentrierte Haltung ein?
Konfrontiert sie mit ausreichender Akzeptanz, so kann das für den Ratsuchenden ein wichtiger Anstoß zur Auseinandersetzung mit sich selbst sein. Das Gleiche gilt für die *Selbsteinbringung:* sie ist dann hilfreich, wenn die Beraterin ihre eigenen, die Beziehung zum Ratsuchenden betreffenden, Gefühle anspricht und sich dabei kongruent und akzeptierend verhält. Sie schadet, wenn sie wertend oder nur auf sich selbst bezogen bleibt (das kenne ich auch). *Impulse* sind dann hilfreich, wenn sie in das Selbstkonzept des Ratsuchenden hineinpassen und nicht als drängend erlebt werden.

• Bringt sie *Gefühle und Kognitionen* zusammen?
a) Benennt die Beraterin nur das Gefühl, dreht sich das Gespräch leicht im Kreis (einer der Gründe, wenn ein personzentriertes Gespräch nicht vorangeht).
b) nennt sie nur äußere Sachverhalte, kann der Ratsuchende seine Gefühlskonflikte nicht aufarbeiten.
c) Entschlüsselt sie die hinter den Sachverhalten liegenden Gefühle oder bringt sie die tieferliegenden Emotionen zur Sprache, intensiviert sich die Selbstexploration.
d) entschlüsselt sie die Gefühle, verbunden mit dem gefühlsauslösenden Moment und zeigt darüber hinaus die Kognitionen auf, so kommt es zur Klärung der gefühlten Bedeutung, eine Voraussetzung zur Veränderung.
Beispiel: „Der Streit in der Familie macht mich ganz kaputt."
a) Sie fühlen sich so richtig zerschlagen.
b) Solche Auseinandersetzungen kommen häufig bei Ihnen vor.
c) Sie sind völlig verunsichert, wenn es aggressiv wird.
d) Das ist sehr bedrohlich für Sie, Sie fürchten sich vor den Folgen.

Gefühl – Auslösung – Kognition

Ebene	Methodischer Schritt		Prozeß
offen liegend	a Gefühl (sekundär)	+ b gefühlsaus- lösendes Moment	→ begleitend
tiefergehend	c tieferliegendes Gefühl (primär)	+ d Kognition (gefühlte Bedeutung)	→ klärend

VII. Protokolle von spezifischen Gesprächssituationen

1. Umkehr aus Einsicht

Das Tonbandprotokoll zeigt, wie heilsam eine Umkehr aus Einsicht ist, und daß sie bei weitem mehr bewirken kann, als ein aufdiktiertes verändertes Verhalten:

G 1: Das ist so, daß ich bei mir auch sehr viel mehr dunkle Seiten entdecke, oder die ich als dunkel einordne; vielleicht sind sie gar nicht dunkel, aber ich hab' so das Gefühl, daß Dinge auftauchen – ich weiß nicht, was ich mit denen früher gemacht habe; ich habe sie mir verboten.

S 1: Sie spüren, daß Sie sich mit Ihrem „Schatten" auseinandersetzen müssen, den Sie früher nicht wahrgenommen haben.

G 2: Ja, verdrängt oder so. Es fällt mir auch schwer, darüber zu sprechen.

S 2: Ich erleb' das jetzt so, daß es Ihnen schwer fällt, das anzusehen. Und es noch auszusprechen, ist eine starke Belastung.

G 3: Da sitze ich fest mit (Pause). Aber wovor habe ich denn Angst? (Pause). Ich glaube sicher, daß es mir auch peinlich ist Ihnen gegenüber.

S 3: Sie möchten sich nicht vor mir preisgeben.

G 4: Ja, genau, genau. Was kriegen Sie für einen Eindruck von mir, wenn ich das sage.

S 4: Sie fürchten, da meine Achtung zu verlieren; das kann nicht sein, daß das bei mir *geborgen* ist.

G 5: Ja genau, aber das ist unbegründet, irgendwie Mißtrauen.

S 5: Was macht sie damit, wie sieht sie mich dann an?

G 6: Ja, genau so. Aber wenn ich das so überlege, denk' ich auch, du bauschst auf …

G 6: Hm, daß das gar nicht so gefährlich ist?

G 7: Eben genau. Ich wehr mich dagegen, alles auszusprechen, was mir durch den Kopf geht.

S 7: Sie möchten das nicht unter Zwang tun.

G 8: Genau das ist es, ja – daß ich manchmal – (es folgt das für den Gesprächspartner Belastende). Ich bin doch entsetzt, daß bei mir so etwas vorkommt.

S 8: Erschrocken?

G 9: Ja genau. Es ist zwar menschlich, aber es setzt sich in mir etwas dagegen zur Wehr –

S 9: – das Ihnen nicht gestattet, auch Mensch zu sein?

G 10: Ja, wobei, wenn ich mir das überlege, ich plage mich derart damit herum, daß ich so einen riesigen Anlauf machen mußte, um darüber zu sprechen, das scheint mir rückwirkend völlig – warum eigentlich? (lacht)

S 10: Sie fragen sich jetzt, warum Ihnen das so peinlich war.

G 11: Ja, genau, und das ist es gar nicht. Aber da ist noch die Frage, wer bin ich eigentlich, wo ich doch ganz anders bin, als ich es bisher glaubte. Was ist das

Wesentliche in meinem Leben? So, was die Kirche sagt, das könnte ich sofort nachsagen, aber es ist eben nur gesagt.

S 11: Ja, rational können Sie es darstellen, aber emotional fällt Ihnen das schwer.

G 12: Ja, wenn ich das versuche auszudrücken, das ist so ganz schwer greifbar. Ich kann das immer nur so zusammenstellen, fragen und zugleich antworten und suchen, so immer in Gegensätzen geht das.

S 12: Ja, das ganze Empfinden ist für Sie in diesen Gegensätzen.

G 13: Ja, es stimmt das eine, es stimmt aber auch das andere.

S 13: So daß Sie beides in sich entdecken.

G 14: Ja, das ist meine vorläufige Antwort, daß ich beides bin, und daß ich auf dem Holzweg bin, wenn ich nur das eine haben möchte.

S 14: Ja, und Sie fühlten sich so unsicher, weil Sie im Entweder-Oder lebten.

G 15: Ja, genau, im Entweder-Oder, weil ich mich entweder als gut oder als böse empfand. Nicht nur rational, sondern auch gefühlsmäßig habe ich mich immer gegen das Böse gewehrt.

S 15: Und jetzt finden Sie es annehmbarer?

G 16: Es nimmt überhaupt Gestalt an. Das ist zum Teil auch erschreckend und schmerzlich. Bisher habe ich das Dunkle so unter den Teppich gekehrt. Jetzt steht es plötzlich da. Ich meine, es stand schon immer da, ich wollte es nur nicht wahrhaben. Das Wichtige ist eben beides.

S 16: Jetzt spüren Sie, daß das eine Einheit ist, das Gute und das Dunkle.

G 17: Ja, und daß ich jetzt wahrscheinlich, daß ich – in gewissen Dingen habe ich das schon immer gewußt, aber daß sich das eben auf das ganze Leben bezieht.

S 17: So etwa, daß das Gute und Böse in einem nicht nur ein Satz ist, sondern Ihr Leben.

G 18: Ja, und daß ich das ernst nehmen muß und auch möchte.

S 18: Ja, Sie möchten das Dunkle ernst nehmen, und – das kommt mir jetzt so, daß Sie dann auch Christus ernst nehmen?

G 19: Ja, ich will mal so sagen – vielleicht ist das dieses Ernstnehmen, wenn ich erlebe, daß ich beides bin – sowohl als auch –, weil es auch zu meinem Wesen gehört – wahrer Menschen und wahrer Gott sagt die Kirche. Das kann ich ja gar nicht anders erleben. Im Grunde ist das jetzt das Hineinnehmen des Glaubens an Christus in mein Leben, wenn ich bejahe, daß da beides ist.

S 19: – daß Sie im Grunde jetzt ernst machen mit dieser Botschaft für sich oder in sich selbst. Es ist keine Formel mehr.

G 20: Ja, so kann ich das sagen, es fängt an, lebendig zu werden. Diese Stunde ist für mich sehr wichtig gewesen

Analyse

Der Gesprächspartner ringt mit sich, das ansprechen zu können, was ihn seit einiger Zeit stark belastet. Es ist ihm peinlich, ein Empfinden, das wir von allen denen kennen, die Schuld oder auch Schuldphantasien, mangelndes Vermögen oder auch nur unter Tabu stehendes Verhalten aussprechen möchten. Die Frage, wieviel Vertrauen er der Beraterin schenken kann, steht im Raum. Jede Ungeduld und jedes Drängen von ihrer Seite würde die Unsicherheit nur verstärken, weshalb abwartende Zurückhaltung geboten ist. Die Seelsorgerin geht deshalb recht behutsam vor (S 5–8) und bringt damit zum Ausdruck, daß sie sich empathisch und zugleich ohne zu drängen in ihr Gegenüber hineinversetzen kann. So fühlt sich der Gesprächspartner verstanden und kann sich korrigieren: seine Verhaltensweise als realitätsfremd erkennen (G 6).

Die empathische Haltung der Seelsorgerin wird besonders deutlich an den Worten (S 4): „bei mir geborgen ist." Es deutet an, was möglich wäre. Für den Gesprächspartner wird hiermit eine neue Erfahrung möglich: Nicht die vermeintliche Gefahr vor dem Urteil des anderen hindert ihn zu sprechen. Vielmehr ist es seine Angst, sich selbst zu verurteilen. Die Gefahr liegt nicht außerhalb seiner selbst, sondern in ihm.

Hiermit verändert sich seine Kognition oder Bewertung des Geschehens: Vom Gefährdetsein zum Aufbauschen. Diese neue Erfahrung kann er in sein Selbstkonzept integrieren und gibt nun zu, die Situation dramatisiert zu haben, um sich selbst zu schützen.

In S 6 nimmt die Seelsorgerin den neuen Impuls unmittelbar auf und gibt damit die veränderte Kognition wieder, womit der Weg zum Bekennen geöffnet ist. Seine nächste Aufgabe liegt nun darin, das, was ihn so belastet hat, in sein Selbstkonzept zu integrieren, es als zu sich gehörig zu akzeptieren. Zugleich stellt sich ihm die Frage nach seinem Sein als Mensch. Der Seelsorgerin fällt es noch schwer, sich in das Erleben des Gesprächspartners hineinzuversetzen – mitzuempfinden, wie es ihm geht. So geht sie erst einmal schrittweise mit dem mit, was sie verstanden hat, ohne tieferliegende Gefühle aufzunehmen (S 9–11).

Erst in S 18 ist ihr ganz nachvollziehbar, daß hier ihr Gesprächspartner um die Akzeptanz des Sünderseins ringt, um das „simul iustus et peccator" – gerecht und Sünder zugleich. Dieser so eminent theologische, bis dahin aber rein rational angenommene Satz nimmt Gestalt an, wird lebendig. Jetzt kann sie die Antwort des Glaubens als Impuls anbieten, ohne daß es eine dogmatische Antwort wäre: „Christus ernst nehmen." Das bedeutet in diesem Fall, sich als fehlbarer Mensch anzunehmen und zugleich zu wissen, nicht verworfen zu sein. Der Gesprächspartner geht seinen Weg weiter (G 19). Es ist das Hineinnehmen des Glaubens in sein Leben. Aus einer angelernten Formel wächst Glaube als Vertrauen.

2. Versöhnung mit der Vergangenheit

G l: Versöhnung hat dann einen Sinn, wenn ich mich mit denen versöhne, die etwas gegen mich haben. Und jetzt zu meinem Vater. Was macht es mir jetzt möglich, mit weniger Angst auf ihn zuzugehen, obwohl er nach wie vor enorme Vorbehalte hat. (Beschreibt ein Verhalten seines Vaters, das er als starke Abwertung erlebt hat.)

S 1: Für Sie kommt es so an, als wenn er Ihnen eins versetzen möchte.

G 2: In der Situation ja. Das heißt dann nämlich: Ihr, die ihr alle hier mit meinem Sohn redet, ihr seid zu blöde, überhaupt die Voraussetzung zu kapieren, die dieser ganze Glaube hat: nämlich ihr habt gar keine, das ist eine Fiktion, daß Jesus gelebt hat. Ihr lauft einem selbstgemachten Bild nach.

S 2: Sie empfinden das so, daß Ihnen der Boden unter den Füßen weggezogen werden soll.

G 3: Ja, das ist im Moment wie Verdammung.

S 3: So daß Sie sich eigentlich immer, wenn er so etwas sagt, verdammt fühlen, es nicht als seine Vorstellung sehen, sondern es gleich auf sich beziehen.

G 4: Ich muß es so sagen. Früher war das auch so. Heute hat er es nicht so expressis verbis formuliert, aber da diese Erinnerung nachklingt, kommt das Alte wieder hoch. Es hat aber nicht mehr das Gewicht. Das war auch angenehm zu spüren.

S 4: Ja, Sie spüren sofort wieder diese Betroffenheit von früher, aber es erreicht Sie nicht mehr so.

G 5: Genau, die Bedeutung ist geringer. Das fand ich dann auch angenehm. Und dann – das war wie so ein kleiner Erlösungsschritt – dann habe ich mit einem Freund darüber geredet, und er sagte dann: „Also du bist nicht verdammt, dein Vater verdammt dich." Das ging mir so auf.

S 5: Er sendet etwas, und Sie fragen sich, warum Sie das annehmen.

G 6: Genau; und daß ich es annehme, ist meine Verantwortung, und die schiebe ich ihm unter.

S 6: Sie sagen, es ist Ihre Verantwortung, daß Sie das mit sich machen lassen?

G 7: Ja, also das spüre ich deutlich. Jedenfalls im Erleben war das erst einmal eine wohltuende Kerbe. Da bin ich endgültig so drauf gekommen: du bist nicht verdammt, dein Vater verdammt dich. Und da wurde mir überhaupt erst meine Verantwortung bewußt, daß ich zu leben und zu handeln habe wie einer, der nicht verdammt ist. D a s ist meine Aufgabe.

S 7: Daß Sie gerade merken, diesen Vorwurf möchten Sie nicht annehmen, sondern von sich trennen.

G 8: Ja genau. Die Trennung ist meine Aufgabe, diese Trennung. (Pause) Er sagt etwas zu mir, und jetzt kommt es drauf an, daß ich im Moment auch hören kann, für ihn ist das notwendig, das jetzt so auszusprechen – aus welchem Grund auch immer.

S 8: Irgendwo wird es jetzt für Sie leichter zu spüren, daß das s e i n Problem ist, s e i n e Schwierigkeit.

G 9: Und an der Stelle, das merke ich deutlich, das hätte ich gerne klarer, um bei ihm sein zu können, warum er das nötig hat. Dann könnte ich ja auch mehr mitschwingen mit ihm. Das ist mir aber noch dunkel.

S 9: Irgendwo sehnen Sie sich danach, das Verständnis für ihn zu finden. Was ist mit ihm, daß er sich so verhält, was treibt ihn.

G 10: Genau. Und das ist mir ziemlich dunkel, und da bin ich im Moment resigniert, weil ich meinte, öfter schon mal gefragt zu haben und da kommen irgend welche abstrusen Weltanschauungen, aber nicht sein Erleben.

S 10: Sie möchten sein Erleben irgendwie erfassen und nicht mit Ideologien abgespeist werden.

G 11: Richtig, und dieser Kontakt, der ist eben wirklich schwer. Um der Akzeptanz willen möchte ich nachfragen, und das geht immer nicht.

S 11: Das macht Sie auch ein wenig hilflos, die noch offene Frage: Was erlebt er, warum tut er das – oder auch, warum braucht er das?

G 12: Ja, ich glaube, wenn ich das wüßte, dann könnte ich für mich in Anspruch nehmen, daß ich dann ausgesöhnt wäre. Das ist es, – ja.

S 12: In dem Moment, wo Sie verstehen können, wo Sie begreifen können, was für Schwierigkeiten er hat, daß er sich so verhalten muß, da glauben Sie eben auch, ihn akzeptieren zu können und damit Versöhnung zu haben.

G 13: Ja, eben, wo Sie das so sagen, gingen meine Phantasien weiter. Dann könnte ich auch Fürbitte für ihn halten. Das wäre für mich ein Ausdruck von Versöhnung.

S 13: Wenn es Ihnen möglich ist, ihn Gott anzuvertrauen, – daß das für Sie der Weg der Versöhnung ist.

G 14: Ja genau, so ist es, und das kann ich nicht, solange ich noch auf der Hut bin. Dann spüre ich das immer wie so einen Druck, wie eine moralische Verpflichtung, das kommt aber nicht vom Herzen. Vom Herzen käme es, wenn ich ihn verstanden hätte. Vom Kopf her kannst du das jetzt alles so regeln.

S 14: Ja, „aber vom Herzen bin ich da noch nicht."

G 15: Richtig, ja und darum ist das ein unangenehmer Rest, das stimmt. Nächsten Mittwoch besuche ich ihn und es ist ein Schritt für mich, den unterschwelligen abfälligen Ton auch ansprechen zu können, ohne auf Rache aus zu sein.

S 15: Sie spüren jetzt so, Sie werden sich nicht mehr in den Sog der Angriffs- und Verteidigungshaltung hineinziehen lassen.

G 16: Richtig. Der Sog ist weg – der Sog ist weg. In den letzten eineinhalb Jahren erlebe ich so, daß er einerseits mir zugewandter ist, aber es gibt zugleich kräftige Reste an Vorbehalten. Und ihn richtig mit meiner Wahrnehmung konfrontieren, das könnte ich jetzt ohne Ressentiments. Das könnte sein, daß das eine Tür öffnen könnte, diese Art, daß er dann auch von seinem Erleben – es könnte ja sein.

S 16: Sie hoffen, wenn Sie sie öffnen, – nicht mehr so in der Verteidigung sind, daß das auch ihn öffnen könnte.

G 17: Ja, daß mir sein Erleben noch deutlicher wird, so: „ach so bist du, das quält dich", wobei – das merke ich jetzt auch – er mich in der Wurzel, also das, was mir Glaube bedeutet, gar nicht in Frage stellen kann im Gegensatz zu früher. Als ich selber noch so unsicher war, hat er meine Wurzeln ja kappen können.

S 17: Sie sind sich Ihrer selbst jetzt sicher genug, um ohne Affekte mit ihm sprechen zu können.

G 18: Ja, ich glaube, daß ich im Tiefsten keine Angst haben muß, daß er mir die Wurzeln rauszieht.

S 18: Wenn Sie das so sagen, kommt es mir so vor, Sie sind nicht mehr der kleine Junge, den er am Schopf ergreifen kann. (Ach ja, ja) Sie stehen ihm jetzt gegenüber.

G 19: Stimmt, ja, ich bin ihm jetzt gewachsen. Und ich kann ihm seine Art lassen, weil ich auch meine habe. Ich muß ihm ja auch seine Bilder lassen.

S 19: Sie spüren jetzt, daß Sie zwar beide an verschiedenen Polen sind, aber der Strom kann sich auch treffen.

G 20: Ja, oder gerade deswegen, weil beide – also der Punkt ist schon, ich kann noch so überzeugt sein, daß ich fest stehe, und doch war es ihm möglich, mich zu verunsichern.

S 20: Fast als staunen Sie jetzt, daß das nicht mehr so ist?

G 21: Nicht mehr so sein muß, also im Moment bin ich ja eher im Ausprobieren. Ich habe eher das Gefühl, daß ich mir jetzt zutrauen kann, fest zu bleiben.

S 21: Sie fühlen sich jetzt stark genug, ihm auch als Partner zu begegnen.

G 22: Ja, ich bin ganz sicher, ja (holt tief Luft). Ja, es ist doch verblüffend klar. Es war einmal die eigene Angst um mich selber, die mich nicht versöhnen ließ.

S 22: Daß diese Angst um Sie selbst Ihnen im Wege gestanden hat, sich auszusöhnen und ihm als Partner zu begegnen – die Angst, er zieht Sie am Schopf wie früher.

G 23: Ja, und läßt mich in der Luft baumeln. Stimmt, das war die Urkränkung. Ich hatte eine rasende Wut, weil er mir den Boden unter den Füßen wegzog, aber ich habe ihn mir auch wegziehen lassen!

S 23: Und jetzt haben Sie das nicht mehr nötig.

G 24: Ja, mich in dieser Weise jedenfalls nicht in Frage stellen zu lassen. Und ich merke, wenn ich das so sage, welches dicke Polster da drinhängt an Wut, (ja) es war ja ein unendliches Knäuel.

S 24: Sie merken so richtig, wie es wieder hochkommt, wenn Sie so dieser Angst begegnen, er könnte Sie „aus der Erde reißen“.

G 25: Ja, und das finde ich jetzt so schön, daß das in dem Maß weg ist, wie ich meiner Sache sicher bin. Das ist eigentlich meine Aufgabe.

S 25: Daß es Sie jetzt erleichtert. Ihre Aufgabe ist nicht, ihn zu verändern, sondern Ihre Aufgabe ist es, ihm keine Macht über sich zu geben.

G 26: Ja, so ist es. Das ist sozusagen, – da versteckt sich – etwas nicht zuzulassen – die ganze Arbeit drin. Was mich dabei beruhigt, ist, daß die vollständige Verantwortung für eine Veränderung bei mir liegt. Ich bin gar nicht mehr abhängig von seinem Verhalten.

S 26: Das selbst in der Hand zu haben, erleichtert Sie so. Damit fühlen Sie sich frei und können eigentlich, was Sie wollen, selber schaffen.

G 27: Das finde ich jetzt ganz klar und gut. Der Rest ist, es geht mir ja darum, ihn zu verstehen, da finde ich noch so ein Risiko. Da fühle ich mich schon noch angewiesen, daß er ein bißchen sich verstehbar macht für mich, so daß ich ihn wirklich lassen kann und dann auch von Herzen Fürbitte halten kann.

S 27: Nicht, weil Sie es sich vornehmen, sondern weil Sie es sich wünschen.

G 28: Das ist der richtige Ausdruck.

S 28: Das ist so wichtig, daß Sie hierfür einen Weg finden.

G 29: Ja, dann ist es nichts Gemachtes, Überhebliches – hat dann auch kein Gefälle, für jemanden zu beten.

S 29: Das ist so jetzt Ihr Streben: diese Versöhnung mit ihm noch zu erleben.

G 30: Das ist wirklich so, wenn das noch vorm Sterben sein kann, ist das wirklich ein guter Abschied oder Abschluß.

S 30: Dann haben Sie so das Gefühl, mit Ihrem Vater und der Vergangenheit versöhnt zu sein.

G 31: Ja, das ist dann ja auch fÜr mich gut, weil es mich auch so befreit von diesen Rachegefühlen. Und wenn das stimmt mit mir, was ich da tue, dann bin ich
auch selber Gott dankbar, daß es so weit gekommen ist. War eine schwere Arbeit, aber ich sehe das Ziel vor Augen. Es stimmt dann so, wie ein Psalm sagt,
daß mein Herz auch ruhig ist.

Gliederung

G 1–4   Das Erleben des urteilenden Vaters
G 5–7   Eigene Verantwortung wird vom Verhalten des Vaters getrennt
G 8–11   Bemühen, seinen Vater zu verstehen
G 12–13   Fürbitte als möglicher Ausdruck der Versöhnung
G 14–16   Verhältnis von Vater und Sohn
G 17–20   Neue Einstellung zum Vater
G 21–26   Erkennen eigener Anteile am Konflikt
G 27–28   Fürbitte als Ausdruck gelungener Versöhnung
G 30–31   Hoffnung auf seelische Ruhe

Analyse

Es handelt sich um einen Protokollabschnitt eines einmaligen Gespräches. In
dem vorgestellten Teil bemüht sich der Gesprächspartner, mit seinem Vater zur
seelischen Verständigung zu kommen, mit dem er bis dahin ein gespanntes Verhältnis gehabt hat. Erfüllt von der Vorstellung, dann Ruhe zu finden, möchte er
vor dem Sterben seines Vaters sich mit ihm versöhnen, und zwar von Herzen und
nicht nur aus einem bloßen Vorsatz heraus. Das Bild von der teilnehmenden und
nicht arroganten Fürbitte ist als Ziel zu verstehen, das er anstrebt. Die Beraterin
nimmt empathisch auf, wie sie sein Erleben bei den Angriffen des Vaters empfindet; sie beschönigt nichts, bemüht sich aber gleichzeitig darum, seine Gefühle
dem Vater gegenüber nicht zur Realität zu machen: („Für Sie kommt es so an",
(S 1), „empfinden das so" (S 2) „beziehen es auf sich" ·(S 3) (vgl. S. 112). So
kann der Gesprächspartner in G 4 sein Gefühl relativieren und merken, wie angenehm das für ihn ist. Die Gefühlsbedeutung des Erlebens verändert sich. Mit
diesem neuen relativierenden Gedanken geht die Beraterin gleich mit: „es erreicht Sie nicht mehr so" (S 4). Der Gesprächspartner kann gleich bei seiner
neuen Gefühlsbedeutung weiterdenken. Das Gespräch dreht sich nicht im Kreise,
wie es leicht geschieht, wenn der fortschreitende Prozeß übersehen wird. So fällt
ihm das Wort seines Freundes ein, daß er nicht verdammt sei, sondern sein Vater
ihn verdamme (G 6). Dieses beides voneinander zu trennen und zu verstehen,
warum für seinen Vater ein solches Verhalten notwendig ist, ist durch die Äußerung der Beraterin jetzt möglich: Sie geht nicht auf die affektbesetzte Person ein
(Vater), sondern beschränkt sich auf den Wunsch des Gesprächspartners, seine
Beziehung zu klären.
Damit ist der entscheidende Schritt getan, das Erleben mit einer neuen Gefühlsbedeutung zu verbinden, die alten Kognitionen zu überwinden (vgl. S. 32). Die
Beraterin geht wieder gleich darauf ein: „daß das sein Problem ist, seine
Schwierigkeit" (S 8). So kann der Gesprächspartner dem Gedanken nachgehen,

wie er das Verhalten seines Vaters besser verstehen könnte – für ihn eine Voraussetzung der Aussöhnung.

Die Beraterin hat keinerlei Schwierigkeiten, den Wunsch des Gesprächspartners nachzuempfinden. Sie geht in ihrer Antwort noch einen Schritt weiter: „warum braucht er das" (S 11) „daß er sich so verhalten muß" (S 12), womit sie, ohne Partei zu ergreifen, seinen Prozeß unterstützt, den Vater verstehen zu wollen.

Sie erwähnt hier zwar die affektbesetzte Person, doch nur in Form der Anfrage des Gesprächspartners an seinen Vater. Als der Gesprächspartner andeutet: „ohne auf Rache aus zu sein", nimmt sie wieder das neue Signal auf und führt den Prozeß weiter: „sich nicht mehr in die Angriffs-Verteidigungshaltung hineinziehen" zu lassen (S 15). Das läßt den Gesprächspartner hoffen, sich mit seinem Vater als Erwachsener austauschen zu können, auch wenn sie von ganz verschiedenen Einstellungen her zu ihren Urteilen kommen. Hier verändert sich seine Kognition von dem Gefühl, Opfer zu sein, zum Wissen hin zur eigenen Verantwortung. Mit den Worten: „Fast als staunten Sie jetzt" (S 20) spricht die Beraterin das gegenwärtige Gefühl an, das durch das Verändern der Kognition ausgelöst wird. So geht sie in dem Prozeß mit, ohne zu treiben, aber auch ohne zurückzubleiben. Es kommt zu der Erkenntnis G 23: „Ich hatte eine rasende Wut, weil er mir den Boden unter den Füßen wegzog, aber ich habe ihn mir auch wegziehen lassen." Der Weg zum erwachsenen Verhalten ist frei. Die Schuld wird nicht ausschließlich beim anderen gesucht, sondern der Gesprächspartner fragt sich, wo die eigenen Anteile am Konflikt liegen. Seine Aufgabe sieht er darin, nicht den anderen verändern zu wollen, sondern selbst anders zu reagieren. Noch einmal geht die Beraterin auf diese positiven Gefühle ein: „Das selbst in der Hand zu haben, erleichtert Sie so, damit fühlen Sie sich frei …" (S 26). Er kommt noch einmal auf die von Herzen kommende Fürbitte zurück, die er als Ziel und Ausdruck der Versöhnung vor Augen hat. Frei von quälenden Rachegedanken hofft er, in seinem Herzen ruhig zu werden (G 33).

Das Gespräch ist ein Beispiel dafür, wie eine Haltung des Dabeiseins ohne Wertung, ohne eigene Zielvorstellungen oder Beeinflussung den Gesprächspartner zu einer Klärung seiner Probleme führt. Es zeigt weiter, wie die Kognition sich verändert und die Gefühlsverwirrung sich auflöst. Der Gesprächspartner kann aus eigener Überzeugung ohne Überheblichkeit und ohne den Sog, sich in die Verteidigungshaltung hineinziehen zu lassen, seinen neuen Weg der Versöhnung gehen. Er ist gefühlsmäßig nicht mehr von „einem bösen Vater" bestimmt, der an allem die Schuld trägt und von daher eine eigene Entwicklung zum erwachsenen Verhalten blockiert. Die Erfolge der Gesprächspsychotherapie und der annehmenden Seelsorge sind mit Sicherheit auch darauf zurückzuführen, daß nach berechtigtem Zorn auf Vergangenes auch die Versöhnung gelingt, so daß die Gegenwart ohne alte Zwänge gelebt werden kann. Das Alibi, der andere hat Schuld, daß ich so bin, löst sich auf und macht der Eigenverantwortung Platz. Er erkennt, daß es in seiner Entwicklung nicht nur Opfer und Täter gibt, sondern jeder an seinen Beziehungen und seinem Gewordensein auch verantwortlich mitwirkt.

3. Gespräch mit einem depressiven Ratsuchenden[1]

Vorgeschichte

Der Gesprächspartner kommt wegen zeitweise recht belastender Depressionen wöchentlich einmal zum Gespräch. Während der ersten acht Kontakte bessert sich sein Befinden zusehends. Die Einsicht, schwelende Ehekonflikte hätten viele seiner Schwierigkeiten herbeigeführt, veranlassen ihn, Gespräche in aufgeschlossener und offener Weise mit seiner Frau zu führen. Nach der achten Stunde gerät er zunächst in eine etwas euphorische Stimmung, eine zu diesem Zeitpunkt nach unseren Erfahrungen fast regelmäßig auftretende Erscheinung.

Wird eine Gesprächsreihe aufgrund der nachlassenden seelischen Spannungen bereits als beendet angesehen, ohne daß die Ursachen genügend geklärt worden sind, kann es zu Rückfällen kommen, weil naturgemäß die euphorische Stimmung nicht durchhält. Deshalb ist eine seelsorgerliche Beratung über diese Phase hinaus notwendig, bis der Gesprächspartner in der Lage ist, seine Gefühle realistisch einzuschätzen und mit seinen Problemen angemessen umzugehen.

Bei dem folgenden Protokoll handelt es sich um den 11. Kontakt, der durch einen solchen Rückfall gekennzeichnet ist.

Protokoll

Das Gespräch ist wörtlich von der Tonbandaufnahme übernommen. Unwesentliche Auslassungen sind aus Gründen der Schweigepflicht nur da vorgenommen worden, wo Beruf oder Familiensituation zu deutlich hervorgetreten sind.

G 1: Mit mir ist nichts los diese Woche, also katastrophal. Seit Montag werde ich von Tag zu Tag immer müder oder abgeschlaffter. Da ist gar kein Grund, das ist das Putzige an der ganzen Geschichte. Ich fühl' mich also müde und so deprimiert, wie schon lange nicht mehr. Wahrscheinlich ist das einfach 'ne neue depressive Phase.

S 1: – daß Sie jetzt das Gefühl haben, so wieder ins Negative zu rutschen.

G 2: Ja. Wahrscheinlich. Seit Montag, die ganze Woche hindurch. Morgens, daß ich nicht aus dem Bett komme und so blöd träume und dann nicht aufstehen kann. Mich immer zwingen muß, dann überhaupt aus dem Bett zu kommen. So'n blöden Druck im Kopf. Wahnsinnig müde und so – gefühlsnivelliert, wie ich immer dazu sage. Mir ist alles so egal. Ich mache meine Arbeit, nur weil ich sie machen muß, aber –

S 2: Es ist alles so'n bißchen von Ihnen weg.

G 3: Es ist so alles – ich kann mich nicht freuen, kann auch nicht heulen, so ein Mittelding, widerlich. Dann ärger ich mich, weil ich dann denk', du hast überhaupt keinen Grund, warum kommst du jetzt wieder in solch eine blöde Phase?

S 3: Das ärgert Sie im Grunde, daß das so über Sie kommt.

G 4: Ja, daß ich gar nicht weiß, warum, – daß das jetzt plötzlich wieder so über mich kommt. Wenn ich einen Anlaß hätte, dann würde ich sagen, na gut, aber ich habe überhaupt gar keinen.

S 4: Sie fühlten sich im Beruf und zu Hause eigentlich so ganz ausgewogen, und dann – daß das so einfach Sie überfällt.

124

G 5: Hm, so richtig schlagartig. Am Wochenende, da ging das noch –

S 5: Es ist kein Auslöser gewesen, das ist für Sie so schwierig.

G 6: Ja, das belastet mich wirklich, weil ich ebenso – so diese wahnsinnige Antriebshemmung, das ist das Schlimmste, daß ich nur widerstrebend tue, was ich eben tun muß, aber mich immer innerlich treten muß, weil ich das sonst nicht kann. Und am liebsten habe, wenn es ginge, den ganzen Tag auf dem Sofa irgendwo 'rumläge. Aber das ist an sich etwas, was mir ja gar nicht so gemäß ist. Wenn ich positive Tage habe, dann bin ich ja ganz aktiv.

S 6: Sie erleben das so richtig als etwas Fremdes?

G 7: Ja, daß meine Gedanken richtig verlangsamt sind, daß es mir schwer fällt, mir irgend was zu überlegen. Gar keine Lust. Das strengt alles irgendwie an.

S 7: Hm. Am liebsten würden Sie sich völlig fallenlassen.

G 8: Ja. Ich würde am liebsten nur so dasitzen und vor mich hindösen, ohne irgend etwas zu tun oder auch zu hören. Na ja, ich meine, es enttäuscht mich wahrscheinlich auch ein bißchen, wieder so abgerutscht zu sein.

S 8: Ja, diese Enttäuschung, daß es eben doch nicht ganz in Ordnung ist, quält Sie.

G 9: Ja. An sich war ich so ganz stolz innerlich, empfand das so alles als deutlichen Fortschritt, daß ich die Depressionen mal los war. Und jetzt kommt das also wieder so hochgradig. Ich könnte es eben akzeptieren, wenn irgend was los gewesen wäre oder ich total überlastet wäre oder irgend so etwas. Dabei ist nichts davon der Fall. Und trotzdem kam das eben so ganz schlagartig.

S 9: Dieses Unbegreifliche, das Unfaßbare, das ist es, was Sie jetzt so beunruhigt.

G 10: Hm. Sonnabend abend waren wir noch eingeladen. ich meine, ich bin ja nie so übermütig oder auffallend fröhlich oder gelöst, wenn wir irgendwo unter fremden Leuten sind. Aber ich war an dem Abend auch nicht besonders müde oder abgespannt, da hatte ich irgendwie das Gefühl, ich verhielte mich ganz normal. Am Sonntag war ich zwar wieder müde, aber es war sonst auch alles in Ordnung.

S 10: Ist es so, daß Sie das ein wenig als Niederlage erleben?

G 11: Ja, Und eben als wahnsinnige Behinderung. Ich weiß nicht, wie ich nächste Woche meine Arbeit noch schaffen soll … (berichtet von seiner Arbeit.)

S 11: Hm. Sie fürchten, daß es länger dauert.

G 12: Ja. Ich hab' das – jetzt diese Tage das Gefühl, es wird von Tag zu Tag schlechter. Ich bin also eher müder. Ich darf gar nicht an meine Arbeit denken.

S 12: Ist es so, daß Ihnen alles jetzt so bevorsteht, was so auf Sie zukommt?

G 13: Ja, das ist mir im Moment wieder alles so richtig egal, was ich unternehme. Nichts, was nicht irgendwie sein muß, also wozu ich nicht direkt unmittelbar gezwungen bin. Alles, was sonst so ist an Dingen, das laß ich einfach liegen. Das wird eben nicht gemacht (Beispiele, was liegenbleibt). Ich hab' einfach schlicht und ergreifend keine Lust. Ist mir egal. Mach' das eben nicht. Muß sagen, mit meiner Arbeit ist es auch so, was eben nicht unbedingt sein muß, wo ich sozusagen nicht drüber falle, das mache ich eben nicht.

S 13: Ja, daß Sie im Augenblick praktisch so ganz – ja so ganz besonders hohe Überwindungsschwierigkeiten haben.

G 14: Ja. Ich muß mir also einen unglaublichen Ruck geben, wenn ich – also das Aufstehen ist das Schlimmste eigentlich fast. Dieses Du-mußt-Aufstehen, es hilft alles nichts, du mußt, das ist gräßlich, daß ich also nicht so aufstehe nach dem Gefühl: So, jetzt stehst du auf. Das wäre viel schöner, aber es geht einfach nicht. Ich muß mich dann also wirklich gewaltsam aus dem Bett hochreißen.

S 14: So daß Sie sich immer peitschen müssen, sozusagen.

G 15: Ja, genau. Und dann auch wieder so blöde alte Träume, die ich lange nicht gehabt habe. Die dann immer so in den Morgenstunden auftreten und dann zu so innerlichen Unruhen führen. Das macht mich fertig.

S 15: Es nimmt Sie so mit, daß das wiedergekommen ist.

G 16: Das enttäuscht mich auch etwas an mir selber, daß das wiedergekommen ist, und daß ich da keinen direkten Anlaß habe.

S 16: Sie hofften, das für immer überwunden zu haben.

G 17: Hm. Und in dieser Phase, das ist so mit meinen Gedanken, das ist irgendwie so nivelliert, das ist so unheimlich sprunghaft, so – das ist so weg, wenn ich was sagen will.

S 17: Das ist dann wie blockiert.

G 18: Ja, irgendwie blockiert, irgendwie so in weiter Ferne, daß ich also gewisse Dinge auch gar nicht drüber nachdenke, so nach dem Motto: „Bloß nicht denken", so –

S 18: Ja, daß auch so in der Gedankenwelt so praktisch die Aktivität behindert ist.

G 19: Ja. Es fällt mir recht schwer, irgendwie eine Entscheidung zu treffen, wenn ich in so einem Zustand bin. Dann muß ich mich richtig zwingen, in Ruhe zu überlegen, was ist nun Sache, was machst du jetzt, während ich da sonst keine Schwierigkeiten habe. Ich merk' das dann richtig, wie träge das bei mir kommt.

S 19: Zähe Gedanken so?

G 20: Ja, das finde ich unwahrscheinlich hinderlich. Man hat irgendwie so das Gefühl, man steht neben sich, als ob man das gar nicht selber sei.

S 20: Sie erleben sich in dieser Zeit so ganz anders als sonst.

G 21: Ja, das ist komisch. Früher hab' ich immer die Gedanken damit verbunden von Schnee und Kälte. Letzte Nacht hab' ich einen Traum gehabt, der sich im Schnee abspielte, fällt mir gerade ein. Wahrscheinlich ist das kein Zufall gewesen, das war immer so – die ich in meinen Depressionen hatte, – so Gedanken von Schnee, irgendwo im Wald – und Kälte und im Schnee liegen, ganz komisch, das kam immer wieder, daran erinnere ich mich.

S 21: So daß Sie sich in dieser Zeit sehr nach Wärme sehnen.

G 22: Ja, das stimmt, das ist mir nicht so aufgefallen. Ich habe jemanden, der auch unter Depressionen litt, so meinen Zuspruch brauchte, so daß ich kurz mal dachte, wer spricht dir denn eigentlich zu. Das habe ich dann gleich wieder fallen gelassen, weil ich denn sonst fand – das war also – das stimmt, da haben Sie recht, dann ist da also wirklich wieder der Wunsch nach Geborgenheit und zwar übermächtig, nicht?

S 22: So daß Sie das Gefühl haben, Sie frieren und Sie sind nicht richtig gewärmt sozusagen.

G 23: Ja, obwohl ich dazu keinen Grund habe. Meine Frau gibt sich wirklich alle Mühe und ist lieb und nett, ich weiß nicht.

S 23: Sie haben das Gefühl, das kommt nicht so von außen, sondern mehr von innen heraus, dieser Wunsch.

G 24: Na ja, das liegt – das kommt aus mir selber offensichtlich; da kommt wahrscheinlich irgend eine Grundstörung wieder zutage. Das ist auch eigenartig, daß ich jetzt wieder mehr an einen Menschen denke, der mir dieses Bedürfnis nach Geborgenheit, nach Anlehnung, sehr ausgeprägt vermittelt hat.

S 24: Sie möchten dann immer so in diesen Situationen sich anlehnen.

G 25: Ja, nach dem Motto: „So mach' du doch mal für mich." Dabei habe ich doch keinen Grund, zu Hause irgendwie mich zu beklagen, daß ich zu wenig emotionale Wärme hätte, gar nicht. Meine Frau ist wirklich ganz zugewandt. Ich bin ja im Moment auch gar nicht in der Lage, irgend welche Zuwendung groß aufzunehmen und zurückzugeben, das kann ich gar nicht – nicht? – das ist unmöglich.

S 25: Sie sind froh darüber, daß Ihre Frau Ihnen das gibt.

G 26: Ja, bin ich auch.

S 26: – daß Sie da so ein bißchen Geborgenheit auch spüren und gerade von daher sich etwas wundern, daß Sie diese Kälte empfinden.

G 27: Ja eben, das ist – früher hab' ich das immer andersrum – daß ich gesagt habe, na ja, ich bin wieder depressiv, weil sie sich nicht genug um mich kümmert. Ich hatte jedenfalls immer einen plausiblen Grund parat. Und diesmal hatte ich keinen, und dadurch ist die Situation wahrscheinlich etwas anders als sonst.

S 27: Für Sie unsicherer, dieses Unerklärliche.

G 28: Ich hab' wirklich keinen, im Gegenteil. Ich könnte also froh und dankbar sein, daß ich – daß alles so gut geht zu Hause, und jetzt mach' ich praktisch wieder eine Kehrtwendung. Das enttäuscht mich offensichtlich an mir selber am meisten. Ich muß mich jetzt innerlich irgendwie damit abfinden, aber auf der anderen Seite nicht die Möglichkeit sehe, das zu ändern, ich kann einfach nicht.

S 28: daß Sie sich jetzt innerlich abfinden, sich von Ihrer Frau etwas zurückzuziehen.

G 29: Ja, ich meine durch meine Gefühlsverflachung z.Z., die ich ganz deutlich spüre.

S 29: Ja, es tut Ihnen leid, daß Sie im Moment nicht auf sie eingehen können, auf ihre Wärme, aber Sie möchten das auch akzeptieren können.

G 30: Ja, hm. Ich hab' bis jetzt auch nichts gesagt. Ich hab' gedacht, das wird sich schon geben, paar Tage, und dann ist es wieder gut. Aber wahrscheinlich müßte ich doch mal, wenn es jetzt nicht so schnell geht – daß ich doch sage, was los ist, damit sie sich darauf einstellen kann, daß ich wieder so putzig mich benehme.

S 30: Ja, Sie möchten nicht, daß dadurch wieder irgend was …

G 31: Ja, daß sie daraus wieder falsche Schlüsse zieht und das Gefühl hat, ich hab' was gegen sie. Es ist ja nur mein blöder Zustand.

S 31: Sie hoffen, daß dadurch keine Mißverständnisse kommen.

G 32: Sie hat dafür Verständnis, da bin ich ganz sicher.

S 32: Sie fühlen sich da von ihr angenommen an der Stelle.

G 33: Ja, jetzt inzwischen kann sie das so gut wie es geht verstehen. Ich meine, das ist sowieso – glaube ich – für einen Außenstehenden, der nicht selbst eine Depression gehabt hat, – ist das ja kaum nachzuvollziehen, wie man sich da überhaupt fühlt, – aber sie gibt sich ja wirklich alle Mühe, wenn ich das sage, das zu akzeptieren. Das tut sie, ja, das muß ich ja sagen. Ich meine, daß sie das nicht nachempfinden kann, das ist mir völlig klar, das ist eine Überforderung.

S 33: Ja, Sie sind im Grunde zufrieden damit, wenn sie Sie überhaupt so annimmt, und das möchten Sie ihr auch zumuten.

G 34: Ich glaube, ich sollte ihr das vielleicht doch sagen, weil ich eben die Befürchtung habe, das zieht sich noch ein paar Tage hin. – Pause –

S 34: da sind Sie unsicher, ob Sie es ihr jetzt noch sagen sollen oder nicht. Sie möchten es ihr sagen, wenn –

G 35: Ja, also, furchtbar gern habe ich da nie drüber gesprochen. Am liebsten würde ich das für mich behalten in der Hoffnung, daß es sich dann schon wieder geben würde. Ich werde zu Hause aber nun was sagen müssen, einfach damit sie nicht wieder falsche Schlüsse zieht, wenn sie mich hängen sieht, weil ich ja dann auch die Tendenz habe, abends möglichst sofort ins Bett zu gehen, weil ich überhaupt keine Lust habe, irgend etwas zu machen oder was zu lesen, Musik zu hören, gar nichts. Das einzige ist das Bett.

S 35: Sie fürchten, sie könnte das einfach falsch verstehen.

G 36: Ja, früher hab' ich das ja oft so quasi als Ausrede benutzt, so nach dem Motto: „wenn ich im Bett liege, dann ist der Tag abgeschlossen", nicht? Und heute ist das ja inzwischen anders geworden. In letzter Zeit war das ja auch gut, aber na ja –

S 36: Das ist enttäuschend für Sie, daß das schon so schön war und wieder anders ist.

G 37: Ja, das ist so, man muß einfach gewisse Rückfälle mit einkalkulieren. Das ist ja auch insofern kein Drama, ich weiß, was es ist, und behandlungsfähig ist es ja auch. Jetzt nur die Phase zu überstehen, bis es halt wieder so weit ist, da muß ich mich halt ein bißchen durchschleifen die Tage.

S 37: daß Sie irgendwie das jetzt so ansehen als etwas, ja –

G 38: Ja, das hilft nichts, ich muß mich damit abfinden, daß es wieder mal aufgetreten ist.

S 38: – daß es wieder mal kommen kann. Sie möchten Ihrer Enttäuschung nicht zu sehr Raum geben.Sie möchten das irgendwie angucken können, daß das eben so ist.

G 39: Ja, es bleibt mir ja auch gar nichts anderes übrig – nicht? –, als einfach zu akzeptieren; es nützt ja nichts. Ich muß auch ehrlicherweise sagen, daß ich doch eine ganze Menge Phasen überwunden habe, es ging doch eine ganze Weile gut. Vielleicht war ich zu optimistisch.

S 39: Sie waren so froh und haben nicht mehr mit einem Rückfall gerechnet, möchten das aber bejahen.

G 40: Ich habe zu dem Zeitpunkt nicht damit gerechnet, das muß ich ehrlich sagen, weil es wirklich nach der letzten Stunde mir sehr gut ging, und eben nichts Schwerwiegendes, überhaupt nichts, was man irgendwie – wo man sagen könnte, „das ist es gewesen", heranziehen kann.

S 40: Das macht Sie so unsicher –

G 41: Das macht mich unsicher, ja genau.

S 41: da ist nichts, was Sie annehmen können.

G 42: Sonst hatte ich immer irgend was, wo ich sagen konnte, da und daran hat es gelegen, das und das war's, und diesmal gar nicht.

S 42: Das stört Sie, daß Sie Ihr Kausalitätsbedürfnis nicht befriedigen können.

G 43: Das kann ich nicht befriedigen, das stimmt. Sonst kann ich immer noch sagen, ich muß übermäßig viel arbeiten, aber das muß ich auch nicht. Das, was ich im Moment mache, ist ganz normal und durchaus nicht irgendwie eine Streßsituation, gar nicht, im Gegenteil, ich habe in letzter Zeit das Gefühl gehabt, ich habe nicht genug zu tun. Aber das ist einfach so, daß diese Kollegin, die ich habe, durch ihre Aktivität mir so viel Unruhe wegnimmt, daß ich die gar nicht mehr so merke, so daß auch mein Arbeitstag wesentlich ruhiger verläuft, als das früher der Fall gewesen ist. Wobei ich auch blödsinnigerweise beunruhigt bin, weil ich mir dann einbilde, wir hätten weniger zu tun, ich hätte nicht so viel wie sonst, und all so'n Kram geht mir da durch den Kopf, völliger Quatsch.

S 43: Ist es so, daß Sie gleich Angst haben, wenn irgend was anders geht, daß Sie da – ich bin gerade unsicher, ob Angst Sie jetzt irgendwie umtreibt.

G 44: Ja, das bekümmert mich, daß – da denk' ich, Mensch, also so wenig hatten wir doch früher nicht zu tun, du hattest doch immer viel zu tun, wieso hast du heute nicht so viel zu tun, was ist da los, da ist der Wurm drin.

S 44: daß Sie da beunruhigt sind, ob –

G 45: Ja, da hab' ich auch so eine ambivalente Einstellung, auf der einen Seite will man es ruhiger haben und macht alles Mögliche, damit es ruhiger wird, und wenn's dann ruhiger ist, ist man aber auch nicht zufrieden, dann überlegt man sich wieder, ob das vielleicht im negativen Sinn ruhig ist.

S 45: Das wäre für Sie ganz schrecklich, wenn Sie mal weniger, also wenn –

G 46: Ja, auf jeden Fall nicht angenehm, – daß ich dann sofort wieder anfangen würde, wahrscheinlich mich zu fragen, was machst du verkehrt, woran liegt das.

S 46: Sie empfinden diese Ruhe, als hätten Sie etwas falsch gemacht.

G 47: Ja, wahrscheinlich, hm –

S 47: Ja, erleben Sie diese Ruhe so, so als nicht richtig sein, irgendwie beunruhigend.

G 48: Ja, vielleicht, irgendwie unbewußt, ich kann das nicht definieren, es könnte sein, auf jeden Fall ist da schon länger, viel länger, eine unwahrscheinliche Unzufriedenheit mit mir selber, das stimmt, so ein ständiges Rumnörgeln an mir selber, obwohl ich, wie gesagt, keine triftigen Gründe habe, so daß ich jetzt was vermurkst hätte oder wirklich Grund hätte, jetzt permanent mit mir selber unzufrieden zu sein. Aber diese Tendenz habe ich schon wieder seit längerer Zeit, daß ich so mit mir unzufrieden bin und nicht weiß, warum bin ich eigentlich mit mir unzufrieden, was habe ich eigentlich ständig an mir auszusetzen, ich weiß es gar nicht.

S 48: Irgendwie beuteln Sie sich wieder, haben sich nicht gern. Mir kommt das jetzt, ich möchte mal sagen, daß Sie sich selbst nicht mehr streicheln.

G 49: Ja, das kann sein, ja, das kann sein, so ein Wechsel von der sehr aggressiven Phase, wo ich oben war, zu der passiven, wo es mir dann schwerfällt, auch zu akzeptieren, was ich tue, das ist sicherlich richtig.

S 49: Sie – die Aggressionen? daß das so hin und her geht?

G 50: Hm, ja, während ich vor einiger Zeit mehr meine Umgebung damit schokkierte, nicht? –

S 50: da ist irgend was, was Sie an sich selbst aussetzen, aber nicht wissen, was. Oder ist es mehr so, daß Sie erstaunt sind darüber, daß Sie eigentlich grundlos mit sich unzufrieden sind?

G 51: Ja, ich versteh' das selbst nicht so richtig, ich meine, die Depressionen sind im Grunde – wohl auch laut Psychologie – so eine Art Selbstbestrafungstendenz, die sich da breit macht – das ist verrückt –

S 51: Ist das so richtig – verrückt? – daß Sie im Grunde meinen, sich gar nicht bestrafen zu müssen?

G 52: Ja, ich denk schon, ich meine, die beiden Mitarbeiter, die ich habe, waren auch recht angetan von meiner Arbeit und haben das auch gesagt, und eigentlich könnte einen das ja freuen, da könnte man eigentlich sogar mit stolzgeschwellter Brust durch die Gegend laufen, das tu' ich gar nicht. Im Unterbewußtsein ist das Gefühl, als wenn die was anderes sagen. Man bleibt denen irgend etwas schuldig, oder es sei doch nicht so, also – ich weiß auch nicht, wahrscheinlich ist das eben diese blöde Anspruchshaltung, die ich an mich selber hab', die eben viel zu hoch liegt, anders kann ich mir das nicht erklären.

S 52: daß Sie sich nicht freuen können über das Lob, sondern immer noch mehr erwarten.

G 53: Das ist der Fall – ja.

S 53: Diese Anspruchshaltung ärgert Sie jetzt fast.

G 54: Das ist – das muß dahinterstecken, wahrscheinlich steckt das auch wirklich dahinter, dieser innere Motor, „du mußt möglichst viel arbeiten", und wenn das mal nicht so viel ist, daß ich dann eben auch wieder enttäuscht bin über mich, weil es eben nicht so viel ist, und statt mich denn mal zu freuen, daß es nicht so viel ist und ruhiger läuft und nicht so strapazierend ist, was ich ja eigentlich mir auch wünsche, – wenn ich es dann bekomme, dann kann ich mich da gar nicht drüber freuen.

S 54: Dann entspricht es wieder nicht Ihrem Anspruch an sich selbst, diesem Anspruch, ich muß doch immer –

G 55: Schaffen, schaffen, fleißig sein, in Aktion sein, was weiß ich noch alles, möglichst abends auch noch was machen, und wenn du das nicht kannst, wie z.Zt., dann ist man unzufrieden.

S 55: Das entspricht so gar nicht Ihren Vorstellungen von sich selbst, wenn mal was ruhiger läuft, – so daß Sie jetzt das Gefühl haben, das hängt irgendwie zusammen.

G 56: Ja, das ist es, vielleicht war das unbewußt der Auslöser für diese Phase, für die ganze Situation, das kann schon sein, ja.

S 56: Diese Ruhe an sich, daß das so ein bißchen ruhiger läuft.

G 57: Das hat mich wahrscheinlich doch irgendwie beunruhigt, obwohl ich das nicht wahrhaben will.

S 57: Das ist für Sie einfach mit Ängsten verbunden noch.

G 58: Obwohl ich eigentlich eine plausible Erklärung habe, die einfach in der Aktivität dieser Kollegin liegt, im Gegensatz zu der, die ich früher hatte, die eben wesentlich schneller ist und in der Zeit auch viel mehr schafft. Man kann das alles erklären. Also, es ist tatsächlich so, daß man dafür wirklich ganz logische Gründe hat, und daß ich die trotz alledem irgendwie nicht akzeptieren kann.

S 58: Das ist so irrational bei Ihnen, daß Sie nicht mehr so – wollen mal sagen – hektisch gebraucht werden.

G 59: Vielleicht muß ich mich erst daran gewöhnen, daß das einfach dieser Druck, daß der nachläßt, nicht? Denn sonst war es so, daß meine Frau ständig mahnte, sie brauche mich.

S 59: Und jetzt so dieses Gefühl, ich werde gar nicht mehr gebraucht, die werden allein fertig, auch ohne mich.

G 60: Ja, auch ohne mich, ja, das war – das ist so, daß das irgendwo wahrscheinlich fremd ist, daß ich mich irgendwie darauf einstellen muß.

S 60: Sie kriegen plötzlich Angst, ich werde nicht mehr gebraucht.

G 61: Ja, das ist so, und davon kommt das auch. – Ja, das ist der Grund, dies Gefühl, es geht auch ohne dich. Das macht mich so fertig.

Gesprächspartner

Der Gesprächspartner wirkt bei seinem Kommen müde und abgespannt. Er sieht recht blaß aus und beginnt mit leiser Stimme zu sprechen, langsam, etwas monoton. Das Gespräch verläuft vorerst nur schleppend.

In der 1. Phase des Gespräches äußert er auffallend häufig die typischen Gefühle des Depressiven: Er sei lustlos, abgeschlafft, „gefühlsnivelliert", antriebsgehemmt, die Gedanken kämen zäh (46mal).

In der Klage eingestreut findet sich die für ihn recht beunruhigende Frage nach der Ursache dieser erneuten Verstimmung. Sie wird im Laufe des Gespräches allein neunmal signalisiert.

Deutlich zeichnet sich nach dem ersten Drittel des Gespräches (ab G21) eine Wendung ab. Der Gesprächspartner nennt nicht mehr ausschließlich seine negativen Gefühle, sondern sucht sie abzuklären, kommt also von der Klage zur Verarbeitung der Situation.

Ein Fortschritt gegenüber den ersten Gesprächen bei ähnlich starker depressiver Verstimmung zeigt sich in der Sicherheit, mit der der Gesprächspartner meint, für seine Schwierigkeiten selbst einstehen zu müssen (2. Phase). Er spürt, daß sein übermäßiger Wunsch nach Geborgenheit von seiner Frau nicht zu befriedigen ist, und daß er selbst durch Verheimlichen seines Zustandes zu Mißverständnissen Anlaß gegeben hat. Sein schlaffer, müder Ausdruck wird etwas gespannter, der Tonfall ist nicht mehr so monoton, nachdem er angefangen hat, seine Situation realistischer einzuschätzen. Es sei schließlich kein Drama, mit Rückfällen müsse er immer rechnen, dürfe sich davon nur nicht so beeindrucken lassen.

Damit hat er den Schritt vom Anlehnungsbedürfnis des Kindes mit der hinlänglich bekannten Verschiebung der Schuld auf andere zur vollen Eigenverantwortlichkeit des Erwachsenen hin getan. Gleichzeitig ist ein Ansatzpunkt gegeben, von dem aus er sich erneut die Frage stellen kann, wie es zu dem belastenden Rückfall gekommen ist.

Die 3. Phase des Gespräches (ab G 43) enthält keine Klage mehr, der Gesprächspartner tastet sich dagegen bei auffallend hoher Selbstexploration zu seinem Problem vor. Dabei wird er so lebhaft, daß er mehrfach den Seelsorger unterbricht. In immer neuem Nachdenken, auch über seine berufliche Situation, erkennt er sein bis dahin unbewußtes Bedürfnis, unbedingt gebraucht werden zu wollen. In der Angst, er könne überflüssig sein, sieht er die Ursache seiner depressiven Verstimmung.

Als dem Gesprächspartner diese Zusammenhänge deutlich zum Bewußtsein gekommen sind, tritt eine sichtbare Entspannung ein; er fühlt sich nicht mehr so erdrückt von seinen negativen Gefühlen und geht gelöster heim.

In der 12. Stunde berichtet der Gesprächspartner, es ginge ihm wieder gut, er sei zufrieden mit sich und der beruflichen Situation. Die Erkenntnis in der 11. Stunde habe dazu geführt, daß er sich nicht mehr nur für andere aufreiben möchte.

In den noch folgenden Kontakten gibt er mehr und mehr die Vorstellung auf, unbedingt gebraucht werden zu müssen, um glücklich zu sein – schaffen und arbeiten zu müssen, um bestehen zu können. Damit verändert sich deutlich die Kognition seines Erlebens. Er wird seelisch frei von dem Druck, sich durch Arbeit bestätigen zu müssen, frei für ein erfülltes Privatleben. Der Gesprächspartner wird durch die Verbesserung der Selbstkongruenz toleranter und verständnisvoller sich selbst und seinen Mitmenschen gegenüber (G 33). Zu einer erneuten depressiven Verstimmung ist es während des darauffolgenden Jahres nicht mehr gekommen.

Berater

Der Berater versucht, den Gesprächspartner bei seiner Frage zu begleiten, wie es zu einem so starken Rückfall in die Depression kommen konnte, und läßt sich nicht zu Interpretationen oder Erklärungen verleiten, was bei den angebotenen Gefühlen „Enttäuschung" und „Kälte" nahegelegen hätte. Er bemüht sich, die negativen Emotionen aufzunehmen, ohne sie zu verstärken. Das zeigt sich beispielsweise in S 9: „Das ist es, was Sie jetzt so beunruhigt." Die Angst wird zugelassen, aber durch den Zeitfaktor abgemildert. Dagegen hätte eine Äußerung wie: „da fühlen Sie sich völlig zurückgeworfen" das negative Gefühl verstärkt.

In S 10 zeigt sich seine eigene Betroffenheit. Er scheint den Zustand des Gesprächspartners als eine Art Niederlage zu empfinden und schiebt ihm dieses Gefühl unter. Wäre er in seiner folgenden Antwort S 11 bei seinem Angebot geblieben, hätte er vermutlich sein Gegenüber irritiert oder Widerstand hervorgerufen. So nimmt er lediglich die Frage nach dem Grund der erneuten Depression nicht angemessen auf, so daß der Gesprächspartner vorerst noch bei seiner Klage bleibt. Erst als in P 21 der Traum von Schnee und Kälte genannt wird, greift der Berater die im Traumsymbol verborgene Sehnsucht nach Wärme und Geborgenheit auf (S 21) (vgl. S. 86). Der Gesprächspartner geht gleich auf das Gefühlsangebot ein und setzt sich damit in hoher Selbstexploration auseinander, ein Zeichen dafür, wie hilfreich es ist, wenn die in einer Aussage verborgenen Emotionen angemessen entschlüsselt werden. Wäre der Traum mehr rational in Form einer Interpretation erklärt worden, dann wäre die emotionale Dichte des Gespräches verlorengegangen. So aber hat der Gesprächspartner die Möglichkeit, seinen „übermächtigen" Wunsch nach Geborgenheit richtig einzuschätzen.

In S 33 wird der Berater mit den Worten: „das möchten Sie ihr auch zumuten" leicht führend. Hier schlägt seine Auffassung durch, es sei besser, der Gesprächspartner würde sein Befinden mit seiner Frau besprechen. Zwar deckt sich seine Meinung mit der des Gesprächspartners – insofern bewegt sich der Berater weiter in dessen Bezugsrahmen – aber dieser hat seinen Entschluß gefühlsmäßig noch nicht voll bejaht, wofür die Pause ein Zeichen sein kann. Sie gibt dem Berater genügend Zeit, seine eigenen Gefühle zu reflektieren und sich seiner leichten Führung bewußt zu werden. Deshalb möchte er mit S 34 dem Gesprächspartner noch einmal Gelegenheit geben, die mit dem Wort „sollte" angedeutete Unsicherheit zu überdenken. Mit G 35 hat der Gesprächspartner seine Entscheidung getroffen: „Ich werde zu Hause aber nun was sagen müssen, einfach damit sie (seine Frau) nicht wieder falsche Schlüsse zieht." – Damit ist dieser Problemkreis abgeschlossen.

In den folgenden Verbatims S 37–40 spürt der Berater beim Gesprächspartner die Wende von der klagenden Ablehnung zur bejahenden Annahme seines Befindens. Seine Antworten zeigen, daß er sich bemüht, die positive Entwicklung nicht vorschnell zu verstärken, um ein Überspielen negativer Emotionen zu verhindern:

man muß Rückfälle einkalkulieren	Sie möchten das irgendwie
kein Drama	annehmen
ich muß mich damit abfinden	daß es mal wiederkommen kann
ich muß es akzeptieren	Sie möchten das bejahen

Als in G 43 der Gesprächspartner mit den Worten „blödsinnigerweise beunruhigt" das Signal für den Grund seiner Verstimmung gibt, bringt der Berater sich selbst mit seinem Gefühl ein: „Ich bin gerade unsicher, ob Angst Sie jetzt irgendwie umtreibt." Er gibt damit einen wichtigen Impuls, mit dem sich der Gesprächspartner auseinandersetzen kann, ohne sich gedrängt oder gewertet zu fühlen. So kann er seine Angst vorerst noch verschlüsseln: „da ist der Wurm drin". In S 49–51 zeigt sich an den tastenden Formulierungen eine gewisse Unsicherheit des Beraters, die Angebote des Gesprächspartners zutreffend zu erfassen.

In G 51 kommt der Gesprächspartner auf eine Art theoretische Erklärung der Depression. Der Berater läßt sich nicht dazu verleiten, diese angebotene psychologische Hypothese zum Ausgangspunkt einer theoretischen Erörterung zu machen. Er nimmt nur das Signal, „das ist verrückt", auf. Der Ausdruck macht ihm Schwierigkeiten, da er den Hintergrund der Aussage nicht so schnell erfassen kann. Deshalb stellt er das Wort noch einmal fragend in den Raum. Ein solches Vorgehen hat sich bewährt, wenn der Berater Schwierigkeiten hat, einen Ausdruck genau zu verstehen. Bei gezielter Nachfrage (was meinen Sie mit verrückt?) entsteht in einem unsicheren Ratsuchenden leicht das Gefühl, sich ungeschickt ausgedrückt zu haben. Verbindet dagegen der Berater das für sein Verständnis schwierige Wort mit Fragen, wie: „ich überlege gerade" oder „ich suche mich da hineinzudenken", zeigt er seine eigene Unsicherheit und wirkt dadurch echt. Der Gesprächspartner wird versuchen, eine Erklärung zu geben, ohne sich ausgefragt oder verunsichert zu fühlen. Auf diese Weise wird eine Verständigung erzielt, die auch den Erfahrungshintergrund und den subjektiven Gebrauchswert des fraglichen Begriffes mit umfaßt. Unnötige Mißverständnisse werden vermieden.

In unserem Gespräch gibt der Seelsorger selbst eine Erklärung für das ihm unverständliche Wort „verrückt", hält sich jedoch dicht an die Äußerung des Gesprächspartners (S 51). Er hätte besser die Verwunderung über die Selbstbestrafungstendenz ausgedrückt, als schon die Negation nahezulegen. Aus der Tatsache aber, daß der Gesprächspartner sofort dem Schritt des Beraters folgt, läßt sich schließen, daß die Frage nach der Selbstbestrafung keinen existentiellen Wert für ihn hatte. Andernfalls wäre er bei der bestehenden Vertrauensbeziehung mit hoher Wahrscheinlichkeit wieder darauf zurückgekommen.

In der Schlußphase des Gespräches haben die Äußerungen des Beraters mehr feststellenden Charakter. Sie lassen eine gewisse Erschöpfung erkennen, denn ein so intensiv geführtes Gespräch erfordert ein hohes Ausmaß an Konzentration und emotionaler Beteiligung.

In S 59 und S 60 gibt der Seelsorger dem Gesprächspartner noch einmal die Möglichkeit, den Grund seiner Verstimmung klar zu formulieren:„Es geht auch ohne dich, das macht mich so fertig."

Es hilft dem Gesprächspartner, bei einer Gefühlsklärung die neu gewonnene Erkenntnis sich noch einmal deutlich vor Augen zu führen, um sie weiter in sich nachwirken zu lassen.

4. Begleitung einer psychosomatisch Erkrankten

Vorgeschichte
Die Klientin kommt auf Anraten des Arztes wöchentlich einmal zur Therapie, weil sie seit einer Gehirnerschütterung in ihrer Kindheit unter so heftigen Kopfschmerzen leidet, daß sie bis zu zehn Tabletten täglich einnimmt. Mehrfache Krankenhausbehandlungen brachten keine Besserung. Eine Psychoanalyse wurde wegen ,mangelnden Problembewußtseins' abgelehnt. Die Klientin ist Mitte zwanzig, Volksschulabschluß, wegen Krankheit abgebrochene Lehre, übt wegen ihrer körperlichen Beschwerden keinen Beruf aus, verheiratet, ein Kind. Sie wohnt mit Eltern und Großeltern zusammen in einem Haus.

Therapieverlauf
Im folgenden sollen die wichtigsten Gesprächsabschnitte der einzelnen Therapiestunden aufgezeichnet werden, um dem Leser einen Eindruck von Möglichkeiten und Ablauf einer Gesprächspsychotherapie zu vermitteln. Es wurden noch

keine neueren Interventionen benutzt, wie sie Hans Swildens vorschlägt, die auf Überwindung der neurotischen Verhaltensmuster zielen, wie z.B. Konfrontation, Fragen, Ansporn usw.[2] Die gute Beziehung und die Bereitschaft der Klientin zur Mitarbeit reichen aus, um ihr einen Prozeß der Erkenntnis zu ermöglichen, der sie ihre Störungen überwinden ließ. Wesentlich war die angstfreie Atmosphäre, in der sie sich aufgehoben fühlte. Die Gesprächsabschnitte sind von Tonbandaufzeichnungen übernommen worden.

Die Klientin läßt sich zum e r s t e n Kontakt von ihrem Mann mit dem Auto bringen, da sie sich nicht zutraut, allein ein Verkehrsmittel zu benutzen. Sie hat einen stark angespannten Gesichtsausdruck, wirkt unsicher in ihrem Auftreten und ist darauf bedacht, die Erwartungen des Therapeuten zu erfüllen. Im Mittelpunkt des ersten Gesprächskontaktes steht die Klage über die Häufigkeit und Intensität ihrer Schmerzen. Sie beteuert, daß sie außer diesem belastenden Zustand keine Probleme habe und nicht wisse, weshalb sie wegen Kopfschmerzen Gespräche führen solle. Sie täte es nur ihrer Ärztin zuliebe. Es läßt sich ein deutlicher Widerstand erkennen, ihre Kopfschmerzen psychisch bedingt anzunehmen.

Im z w e i t e n und d r i t t e n Kontakt spricht die Klientin über Erziehungsfragen, läßt dabei Unsicherheit und Ängste im Umgang mit ihrem Kind erkennen, ist aber noch nicht in der Lage, ihre Gefühle direkt auszusprechen. Erst gegen Ende der dritten Stunde ist die Beziehung zum Therapeuten so weit gefestigt, daß die Klientin bereit und fähig ist, sich auf die emotionale Ebene einzulassen. Sie gewinnt mehr Sicherheit in ihren Auffassungen über die Erziehung ihres Kindes und in der Beurteilung ihres erzieherischen Verhaltens.

Im Verlauf des v i e r t e n Kontaktes kommen ihr durchbruchartig die entscheidenden Erkenntnisse über die psychosomatischen Zusammenhänge ihrer Beschwerden. Auszug aus dem 4. Kontakt:

K 1: Ich weiß nicht, da ist eigentlich gar nichts, woher ich immer diese Kopfschmerzen habe. Das ist ganz furchtbar; so vom Nacken her geht das in die linke Seite.

T 1: Das macht Sie manchmal ganz fertig.

K 2: Es vergeht auch nicht ein Tag, und dann, wenn ich keine Schmerzen morgens habe, dann nehme ich schnell Tabletten, um nicht erst welche zu bekommen. Dabei verträgt mein Magen das gar nicht. Ich muß gleich wieder erbrechen.

T 2: So daß Ihnen das fast unsinnig vorkommt.

K 3: Ja, so richtig. Aber ich weiß nicht, was ich da machen soll. Gestern z.B., da hatten wir Besuch, und da war es wieder ganz schlimm. Ich konnte kaum etwas vorbereiten, solche Schmerzen hatte ich. Als alle dann da waren, ging es, aber vorher ist das ganz schlimm gewesen.

T 3: Ist es so, daß Sie da unsicher sind, was auf Sie zukommt?

K 4: Ja, unsicher – ich weiß nicht – ja, so daß ich nicht weiß, ob ich alles richtig mache, daß irgend etwas verkehrt ist. Ich meine so im Haushalt, da fühle ich mich sicher. Aber wenn irgend etwas anderes kommt, das ist mir – ja, unsicher, das stimmt schon, ich weiß nicht, was dann passiert.

T 4: Sie fürchten dann, daß irgend etwas nicht klappt.

K 5: Ja, ich weiß nicht – ich glaube, ich habe dann Angst, etwas falsch zu machen. (Pause) Das ist schon immer so gewesen, wenn ich so zurückdenke; schon in der Schule, da hatte ich immer große Angst, daß ich etwas falsch mache, und dann konnte ich gar nichts mehr tun. Ja, dann wurde ich krank, das fällt mir jetzt ein. Das ist ja merkwürdig, aber wirklich, das stimmt – dann war alles zu Ende, ich bekam Fieber, Kopfschmerzen oder irgend etwas.

T 5: So daß Sie das rettet, wenn Ihre Angst zu groß wird.

K 6: Ja, ich glaube, ich weiß nicht – da muß ich ganz umdenken. – Ich habe nie gewußt, daß ich Angst habe. Ich habe Ihnen doch in der ersten Stunde gesagt, da ist nichts, und nun ist da doch was. Ich merke das jetzt erst, daß ich da viel Angst gehabt habe und – ja und immer, wenn was Neues auf mich zukommt, dann habe ich das.

T 6: Das ist für Sie jetzt ganz neu?

K 7: Na ja, das stimmt doch, daß ich Angst habe, aber ich habe das doch nie gewußt.

T 7: Das ist für Sie jetzt so erstaunlich, ein ganz neues Gefühl in sich zu entdekken.

K 8: Ja, aber das stimmt. Wenn ich jetzt denke – nach der Schwangerschaft, da war das auch so. Da weinte ich bei der Entlassung und – das fällt mir jetzt ein – da bekam ich zu Hause Fieber. Ich hatte Angst, mit dem Nähren nicht fertig zu werden, und keiner kam darauf, woher das Fieber kam. Ich bekam Penicillin, und das half auch nicht. Das hätten doch die Ärzte wissen müssen, wenn das nicht hilft, daß das so einen anderen Grund haben muß.

T 8: Sie sind jetzt ganz überrascht, diese Zusammenhänge zu entdecken.

K 9: Ja, gibt es denn so etwas, einfach Fieber zu bekommen, nur weil man Angst hat? Ich habe immer weit von mir gewiesen, daß bei meinen Kopfschmerzen ein psychischer Grund vorliegen könnte. Ich bin nur hergekommen, weil meine Ärztin das wollte. Ich muß da ganz neu denken.

T 9: Das verwirrt Sie jetzt, das paßt gar nicht in Ihre Vorstellungen.

K 10: Ja, aber das stimmt ja, das ist so, ich bin unsicher – auch so, daß ich immer denke, was die andern wohl über mich reden und so – ich fühle mich da auch irgendwie immer beobachtet, als gucken alle auf mich. Aber, daß das davon kommt, so die Kopfschmerzen und so, das ist mir – da weiß ich noch gar nicht, wie ich das verstehen soll.

T 10: Es überrascht Sie einfach, was Sie alles so in sich entdecken, was für Zusammenhänge Sie da gefunden haben.

K 11: Ja, wirklich, da muß ich mich erst einmal dran gewöhnen.

Der Klientin ist es durch das vorsichtige Vorgehen der Therapeutin möglich, sich Angst und Unsicherheit einzugestehen und mit den körperlichen Beschwerden in Verbindung zu bringen. Ihr wird bewußt, schon als Kind bei beängstigenden Situationen die Flucht in die Krankheit gewählt zu haben. Diese auch emotional gewonnene Erkenntnis führt dazu, daß sie ihre Auffassungen über die psychosomatischen Zusammenhänge ihrer Beschwerden korrigiert.

Der f ü n f t e Kontakt ist durch ihr Erstaunen gekennzeichnet, daß ihre Kopfschmerzen auffallend zurückgegangen sind, was sie wie ein ‚Wunder' erlebt:

K 12: Ich habe letzte Woche sechs Tabletten genommen, also jeden Tag etwa eine. Aber drei Tage bin ich ohne Medikamente ausgekommen.

T 12: Das überrascht Sie jetzt.

K 13: Zuerst hatte ich noch wahnsinnige Kopfschmerzen. Also daß das besser geworden ist, kann ich überhaupt nicht begreifen.

T 13: Eine solche Entwicklung ist für Sie so unverständlich.

K 14: Ja, das kann ich überhaupt nicht verstehen. (Sie berichtet weiter davon, daß sie erst wieder Kopfschmerzen bekommen hat, als sie sich bei der Gartenarbeit beobachtet und unsicher gefühlt hat) – in dem Augenblick, wo ich das Gefühl hatte zu versagen, ging es wieder an, das muß wirklich so sein.

T 14: Es ist für Sie irgendwie erleichternd zu sehen, woher das kommt.

K 15: Ja, ich hab's echt nicht geglaubt, es ist ganz unwahrscheinlich.

T 15: Das haben Sie nicht für möglich gehalten, daß Ihre Kopfschmerzen mal weggehen würden.

K 16: Ja, genau, Frau Dr. X (Ärztin), also die war sich hundertprozentig sicher, und ich hab' wirklich nicht damit gerechnet, weil ich es überhaupt nicht für möglich gehalten habe, daß durch Gespräche – oder daß das irgendwie – daß man da überhaupt drauf kommt. Ich hab' es wirklich nicht für möglich gehalten. Ich habe auch nicht daran geglaubt.

T 16: Das alles ist für Sie noch so völlig unvorstellbar.

K 17: Ja, denn sehen Sie mal, ich habe wirklich was durchgemacht im Krankenhaus, und das war alles wahnsinnig schmerzhaft – zweimal einen Luftkopf (Pneumoenzephalographie) gemacht bekommen und so – (es folgt eine Aufzählung von Arztbesuchen und Therapieversuchen) – und jetzt durch Gespräche geht es weg; also ich weiß nicht, das begreife ich nicht.

T 17: Das paßt so gar nicht in Ihre Vorstellungswelt, Sie stehen da wie vor einem Rätsel.

K 18: Ja, daß das durch so etwas hervorgerufen werden kann, das verstehe ich nicht.

T 18: Ihnen ist völlig unfaßbar, daß Ängste, wie Sie sie haben, zu solchen Wirkungen führen.

K 19: Ja, ich meine, das ist mir jetzt erst klar geworden, daß das praktisch regelrecht Angst ist, ja? Ich habe doch keine Probleme, meinte ich, das sagte ich Ihnen ja schon.

T 19: Ja, und jetzt sind Sie erstaunt, daß Ihre Angst so verdeckt gewesen ist, daß Sie das überhaupt nicht geahnt haben.

K 20: (gibt Beispiele, wie sie jetzt ihre Unsicherheit erkennt und sich ständig fürchtet, beobachtet zu werden. Berichtet weiter, daß sie in der letzten Woche unternehmungslustiger gewesen sei und ihr alles mehr Spaß gemacht habe) … und auch so – ich hatte meinen Mann gern, aber ich konnte das irgendwie nicht zeigen, ihn von selbst mal in den Arm nehmen und so. Die letzten Tage, also das war ganz anders.

T 20: Sie sind so glücklich und gelöst, daß Sie ihm das auch richtig zeigen können, ihn von sich aus in den Arm nehmen können.

K 21: Also, es ist alles so anders jetzt. (Beschreibt ihre Gelöstheit ihrem Mann gegenüber)

T 21: Das ist so richtig schön für Sie, freier und offener sein zu können. Es ist, als wenn eine Nußschale aufgebrochen wäre, in der Sie dringesteckt hätten.

K 22: Vor allen Dingen auch mit Männern, wenn man da kein eigenes Schuldgefühl mehr hat – ich meine, wir waren ja beide verklemmt –

T 22: Jetzt freuen Sie sich, daß Sie aufeinander zugehen können.

K 23: Ja, das ist unheimlich gut.

T 23: Das ist für Sie jetzt sehr wichtig geworden.

K 24: Ja, so irgendwie spürt man's doch. Ich fange an, die Angst vor Männern zu überwinden.

T 24: Sie möchten so weit kommen, daß Sie keine so große Angst mehr vor allem haben, sich sicherer fühlen können.

K 25: Ja, wirklich sicherer (es folgt eine Reflexion über ihre Einstellung zur Therapie, an deren Erfolg sie nicht geglaubt und vor der sie auch Angst gehabt hat). Ich habe die erste Nacht, bevor ich hierher kam, ganz schlecht geschlafen. Aber jetzt kann ich mir das richtig vorstellen: Wenn das irgendwie unangenehm gewesen wäre, dann hätte ich wieder gedacht, ich könnte nicht.

T 25: Ja, wenn das hier für Sie an Bereiche gerührt hätte, die Ihnen unsympathisch sind, daß Sie sich dann zurückgezogen hätten, abgesagt.

K 26: Ja, wenn ich das am Anfang gleich gemerkt hätte, könnte ich mir das vorstellen. (Sie berichtet weiter, wie unangenehm es ihr war, sonst immer ausgefragt zu werden, und wie sie sich dann gesperrt habe. Hier habe sie die Zusammenhänge selbst entdecken können, was für sie entscheidend gewesen sei. Sie denkt weiter darüber nach, wie es wohl zu der Flucht in die Krankheit gekommen sei.) Vielleicht irgendwie, weil immer einer da war – meine Eltern – wenn was war und wenn ich mal vor Schwierigkeiten gestanden habe – in der Schule oder was weiß ich – daß dann die Kopfschmerzen gekommen sind – ich weiß nicht – so könnte ich mir das vorstellen. Daß ich da vielleicht auch schon Probleme hatte, mit denen ich nicht fertig wurde und ich bin dann verkrampft.

T 26: Sie haben so das Gefühl, das hat sich als Kind schon eingespielt. – Ich war so froh in der letzten Stunde, daß Sie das alles selbst entdeckt haben.

K 27: Ja, das war schlagartig, das kam wie eine Erleuchtung.

T 27: Und dadurch haben Sie es nicht als so unangenehm empfunden.

K 28: Nein, ich empfinde das auch nicht als unangenehm. Ich meine, das ist nur schwer zu verstehen. Es ist wirklich sehr schwer zu verstehen (geht noch einmal ihren psychosomatischen Reaktionen in ihrer Kindheit nach).

T 28: Wenn Sie jetzt zurückdenken, spüren Sie, wie oft dieser Mechanismus eingesetzt hat. Sie sind da ganz verwundert, wie das gelaufen ist.

K 29: Wenn ich jetzt vielleicht auch freier erzogen worden wäre, oder es wären mir damals als Kind schon irgendwie Aufgaben gestellt oder so, ich könnte mir auch vorstellen, daß das besser gewesen wäre.

T 29: Sie empfinden das nicht so gut, daß Sie sich nicht ausprobieren konnten, sich zu wenig beweisen konnten, mit etwas fertig zu werden, und das möchten Sie praktisch jetzt nachholen.

K 30: Ja, in einer Beziehung schon, denn daß wir noch ein Kind haben wollen, das ist ja praktisch auch – ich will mir beweisen, daß ich es kann. Sie haben mir alle abgeraten, ein zweites Kind zu haben. Ich meine aber, warum nicht? Es geht nicht mit den Medikamenten, das ist klar; aber ich bin doch in der Lage, ein Kind zu erziehen, also das habe ich doch bewiesen.

T 30: Sie fragen sich, warum eigentlich nicht? Sie trauen sich das zu und möchten sich nicht mehr einreden lassen: Das kannst du nicht!

K 31: Ja, daß ich ein gesundes Kind bekommen habe, das konnte mir wirklich keiner abnehmen. Das war so ganz meine eigene Leistung, und das möchte ich noch einmal bewußter erleben.

Im s e c h s t e n Kontakt berichtet die Klientin, wie die Umwelt auf ihr verändertes Verhalten reagiert. Weiterhin setzt sie sich mit der Tatsache auseinander, immer mal wieder Kopfschmerzen zu bekommen und das auch akzeptieren zu müssen. Ihre anfänglich fast euphorische Reaktion auf ihren ersten Therapieerfolg normalisiert sich. Im Nachdenken über ihre Ängste stößt sie auf eine allgemeine ‚Katastrophenangst‘, die sich in verschiedensten Bereichen auswirkt, und sie alle neuen, unbekannten Situationen meiden läßt. Die Ursache führt sie noch einmal auf die Erziehung zurück, die sie erfahren hat. Dadurch gelingt es ihr, sich aus dem Abhängigkeitsverhältnis von ihren Eltern zu lösen, deren Auffassungen in Frage zu stellen und sich eine eigene Meinung zu bilden. Sie möchte nicht mehr die Probleme ihrer Angehörigen zu ihren eigenen machen. Im Laufe des Gespräches stellt sie staunend fest, daß sie vieles ebenso gut kann wie andere auch, und daß sie es gar nicht nötig habe, sich immer so stark einschüchtern zu lassen. So gewinnt sie das für die Verarbeitung ihrer Schwierigkeiten notwendige Selbstvertrauen.

Zu Beginn des s i e b e n t e n Kontaktes berichtet die Klientin strahlend, ohne Medikamente auszukommen. Das läßt sie hoffen, noch ein zweites Kind haben zu können. Sie fühle sich sicherer in ihrem Auftreten, wage es, ihre Meinung darzustellen und mitunter sogar, sich durchzusetzen. Das zeigt, daß sie mehr und mehr zu ihren eigenen Wünschen stehen kann und sich nicht mehr nur den Forderungen anderer unterwirft. Am deutlichsten drückt sich ihre wachsende Eigenständigkeit in ihrem immer stärker formulierten Wunsch nach einem Kind aus, den sie zwar von ihrem Mann unterstützt weiß, aber gegen den Willen ihrer übrigen Angehörigen durchsetzen muß. Ihr Verhalten zeigt größere Selbständigkeit, sie benutzt öffentliche Verkehrsmittel, kauft größere Sachen allein ein und löst sich von der internalisierten Meinung der Eltern. Ihr weniger ängstliches Verhalten überträgt sich auch auf ihr Kind, was die Klientin mit Erstaunen und Freude wahrnimmt.

A c h t e r Kontakt: Es sind wieder stärkere Kopfschmerzen aufgetreten; die Klientin hat aber nichts eingenommen. Sie weiß, daß die Auseinandersetzung mit den Eltern um ein zweites Kind als Ursache anzusehen ist.

K 32: Jetzt verunsichert mich die Angst meiner Eltern, aber das ist ja ganz anders. Ich weiß nun, daß ich gesund bin, und warum soll ich da kein Kind haben, ich sehe das nicht ein.

T 32: Die Angst ihrer Eltern bringt Sie noch etwas durcheinander, aber Sie sind auch wieder sicher, daß Sie es sich zutrauen können.

K 33: Ich weiß nur noch nicht – ich möchte meine Eltern nicht verletzen, und doch möchte ich ein Kind haben.

T 33: Sie möchten ihnen nicht weh tun.

K 34: Ja, obwohl – ich muß mich davon frei machen, ich meine eben, die Angst meiner Eltern ist unbegründet, und deshalb kann ich es tun.

T 34: Sie möchten sich da nach Ihren Wünschen richten.

K 35: Genau, sonst werde ich das alles nie überwinden. Ich muß zu meinem eigenen Leben kommen.

Im e l f t e n und z w ö l f t e n Kontakt klärt die Klientin ihr Verhältnis zu den Angehörigen. Sie hält es nicht für notwendig, die Wohngemeinschaft in ihrem Haus aufzugeben, weil sie sich durchzusetzen lernt und sogar mit einem gewissen Humor auftauchende Schwierigkeiten zu entschärfen vermag. Mit der Lösung aus dem elterlichen Einfluß fühlt sie sich nicht mehr innerlich gezwungen, ständig im Haushalt arbeiten zu müssen, die Wohnung zu putzen, zu nähen usw. Damit gewinnt sie mehr Zeit für sich selbst und für ihren Mann.

Zum d r e i z e h n t e n Kontakt kommt die Klientin zehn Minuten zu früh. Sie kann es kaum erwarten, ihre freudige Nachricht mitzuteilen:

K 36: Ich bin schwanger!

T 36: Da sind sie so richtig glücklich drüber.

K 37: Ja, überhaupt ein Zeichen für mich, daß ich gesund bin. Das ist alles ganz anders jetzt. Wir waren noch bei Bekannten, denen fiel das direkt auf. ‚Was ist denn mit dir los?‘ Ich habe mich da unterhalten, während ich sonst ein bißchen ruhig bin. Das ging auch bis nachts 12–½1 Uhr. Ich hatte auch keine Kopfschmerzen, während ich sonst immer, besonders abends, wenn ich länger auf bin, Kopfschmerzen kriege. Länger aufbleiben konnte ich gar nicht. Und da habe ich überhaupt nichts gemerkt.

T 37: Sie spüren, daß Ihre Beschwerden immer mehr zurückgehen.

K 38: Ja, gestern, da hatte ich so etwas Kopfschmerzen, aber das war so ganz anders. Das war nicht mehr verkrampft.

T 38: Das ist für Sie nicht mehr so, als ob Sie jemand im Griff hätte.

K 39: Ja genau. Es ist nicht mehr diese Verkrampfung. Das ist ganz anders jetzt.

T 39: Sie sind viel freier jetzt und können mit Ihren Kopfschmerzen praktisch umgehen.

K 40: Ja.Und meine Mutter hat sich auch mit der Schwangerschaft abgefunden. Bleibt ihr ja auch nichts anderes übrig. (lacht)

T 40: Sie sind jetzt sicher genug, ihr das zuzumuten, was Sie gerne möchten.

K 41: Der Oma wollte sie sagen, es ist halt passiert. Nein, sage ich, kommt nicht in Frage. Dann kriegt bloß der Mann die Schuld. Warum? Ich hab's ja gewollt. Dann kann ich auch dazu stehen, nicht? Ich hab' auch gar keine Angst vor der Geburt.

T 41: Sie wundern sich über sich selbst, daß Sie sich so verändert haben, so viel gelöster sind und zu dem stehen können, was Sie wollen.

K 42: Ja, auffällig, richtig auffällig.

Ein wenig Gedanken mache sie sich noch, wie der Junge die Nachricht von der Geburt eines Geschwisters aufnehmen wird. Sie möchte ihn von Anfang an in das Geschehen einbeziehen. Ihr Mann freue sich auch sehr. Es ist, als hätten sie es geschafft. Sie fühle sich so viel freier im Blick auf die Zukunft hin. Dann denkt sie noch einmal über die Therapie nach:

K 43: Ich hab' neulich noch darüber nachgedacht, als ich hierher kam und sagte, ich hätte keine Probleme. Und ich meinte das ernst. Das habe ich auch oft zu Frau Dr. X gesagt, wenn sie mir zur Therapie riet: ,Was soll's, ich hab' doch nichts.'

T 43: Ja, Sie sind so erstaunt, daß Sie sich ihrer Probleme nicht bewußt waren.

K 44: Ich meine, wenn mir mal früher einer gesagt hätte, das hilft, also den hätte ich nur ausgelacht, das gibt es nicht. Also, wenn man Probleme hat, ist gut, wenn man einen Menschen hat, mit dem man darüber sprechen kann, der rät oder so, aber bei mir – ich hatte ja nichts.

T 44: Das haben Sie alles so weggedrängt, daß Sie gar nicht bemerkt haben, was Sie alles beschäftigt hat.

K 45: Es gab ja auch nichts, was mir bewußt war, unbewußt ist es vielleicht da gewesen, aber es ist mir nicht klar geworden. Und wenn ich bedenke, was da alles herausgekommen ist!

T 45: Sie haben auch stark mitgearbeitet.

K 46: Das kommt auch ein bißchen auf die Psychotherapeutin an.

T 46: Sie meinen, daß wir gleich Kontakt gefunden haben?

K 47: Ja, das glaube ich schon. Ich hatte an und für sich ja direkt eine Abneigung gegen die Therapie. Ich war einmal im Krankenhaus bei einem Psychotherapeuten, und das war schrecklich (berichtet von einer Exploration, die sie sehr schockiert hat).

T 47: Das Ausfragen hat Sie so schockiert, richtig gequält.

K 48: Ja, der hat das auch so plump gemacht. Ein bißchen einfühlsam muß man doch schon sein, ein bißchen verstehen muß man doch. Dem ging das nur um die Sexualität, ob ich einen Freund haben möchte oder so. Da hat man kein Vertrauen. Und wenn ich was erzähle, dann möchte ich das auch selbst erzählen und nicht, daß ich dazu gezwungen werde.

T 48: Sie möchten das in der Hand behalten, was sie sagen und was nicht, und sich nicht so dazu gedrängt fühlen.

K 49: Das meiste erzählt man ja auch, sonst hat das alles keinen Sinn, nicht? Aber es soll von einem selbst kommen und nicht ausgefragt: ,Sag mal, wie ist denn das und wie ist das Verhältnis da und wie das da?'

T 49: Sie möchten es mehr selbst entwickeln können (ja) und das haben Sie hier so empfunden.

K 50: Ja, und dann konnte ich das alles selbst entdecken, wie das so gekommen ist, und das war dann gar nicht schlimm.

T 50: Ja, da haben Sie sich nicht gezwungen gefühlt zu etwas, was Sie nicht wollten.

K 51: Ja, ja, es kommt bestimmt viel darauf an.

Im v i e r z e h n t e n Kontakt erklärt die Klientin, die Therapie beenden zu können; sie sei fast beschwerdefrei; und wenn sie mal Schmerzen habe, könne sie das als natürlich hinnehmen. Ihre Schwangerschaft erlebe sie als Zeichen der

Gesundung: frei von Medikamenten und frei von Bevormundung durch andere. Sie könne nun ihr Leben selbst gestalten.

Die Schwangerschaft verlief im Gegensatz zu der ersten völlig normal. Die Klientin litt weder unter Übelkeit noch anderen belastenden Schwangerschaftsbeschwerden. Auch die Geburt brachte keinerlei Komplikationen mit sich. Die Klientin meldete sich etwa ein Jahr später noch einmal, um zu berichten, daß es ihr weiterhin gut ginge und sie beschwerdefrei geblieben sei.

Analyse der Therapie
Die Therapeutin hält sich an die klassische Form der Gesprächspsychotherapie, ohne andere therapeutische Techniken einzusetzen. Sie akzeptiert den Widerstand der Klientin gegen eine psychische Genese ihrer Beschwerden und versucht, zunächst nur durch ihr Verhalten Vertrauen zu gewinnen. Indem sie sich jeder Interpretation und Fragestellung enthält, schafft sie die notwendige angstfreie Atmosphäre, die es der Klientin ermöglicht, auf ihre Gefühlsangebote einzugehen. Das zu Beginn der Therapie absolut fehlende Problembewußtsein macht es erforderlich, die unter den angebotenen Sachthemen verschlüsselten Gefühle zu verbalisieren, ohne sie gleich zu stark oder zu direkt zu benennen.

Im vierten Kontakt wird das an T 1 und T 2 deutlich: „Das macht Sie manchmal ganz fertig", „… so daß Ihnen das fast unsinnig vorkommt". Obwohl die Klientin noch Schwierigkeiten hat, über sich selbst zu sprechen, läßt sich die Therapeutin nicht auf Erzählungen ein, sondern gibt in T 3 weiter ein Gefühlsangebot in fragender Form, so daß es jederzeit von der Klientin zurückgewiesen werden kann, ohne das Vertrauensverhältnis zu belasten: „Ist es so, daß Sie da unsicher sind, was auf Sie zukommt?"

Die Äußerung T 3 gibt der Klientin den entscheidenden Anstoß, ihre Unsicherheit wahrzunehmen und die Kognitionen in ihrem Selbstkonzept zu verändern. Auf das nächste Angebot der Therapeutin T 4: „Sie fürchten …" wagt sie es zum erstenmal, von ihrer Angst vor dem Versagen zu sprechen. Die Therapeutin läßt ihr Zeit, ihre eigene Überraschung über diese Entdeckung erst einmal zu erleben. Sie enthält sich – trotz ihrer Freude über den Durchbruch – jeder Bewertung des Geschehens. Mit den Wiederholungen, „das ist für Sie jetzt ganz neu", „so erstaunlich", „überrascht Sie", „verwirrt Sie" läßt sie der Klientin genügend Raum, sich mit ihrer emotionalen Betroffenheit auseinanderzusetzen, und drängt sie nicht vorzeitig zu neuen Einsichten. Dadurch kann sie sich an den für sie völlig neuen Gedanken gewöhnen, daß ihre körperlichen Beschwerden als psychisch bedingt anzusehen sind.

Ein Durchbruch unbewußter Vorgänge oder Gefühle tritt in intensiven Gesprächsreihen häufiger auf, ist mitunter von vegetativen Symptomen begleitet, wird aber bei entsprechend ruhiger, gleichbleibender Zuwendung des Beraters als Befreiung erlebt. Bestimmte Verhaltensweisen können danach stärker ins Bewußtsein rücken und, wenn erforderlich, verändert werden. Ein solcher Prozeß löst leicht eine gewisse Euphorie aus, die zu einer vorzeitigen Beendigung der Gespräche führen kann. Es ist dann aber mit

Rückfällen zu rechnen, weil der Gesprächspartner noch die notwendige Begleitung braucht, bis eine Normalisierung der Gefühle eingetreten ist.

Auch während des fünften Kontaktes läßt die Therapeutin der Klientin weiterhin Zeit, mit ihrer Überraschung fertig zu werden. Das Gespräch entwickelt sich trotzdem weiter, weil sie nach Möglichkeit die Gefühle nicht isoliert benennt, sondern in einen Zusammenhang mit dem gesamten Geschehen stellt: T 18: „Es ist Ihnen völlig unfaßbar, daß Ängste, wie Sie sie haben, zu solchen Wirkungen führen." Werden die Gefühle ohne die auslösenden Faktoren benannt, droht ein solches Gespräch sich im Kreise zu drehen und ist nicht mehr weiterführend.

Von T 20 an bewegt sich das Gespräch im therapeutischen Sinne weiter voran. Die Therapeutin verstärkt die positiven Gefühle der Klientin („Sie sind so glücklich und gelöst ..." T 21 „das ist richtig schön für Sie"), die sie aufgrund ihrer Erfahrungen mit ihrem veränderten Verhalten macht. Dabei geht die Therapuetin mit ihrer Antwort T 24 zu schnell voran und verliert die Konkretion. Die Klientin ist erfreut, ihre Angst vor Männern zu überwinden, doch kann sie dieses Thema nicht weiterführen, da die Therapeutin es auf eine allgemeine Zielrichtung ablenkt. „Sie möchten keine so große Angst mehr vor allem haben, sich sicherer fühlen können." Die Klientin fängt die Verallgemeinerung insofern ab, als sie auf die Überwindung ihrer Angst vor der Therapie zu sprechen kommt.

Ein ähnliches Drängen der Therapeutin zeigt sich in T 26. Die Klientin versucht, der Ursache ihrer Angst nachzugehen und findet sie in ihrer Erziehung. Im ersten Teil von T 26 nimmt die Therapeutin diesen Gedanken zwar auf, läßt dann aber eine Selbsteinbringung folgen, die an dieser Stelle ohne Bezug ist. Wenn es auch der Echtheit der Therapeutin entspricht, der Klientin ihre Freude über ihre schnelle Entwicklung in der Therapie mitzuteilen, wäre es sicher an anderer Stelle hilfreicher gewesen, z.B. während der Reflexion über den Therapieverlauf. Die Klientin läßt sich nur kurz von ihrem Gedankengang abbringen. Nach einer knappen Bestätigung, mit der Situation gut zurechtzukommen, wendet sie sich ihrem eigentlichen Anliegen wieder zu, der Bearbeitung ihrer Kindheitserfahrungen. In T 28 hilft die Therapeutin durch ihre Verbalisierung: „Wenn Sie jetzt zurückdenken, spüren Sie ..." der Klientin, in der Vergangenheit begründete Gefühle zu aktualisieren und mit den gegenwärtigen Empfindungen zu verknüpfen.

> Werden in den Gesprächen emotional belastende Erfahrungen aus der Kindheit bewußt, sollte versucht werden, vergangene und gegenwärtige Gefühle miteinander zu verbinden. Auf diese Weise wird die Vergangenheit lebendig und gegenwärtig, gleichzeitig wird die Gegenwart aus der Vergangenheit verständlich. Das Gewordensein wird nicht rational erklärt, sondern als ein Stück Erfahrung in das gegenwärtige Leben eingeordnet und der emotionalen Verarbeitung zugänglich gemacht. So bleibt die Einheit von Erkenntnis und Gefühl als Voraussetzung für den therapeutischen Prozeß gewahrt.

Dieser Vorgang zeigt sich bei unserer Klientin bereits deutlich im vierten Kontakt: In K 5 spricht sie von der Vergangenheit, die mit T 5 von der Therapeutin in die Gegenwart geholt wird. (Das rettet Sie, wenn ...) In K 6 vollzieht die Klientin dann die Verknüpfung von Vergangenheit und Gegenwart: „Ich merke das jetzt erst, daß ich da viel Angst gehabt habe und – ja und immer, wenn was Neues auf mich zukommt, dann habe ich das." Ein weiteres Beispiel findet sich in K 26: „... daß ich da vielleicht auch schon Probleme hatte ... und bin dann verkrampft."

Im achten Kontakt steht die Klientin vor der Frage, ob sie ihre eigenen Wünsche den Eltern gegenüber durchsetzen soll. Die Therapeutin stellt sich auf die Ambivalenz der Gefühle ein und beeinflußt die Klientin nicht in ihrer Entscheidung, etwa in dem Sinne: „Ihr Wunsch nach einem Kind ist doch eigentlich ganz berechtigt."

In T 32 verbalisiert sie die sich widersprechenden Gefühle: ihr Vertrauen zu sich selbst, ein Kind haben zu können und ihre Verunsicherung durch die Angst der Eltern vor der Schwangerschaft. In T 33 geht sie nur auf die Auseinandersetzung mit den Eltern ein, in T 34 dagegen auf den Wunsch der Klientin. So läßt sie ihr Zeit, eine selbständige Entscheidung zu treffen.

> Bei ambivalenten Gefühlen zeigt der Seelsorger die sich widersprechenden Tendenzen (A und B) auf und stellt er dem Partner deutlich vor Augen. Damit sich das Gespräch jedoch nicht im Kreise dreht, spricht er in den nächsten Gesprächsabschnitten jeweils erst das eine Gefühl (A) und dann das dem entgegengesetzte Gefühl (B) durch. Auf diese Weise kann sich der Partner am besten mit seinem inneren Zwiespalt auseinandersetzen.

Die Klientin kommt zu dem Ergebnis, sich unabhängig von den Vorstellungen ihrer Eltern ihr Leben selbst gestalten zu wollen, was im 13. Kontakt K 41 eindrucksvoll zum Ausdruck kommt: Sie hat es nicht mehr nötig, eine Notlüge zu gebrauchen, sondern steht zu dem, was sie möchte. Bei der Reflexion über die Therapie während des 13. Kontaktes spricht die Therapeutin (in T 45) der Klientin indirekt ein Lob aus: „Sie haben auch stark mitgearbeitet." Sie möchte ihr noch einmal zu verstehen geben, wie stark ihr eigener Anteil bei der Problembewältigung ist, um ihr Selbstwertgefühl weiter zu stärken. Sie wird in ihrer Äußerung aber auch davon bestimmt, ihre Freude über die Mitarbeit der Klientin und die erfolgreiche Therapie zum Ausdruck zu bringen. Die Klientin benutzt die Gelegenheit, um ihrerseits der Therapeutin ihr Lob auszusprechen. In T 46 versucht diese, beides zu verbinden und kommt auf die Beziehung zu sprechen. Damit gibt sie ihr die Gelegenheit, noch einmal über den therapeutischen Prozeß nachzudenken.

Die emotional wichtigste Erfahrung für die Klientin war es, daß die Therapeutin ihr die Selbständigkeit ließ, sich zu ihren Erkenntnissen vorzutasten, ohne durch bestimmte Direktiven zu stören. Ihrer Ärztin hat sie bei ihrem nächsten Besuch freudig erregt zugerufen: „Ich habe es gefunden, ich hab' es selbst gefunden". Nur so hat sie das Vertrauen in die Beziehung zur Therapeutin und damit zu sich selbst und zu ihrer Selbstaktualisierungstendenz gewinnen können.Es blieben ihr Widerstände und Abhängigkeiten erspart, so daß sie im 14. Kontakt von sich aus die Therapie beenden konnte.

Die Behandlung psychosomatischer Störungen gehört in das Aufgabengebiet des Therapeuten und streift nur noch am Rande die Tätigkeit der beratenden Seelsorge. Trotzdem möchte ich die Therapie noch einmal aufnehmen, weil sich Rogers'

These von der Fähigkeit zur Selbstaktualierung eindrucksvoll bewahrheitet hat: Die Entdeckung der eigenen Fähigkeiten stärkte das Selbstbewußtsein der Klientin so, daß es den psychischen und physischen Gesundungsprozeß einzuleiten vermochte. Die Klientin brauchte ihren Wunsch, sie selbst zu sein, nicht mehr durch die Flucht in die Krankheit und durch die indirekte Sprache der Kopfschmerzen auszudrücken. Sie hat genügend Selbstbewußtsein gewonnen, ihr Streben nach Selbstverwirklichung und Selbstbestimmung direkt in Sprache und Handlung umzusetzen.

Anmerkungen

Einleitung (S. 9ff.)

1   Vgl. Linster/Panagiopoulosm, Zur Unterscheidung von Psychotherapie und Beratung in: Deter/ Straumann, Personenzentriert verstehen, 64f.
2   Jorgos Canacaki hat sich diesem Thema gewidmet.
3   Ostbomk-Fischer, Beratungsgespräche mit aggressiven Jugendlichen in: Deter/Strautmann a.a.O. 144ff.

Kapitel I (S. 15ff.)

1   In Ausbildungskursen treffe ich mitunter auf Teilnehmer, die aufgrund eines psychotherapeutischen Urteils ein ganz bestimmtes Bild von sich integriert haben,das sich später jedoch als nicht zutreffend herausstellt, wenn sie sich selbst besser wahrnehmen und ihrem eigenen Erleben begegnen. Es ist für sie entlastend, sich nicht mehr dem Urteil einer Autorität kritiklos beugen zu müssen.
2   Thurneysen, Seelsorge, 89.
3   Thurneysen, a.a.O., 91.
4   Thurneysen, a.a.O., 94.
5   Haendler, Grundriß der praktischen Theologie, 309.
6   Stollberg, Therapeutische Seelsorge, 85.
7   Hierzu Rogers, nach Tausch, a.a.O., 67.
8   Gesprächsbeispiele hierfür in: Lemke, Seelsorgerliche Gesprächsführung, insbesondere Prot. Nr. 1 u. 3.
9   Ziemer, Wege zum Menschen 1993, Heft 3, 150ff.
10   Tacke, Glaubenshilfe als Lebenshilfe, weist zurecht auf die Gefahren hin, die entstehen, wenn der partnerzentrierte Ansatz zur Methodik erstarrt und Glaubenshilfe nicht mehr zuläßt (112 und 139).
11   Clinebell, Modelle beratender Seelsorge, 12.
12   Stollberg, Mein Auftrag-Deine Freiheit, 33.
13   Stollberg, a.a.O., 42.
14   Ebda.
15   Josuttis, Praxis des Evangeliums, 109.
16   Ebda., 110.
17   Kroeger, Themenzentrierte Seelsorge, 89f.
18   Heimbrock, Pastoraltheologie 1992, Heft 6, 243.
19   Baumgartner, Pastoralpsychologie, 79ff.
20   v.d. Geest, Unter vier Augen, 229.
21   Jerneizig, Klientenzentrierte Trauertherapie, 9ff. Vgl. auch zum Thema: Deter/Straumann, Pesonenzentriert Verstehen, 243ff.

Kapitel II (S. 27ff.)

1   Rogers Entwicklung, 167.
2   Hierzu das veröffentliche Gespräch zwischen Buber und Rogers in: Personenzentrierte Psychologie und Psychotherapie, Jahrbuch 1992 sowie Rogers, Entwicklung, 61.
3   Rogers, Gesprächstherapie, 422; Entwicklung, 182 und 186.
4   Ebda, 422.
5   Ebda, 422.
6   Rogers, Kraft, 269.
7   Ebda, 270.
8   Ebda, 278.

146

9 Rogers, Entwicklung, 121.

10 Ebda, 161.

11 Rogers, Gesprächstherapie, 430.

12 Rogers, Kraft, 272.

13 Ebda, 277.

14 Rogers, Entwicklung, 42.

15 Tausch, Der Zusammenhang von Emotionen und Kognitionen in: GwG, Zeitschrift 67, Juni 1987, 33.

16 Rogers, Gsprächstherapie, 35.

17 Zitiert nach Wolfgang Pfeiffer, Der Widerstand in der Sicht der klientenzentrierten Psychotherapie in: GwG Heft 66, März 87, 55ff.

18 Rogers, Gesprächstherapie, 104.

19 Nach Pfeiffer äußerten sich Psychoanalytiker beim Abhören gesprächstherapeutischer Tonbänder oft verwundert über die weitgehende Abwesenheit von Widerstand, „was sie freilich eher als Mangel empfanden", a.a.O., 55.

20 Rogers, The interpersonal relationship 1962, 420, zit. bei Tausch, a.a.O., 67.

21 Hierzu Pfeiffer, 50 Jahre personenzentrierter Ansatz.

22 Tausch, a.a.O., 29.

23 Rogers, Gesprächstherapie, 34. Rogers wehrte sich gegen die Technik des Widerspiegelns. Ein derartiges methodisches Verständnis entsprach nicht seiner Auffassung von Beziehung als Grundlage der therapeutischen Hilfe. Jochheim führt diesen mißverständlichen Begriff auf eine falsche Vorstellung von Gesprächspsychotherapie zurück. Carl R. Rogers und die Seelsorger in: Theologie Practica, 28. Jg., Heft 3, S 221-237.

24 Zit. bei Tausch[9], 341: "Ein hohes Ausmaß an einfühlendem Verstehen der Psychotherapeuten fördert deutlich die Selbstauseinandersetzung und konstruktive Änderungen der Klienten." Hierzu auch Schmid: Personale Begegnung, 261.

25 Schmid, a.a.O., 25.

Kapitel III (S. 46ff.)

1 Tillich, Systematische Theologie, Bd. III, 95f.

2 Tacke, Glaubenshilfe, 174.

3 Einen Überblick über die Forschungsergebnisse: Schmid, Personzentrierte Beratung, 261.

4 Tillich, a.a.O., 42ff., 64.

5 Trillhaas, Dogmatik, 183.

6 Hierzu: Luther, Von der Freiheit eines Christenmenschen.

7 Wölber, Das Gewissen, 198; vgl. auch Thurneysen, Seelsorge im Vollzug, 58ff.

8 Baumgartner, Pastoralpsychologie, 479.

9 Luther, Auslegung zum 3. Glaubensartikel.

10 Die Gegenüberstellung aus Lemke, Theologie und Praxis, wurde etwas abgeändert von Baumgartner veröffentlicht in: Pastoralpsychologie, 481.

11 In Selbsterfahrungsgruppen läßt sich feststellen, daß die von anderen abgelehnten Eigenschaften vom Betreffenden selbst an sich nicht akzeptiert werden, er aber ohne entsprechende Hilfe sich nicht davon lösen kann.

12 Moltmann, Mensch, 169.

13 Baumgartner, a.a.O., 482.

14 Buber, Das dialogische Prinzip, 12.

15 Tacke, Glaubenshilfe, 140, fürchtet, das Verkündigung und Beziehung gleichgesetzt werden. Dies gilt aber nur dann, wenn beide nicht mehr analog angesehen werden, sondern als eines.

16 Zahrnt, Die Sache mit Gott, 93.

17 Knaurs moderne Psychologie, 10. Ein eindrucksvolles Beispiel hierfür in: Lemke, Gesprächsführung, Prot. 3.

18 Rost, Pawlowsche Hunde, 129. Man kann „davon ausgehen, daß sich die objektive Welt dem Menschen nur subjektiv erschließt … Im Lichte der neueren biologischen und medizi-

nischen Forschungsergebnisse ist es … eine Illusion anzunehmen, der Mensch könnte die objektive Welt auch objektiv wahrnehmen und erleben. Durch den Wahrnehmungsapparat erlebt der Mensch die Welt selektiv, subjektiv und emotional. Die Selektivität bewirkt, daß durch Erwartung, Aufmerksamkeit und Interesse gesteuert nur ein Bruchteil der Umweltreize bewußt wahrgenommen wird." „Die Subjektivität kommt zustande, daß sinnliche Primärsignale vom Gehirn unter Zuhilfenahme von Gedächtnis und abgespeicherten Mustern zu einem bewußten ‚Bild' rekonstruiert werden. Die Emotionalität entsteht durch gleichzeitige Nebenimpulse, die von den primären Sinneszentren in das Limbische System und dem Hypothalamus sowie in den präfrontalen Cortex geleitet und damit direkt verhaltenswirksam werden."

[19] Eindrucksvolle Beispiele hierfür in: Lemke, Gesprächsführung, bes. Prot. Nr. 1 und 3.
[20] Ostbomk-Fischer, Beratungsgespräche mit aggressiven Jugendlichen in: Deter/Strautmann, 144ff.
[21] Untersuchungen über die Kraft des Gebetes bei Geisler, 325.

Kapitel IV (S. 64ff.)

[1] Ausbildungsrichtlinien für Gesprächsführung in GwG Zeitschrift 87, Oktober 1992.
[2] Rogers 1951, 43, zitiert im Handbuch der klientenzentrierten Psychotherapie, 223.
[3] Lietaer, Bedingungsloses Akzeptieren in: GwG Zeitschrift 73, 54.
[4] Scobel, Grundlagen der Supervision in: GwG Zeitschrift 84, Seite 19ff.
[5] Scobel, a.a.O., 21.
[6] Zum Thema: Faber v.d. Schoot, 182.
[7] Vgl. Tausch, Gesprächspsychotherapie, 374.
[8] Gutberlet, Partnerzentrierte Gesprächsführung in: GwG Zeitschrift 81, 38.
[9] Tausch, a.a.O., 66.

Kapitel V (S. 76ff.)

[1] Wenn in den Gruppen eigene Probleme mit unterschiedlichen Beratern besprochen werden, lassen sich die Ergebnisse der Gespräche leicht vergleichen. Wir können feststellen, daß ein empathisch gut durchgeführtes Gespräch das eindrucksvollste und nachhaltigste Ergebnis zeigt.
[2] Anders stellt sich das Problem in den neuen Bundesländern aufgrund der Stasivergangenheit dar.
[3] Kippbilder lassen bei unterschiedlicher Betrachtungsweise unterschiedliche Interpretationen des Gesehenen zu.
[4] Die Teilnehmer bekommen dabei die Aufgabe, sich auf das Bild einzustellen und alles das, was ihnen dazu einfällt und was sie sehen, jeweils auf einen Zettel zu notieren. Danach werden diese den drei Rubriken: Fakten, Gefühle, Phantasien zugeordnet.
[5] Rost, Dankwart, Pawlows Hunde 116.
[6] Schulz v. Thun, Miteinander reden.
[7] Schulz v. Thun, a.a.O., 25ff.
[8] Vgl. Lemke: Seelsorgerliche Gesprächsführung, 97ff.
[9] Das Vertrauensspiel „Blindenführung" macht Führungsansprüche und Einfühlungsvermögen der einzelnen Teilnehmer deutlich.
[10] Schulz v. Thun, a.a.O., 57.
[11] Auckenthaler 1989, 200, zit. Frenzel, Schmid, Winkler: Handbuch der personenzentrierten Psychotherapie, 158.
[12] Vgl. Rogers 1951, 206, zit. Frenzel, Schmid, Winkler, a.a.O., 155.
[13] Kielholz, Larvierte Depression, 85.
[14] Hierzu: Weber-Gast, Weil du nicht geflohen bist vor meiner Anst.
[15] In Anlehnung an: Engelhardt, Der Patient in seiner Krankheit.
[16] Ders., 11.

[17] Zitiert bei: Geisler, Arzt und Patient, 193.
[18] Geisler, a.a.O., 324.
[19] Lemke, Verkündigung, 90f.
[20] Hierzu: Schweidtmann, Sterbebegleitung, 24.
[21] Kübler-Ross, Interviews mit Sterbenden, 14.
[22] Schweidtmann, a.a.O., 22.
[23] So war es einmal möglich, die Röntgenbestrahlungen einzustellen, die der Arzt nur noch gaben ließ, um nicht die letzte Hoffnung zu nehmen; der Ptaient dagegen wußte, bald sterben zu müssen und hatte seinen Tod längst angenommen. Die Bestrahlungen erlebte er nur noch als unnötige Belastung.
[24] Hierzu: Kübler-Ross, a.a.O.
[25] Schweidtmann, a.a.O., 110: „Selbst dann, wenn der Patient verleugnet oder verdrängt, ist auch das ein Bewältigungsverhalten, das seine ‚innere Logik' hat in der Persönlichkeit oder der lebensgeschichtlichen Erfahrung des Patienten."
[26] Kübler-Ross, a.a.O., 80.
[27] Hierzu: Piper, Gespräche mit Sterbenden.
[28] Vgl. Schweidtmann, a.a.O., 34.
[29] Schweidtmann, a.a.O., 24.
[30] Kast, Der schöpferische Sprung, 32.

Kapitel VI (S. 100ff.)

[1] Tausch, Gesprächspsychotherapie, 49.
[2] Ders., a.a.O., 35ff.
[3] Ders., a.a.O., 68ff.
[4] Ders., a.a.O., 88ff.
[5] Ebda, 7ff.
[6] Eine vortreffliche Übung, den Sinn kürzerer Antworten zu erfassen, ist der kontrollierte Dialog. Hierbei müssen die Gesprächspartner während einer Debatte erst das wiederholen, was der andere gesagt hat, bevor sie jeweils antworten. Sie erleben an sich selbst, wie schwierig das Zuhören und Behalten bei länteren Äußerungen ist.

Kapitel VII (S. 116ff.)

[1] Die Protokolle 3 und 4 sind in meinem Buch „Theologie und Praxis annehmender Seelsorge" bereits veröffentlicht worden. Da es vergriffen ist, nehme ich sie hier noch einmal auf. Sie dienen als Schulbeispiel für den Umgang mit Depressiven und für die positive Veränderung des Selbstkonzeptes aufgrund der veränderten Kognition.
[2] In: Teusch/Finke, Krankheitslehre, S 99.

Literaturverzeichnis

Abermeth, Hilde: Patientenzentrierte Krankenpflege, Göttingen 1978[2]
Alterhoff, Gernot: Grundlagen klientenzentrierter Beratung, Stuttgart 1983

Baumgartner, Isidor: Leben retten, was Seelsorge zukunftsfähig macht, München 1990
Baumgartner, Isidor: Handbuch der Pastoralpsychologie, Regensburg 1990
Behr, Michael – Esser, Ulrich – Petermann, Franz – Pfeiffer, Wolfgang: Jahrbuch für personen-
    zentrierte Psychologie und Psychotherapie, Bd. 1 u. 2 1989
Behr, Michael – Esser, Ulrich – Petermann, Franz – Pfeiffer, Wolfgang – Tausch, Reinhard: Per-
    sonenzentrierte Psychologie und Psychotherapie, Jahrbuch 1992
Berne, Eric: Spiele der Erwachsenen, Hamburg 1976[8]
Broda, Michael – Muthny, Fritz A.: Umgang mit chronisch Kranken. Ein Lehr- und Handbuch
    der psychosozialen Fortbildung, Stuttgart 1990
Buber, Martin: Das dialogische Prinzip, Heidelberg 1984[5]
Buckmann, Robert: Was wir für Sterbende tun können, in: GwG Zeitschrift, Nr. 83, August
    1991, S. 56ff

Canacakis, Jorgos: Ich begleite dich durch deine Trauer, Stuttgart 1990
Canacakis, Jorgos: Befreiung aus der Angst, Stuttgart 1983
Clinebell, Howard J.: Modelle beratender Seelsorge, München 1971[3]

Deter, Detlef – Straumann, Ursula: Personenzentriert Verstehen, Gesellschaftsbezogen Denken,
    verantwortlich Handeln, Köln 1990
Dörner, Klaus – Plog, Ursula: Irren ist menschlich oder Lehrbuch der Psychiatrie und Psychothe-
    rapie, Wustorf 1978

Engelhardt, Karlheinz: Der Patient in seiner Krankheit, Stuttgart 1971

Fatzer, Gerhard – Eck, Claus D.: Supervision und Beratung, Köln 1990
Frenzel, Peter – Schmid, peter F. – Winkler, Marietta: Handbuch der personenzentrierten Psy-
    chotherapie, Köln 1992

Geest, Hans van der: Unter vier Augen. Beispiele gelungener Seelsorge, Zürich 1986[3]
Geisler, Linus: Arzt und Patient-Begegnung im Gespräch, Frankfurt/M. 1987
Gendlin, Eugene T.: Fucusing, Technik der Selbsthilfe bei der Lösung persönlicher Probleme,
    Salzburg 1981
Gutberlet, Michael: Wut, Haß, Aggression in der Gesprächspsychotherapie, Annäherung an ein
    vernachlässigtes Thema, in: GwG Zeitschrift Nr. 78, März 1990, 26–30
Gutberlet, Michael: Partnerzentrierte Gesprächsführung, Einfach, aber nicht leicht, in: GwG
    Zeitschrift Nr. 81, Januar 1991, 37–40
Haendler, Otto: Grundriß der Praktischen Theologie, Berlin 1957
Hampe, Johann Christoph: Sterben ist doch ganz anders. Erfahrungen mit dem eigenen Tod.
    Stuttgart 1977
Heimbrock, Hans-Gunter: Seelsorge – Lebenshilfe für Menschen mit geistiger Behinderung?, in:
    Pastoraltheologie 81, 1992, Heft 6, 240ff

Irle, Gerhard: Depressionen, Stuttgart 1974

Jerzeizig, Rolf – Langenmayr, Arnold: Klientenzentrierte Trauertherapie, Göttingen 1992
Jochheim, Martin: Carl R. Rogers und die Seelsorge, in: Theologia practica, Jg., Heft 3, Mün-
    chen 1993
Johnsen, Paul: Psychologie der Pastoralen Beratung, Herder 1969
Jordahl, David: Das Verhältnis zwischen kirchlicher Beratungsarbeit und Seelsorge, Europäische
    Hochschulschriften, Frankfurt/M. 1988
Josuttis, Manfred: Praxis des Evangeliums zwischen Politik und Religion, München 1974

Kast, Verena: Trauern, Stuttgart 1989[10]
Kast, Verena: Der schöpferische Sprung. Vom therapeutischen Umgang mit Krisen, Olten 1987
Kesting, Angelika: Beratungsdienst im Altenheim, Erwartungen, konzeptionelle Ideen, Grenzen, praktische Möglichkeiten, in: GwG Zeitschrift Nr. 86, Juni 1992, 39ff
Kielholz, Paul: Diagnose und Therapie der Depressionen für den Praktiker, München 1971
Kielholz, Paul: Pöldinger, Walter und Carlo Adams, Die larvierte Depression, Köln 1981
Knaurs moderne Psychologie, München 1972
Kraiker, Christoph – Burkhard, Peter: Psychotherapieführer, München 1983
Kroeger, Matthias: Themenzentrierte Seelsorge, Stuttgart 1973 (1989[4])
Kübler-Ross, Elisabeth: Befreiung aus der Angst, Stuttgart 1989
Kübler-Ross, Elisabeth: Interviews mit Sterbenden, Stuttgart 1969

Lemke, Helga: Verkündigen im seelsorgerlichen Gespräch, in: Handbuch der Pastoralpsychologie, Regensburg 1990
Lemke, Helga: Theologie und Praxis annehmender Seelsorge, Stuttgart 1978
Lemke, Helga: Verkündigung in der annehmenden Seelsorge, Stuttgart 1980
Lemke, Helga: Seelsorgerliche Gesprächsführung, Gespräche über Glauben, Schuld und Leiden, Stuttgart 1992
Lietaer, Germain: Bedingungsloses Akzeptieren, eine umstrittene Grundhaltung in der kl. z. Psychotherapie, in: GwG Zeitschrift Nr. 73, Dezember 1988, S. 53ff
Luthers Werke, hg. von Otto Clemen, Berlin 1959[6]
Lusseyran, Jacques: Das wiedergewonnene Licht, Gütersloh 1983[2]

Mander, Albert: Die Kunst des Sterbens, Regensburg 1973
Moltmann, Jürgen: Mensch, Stuttgart 1973[2]
Moreno, J.L.: Gruppenpsychotherapie und Psychodrama – Einleitung in die Therapie und Praxis, Stuttgart 1973

Nuber, Ursula: Die verkannte Krankheit Depression, Wissen, behandeln, damit leben, Zürich 1991

Ochsmann, Randolf: Angst vor Tod und Sterben, Göttingen 1993

Perls, F.S.: Grundlagen der Gestalttherapie, München 1973
Pfeiffer, Wolfgang M.: Der Widerstand in der Sicht der klientenzentrierten Psychotherapie, in: GwG Zeitschrift Nr. 66, März 1987, 55ff
Pfeiffer, Wolfgang M.: Kritische Überlegungen zum Begriff „Wachstum", in: GwG Zeitschrift Nr. 82, April 91, 39–40
Pfeiffer, Wolfgang M.: 50 Jahre personenzentrierter Ansatz, in: GwG Zeitschrift Nr. 81, Januar 91, 17–20
Pisarski, Waldemar: Anders trauern, anders leben, München 1983
Piper, Hans-Christoph: Gespräche mit Sterbenden, Göttingen 1990[4]
Pongratz, Ludwig: Lehrbuch der klinischen Psychologie, Göttingen 1973

Raab, Peter: Psychologie hilft glauben, Freiburg 1990
Riess, Richard: Perspektiven der Pastoralpsychologie, Göttingen 1974
Rösing, Ina – Petzold, Hilarion: Die Begleitung Sterbender, Theorie und Praxis der Thanatherapie, ein Handbuch, Paderborn 1992[2]
Rössler, Dieter: Grundriß der praktischen Theologie, Berlin 1994[2]
Rogers, Carl R.: Die klientenbezogene Besprächstherapie, München 1973
Rogers, Carl R.: Entwicklung der Persönlichkeit, Stuttgart 1973
Rogers, Carl R.: Therapeut und Klient, München 1981[2]
Rogers, Carl R.: Die Kraft des Guten, München 1990[2]
Rogers, Carl R.: Was ist wesentlich? Über die Entwicklung des personenzentrierten Ansatzes, in: GwG Zeitschrift Nr. 67, Juni 1987, S. 47f
Rogers, Carl R. – Schmidt, Peter F.: Personenzentriert, Grundlagen von Theorie und Praxis, mit einem kommentierten Beratungsgespräch von Carl Rogers, Mainz 1991

151

Rost, Dankward: Pawlows Hunde. Die Legende von der beliebigen Manipulierbarkeit des Menschen, Stuttgart 1993

Scharfenberg, Joachim: Freiheit und Methode, Wege christlicher Einzelseelsorge, Göttingen 1979[2]
Schmid, Peter F.: Personale Begegnung, Würzburg 1989
Schmidtbauer, Wolfgang: Die hilflosen Helfer, Hamburg 1978[2]
Schockenhoff, Eberhard: Sterbehilfe und Menschenwürde, Regensburg 1991
Schuchardt, Erika: Krise als Lernchance, Düsseldorf 1985
Schulz v. Thun, Friedemann: Miteinander reden, Störungen und Klärungen, 1 u. 2, Hamburg 1990[2]
Schweidtmann, Werner: Sterbebegleitung. Menschliche Nähe am Krankenbett, Stuttgart 1992[2]
Schwermer, Josef: Das helfende Gespräch in der Seelsorge, Salzkotten 1980
Scobel, Walter: Grundlagen der Supervision, in: GwG Zeitschrift Nr. 84, Dezember 1991, S. 19ff
Stollberg, Dietrich: Therapeutische Seelsorge, München 1972[3]
Stollberg, Dietrich: Seelsorge praktisch, Göttingen 1970
Stollberg, Dietrich: Mein Auftrag – Deine Freiheit, München 1972

Tacke, Helmut: Glaubenshilfe als Lebenshilfe, Neukirchen-Vluyn 1975
Tausch, Annemarie: Gespräche gegen die Angst, Reinbeck 1981
Tausch, Reinhard – Tausch, Annemarie: Gesprächspsychotherapie, Göttingen 1981[8]
Tausch, Reinhard: Lebensschritte. Umgang mit belastenden Gefühlen, Hamburg 1990[2]
Tausch, Reinhard: Der Zusammenhang von Emotionen und Kognitionen. Konsequenzen für die personenzentrierte Psychotherapie, in: GwG Zeitschrift Nr. 67, Juni 1987
Tausch, Reinhard: Psychologische Einsichten zu persönlichen Gottesvorstellungen. Zum religiösen Glauben und zur christlichen Botschaft, in: Zeichen der Zeit, Regensburg – Münster 1990[2]
Teegen, Frauke: Ganzheitliche Gesundheit. Der sanfte Umgang mit uns selbst, Hamburg 1984[2]
Teusch, Ludwig – Finke, Jobst: Krankheitslehre der Gesprächspsychotherapie. Neue Beiträge zur theoretischen Fundierung, Heidelberg 1993
Thilo, Hans Joachim: Beratende Seelsorge, Göttingen 1971
Thurneysen, Eduard: Seelsorge im Vollzug, Zürich 1968
Tillich, Paul: Systematische Theologie, Bd. III, Stuttgart 1966
Trillhaas, Wolfgang: Dogmatik, Berlin 1972[3]

Watzlawik, P.: Wie wirklich ist die Wirklichkeit? München – Zürich 1978
Weber-Gast, Ingrid: Weil du nicht geflohen bist vor meiner Angst, Mainz 1980[4]
Weinberger, Sabine: Klientenzentrierte Gesprächsführung. Eine Lern- und Praxisanleitung für helfende Berufe, Weinheim – Basel 1992[5]
Weisbach, Christian Rainer: Bedrängen und Beschämen, Aspekte des Fragens in Gespräch und Therapie, in: GwG Zeitschrift Nr. 74, März 1989, 49ff
Wesiack, Wolfgang: Mut zur Angst. Der kreative Umgang mit Krankheit und Krisen, Stuttgart 1992
Wilber, Ken: Wege zum Selbst, östliche und westliche Ansätze zu persönlichem Wachstum, München 1983
Wittrahm, Andreas: Orientierung zur ganzheitlichen Altenpflege, Antropologie – Ethik – Religion, Bonn 1988
Wölber, Hans Otto: Das Gewissen der Kirche, Göttingen 1965[2]
Wood, John Keith: Menschliches Dasein als Miteinandersein, Köln 1988

Zahrnt, Heinz: Die Sache mit Gott, München 1966
Zerfaß, Rolf: Menschliche Seelsorge, Freiburg 1985
Ziemer, Jürgen: Pastoralpsychologisch orientierte Seelsorge im Horizont einer säkularen Gesellschaft, in: Wege zum Menschen, Heft 3, 4.1993, 144ff
Zijlstra, Wybe: Seelsorge Training, München 1971

Anhang

Ausbildungsrichtlinien und Durchführungsbestimmungen der GwG in Klientenzentrierter Gesprächsführung
(Verkürzter Auszug) aus GwG Zeitschrift 87, Oktober 1992

Präambel

Die Ausbildung in Klientenzentrierter Gesprächsführung ist ein von der Gesellschaft für wissenschaftliche Gesprächspsychotherapie e.V. (GwG) – Fachverband für Psychotherapie und Beratung – konzipierter eigenständiger Ausbildungsgang.

A) Richtlinien

1. Allgemeines

1.1. Ziel

Durch die Ausbildung in Klientenzentrierter Gesprächsführung sollen insbesondere Personen, die in psychosozialen, medizinischen und pädagogischen Praxisfeldern tätig sind, befähigt werden, mit Hilfe der Prinzipien des klientenzentrierten Ansatzes Aufgaben ihrer Tätigkeit besser ausüben zu können. Insbesondere soll die Anwendung klientenzentrierter Prinzipien für die Kommunikation und die Gestaltung der professionellen Beziehung vermittelt werden.

1.2. Gegenstand der Ausbildung

Gegenstand der Ausbildung ist die Vermittlung der Grundlagen des klientenzentrierten Konzeptes in Theorie und Praxis sowie die Erarbeitung, Einübung und Anwendung klientenzentrierter Prinzipien in der Kommunikation und bei der Gestaltung der professionellen Beziehungen in den jeweiligen Tätigkeitsfeldern

1.4. Zulassungsvoraussetzungen

1.4.1. Nachweis einer regelmäßigen und kontinuierlichen Tätigkeit in einem der unter 1.3 genannten Tätigkeitsfelder zu Beginn und während der Ausbildung.

1.4.2. Nachweis, daß Art u. zeitlicher Umfang der Tätigkeit die Möglichkeit gewähren, die in der Ausbildung erworbenen bzw. zu erwerbenden Kenntnisse und Fertigkeiten anzuwenden.

1.4.3. Nachweis, daß die im Rahmen der Tätigkeit durchgeführten Gespräche dokumentiert werden können.

1.5. Träger der Ausbildung sind im Regelfall die von der GwG anerkannten Ausbilderinnen oder Ausbilder in Klientenzentrierter Gesprächsführung.

Sie führen die Ausbildung eigenverantwortlich durch. Die GwG erkennt die Ausbildung an, wenn sie entsprechend den gültigen Richtlinien und Durchführungsbestimmungen erfolgte.

1.6. Die Ausbildung in Klientenzentrierter Gesprächsführung dauert 2 Jahre und umfaßt insgesamt 300 Ausbildungsstunden.

2. Ausbildungsteile

2.1.	Theorie	50 Astdn
2.2.	Praxis	100 Astdn
2.3.	Supervision	80 Astdn
2.4.	Selbsterfahrung	50 Astdn
2.5.	Abschluß der Ausbildung	20 Astdn

B) Durchführungsbestimmungen

1. Allgemeines

1.1. Die Ausbildungsgruppe besteht aus maximal acht Ausbildungskandidaten bzw. Ausbildungskandidatinnen.

1.2. Nachweis der Zulassungsvoraussetzungen und Erteilung der Zulassung zur Ausbildung.

1.3. Die Ausbildung wird in der Regel ohne zeitliche Unterbrechung im vorgesehenen Ausbildungszeitraum (2 Jahre) absolviert.
Eine Ausbildungsstunde umfaßt 45 Minuten.

2. Zu den Ausbildugnsteilen

2.1. Theorie
50 Astdn Theorie werden in Ausbildungsveranstaltungen mit einem Ausbilder bzw. einer Ausbilderin der GwG in Klientenzentrierter Gesprächsführung absolviert.

2.2. Praxis
Parallel zu der praktischen Ausbildung müssen von jedem mindestens vier Übungsgespräche erstellt und durch Ton- oder Videoaufzeichnungen dokumentiert werden, in welchen die Aneignung Klientenzentrierter Prinzipien versucht wird.

2.3. Supervision
Im Rahmen der Supervision muß jeder mindestens vier durch Ton- oder Videoaufzeichnungen dokumentierte Gespräche aus dem Tätigkeitsfeld vorstellen, in welchen die Anwendung klientenzentrierter Prinzipien erfolgt.
Über die einzelnen Supervisionssitzungen sind Protokolle zu führen.

2.4. Selbsterfahrung
Die Selbsterfahrung wird auf der Grundlage und den Prinzipien des klien-

tenzentrierten Konzepts unter Leitung des Ausbilders bzw. der Ausbilderin durchgeführt.

3. Abschluß der Ausbildung

3.1. Prüfungsverfahren
Ziel der Beurteilung ist die Überprüfung der in der Ausbildung erworbenen theoretischen und praktischen Kenntnisse. Grundlage dafür bieten ein umfassend dokumentiertes und kommentiertes Gespräch, in welchem die Anwendung klientenzentrierter Prinzipien bei der Wahrnehmung bestimmter Aufgaben des Tätigkeitsfeldes, insbesondere bei der Gestaltung der professionellen Beziehung des Gesprächsverhaltens, gelingt.

3.3. Auf Antrag des Teilnehmers bzw. der Teilnehmerin erteilt der Vorstand der GwG nach Prüfung der Unterlagen bei Erfüllung der Voraussetzungen das Zertifikat.
An die Erteilung des Zertifikates in „Klientenzentrierter Gesprächsführung" knüpft sich die Verpflichtung zur regelmäßigen kollegialen Supervision der Klientenzentrierten Tätigkeit. Die Supervision findet in einer Regionalen Arbeitsgruppe (RAG) der GwG statt.

Ausbildung in „Beratender Seelsorge" nach den Richtlinien der DGFP

I. Grundkurs

I.1. Information

I.1.1   Grundkenntnisse der Sozial- und Verhaltenswissenschaften, insbesondere der Psychologie, aber auch der Soziologie und Medizin.
1. Aspekte der seelischen und sozialen Entwicklung des Menschen
2. Theorien der Persönlichkeit
3. Lernvorgänge, soziale Wahrnehmung, Motivation
4. Kommunikations- und Rollentheorien
5. Erklärungsmodelle von Störungen bei Einzelnen und in Gruppen

I.1.2.   Psychologische Handlungsansätze
1. Prinzipien einer helfenden Beziehung
2. Grundkenntnisse psychodiagnostischer Urteilsbildung und klinisch-psychologischer Kriseninterventionen

I.1.3.   Theologische Grundlagen und Grundfragen beratender Seelsorge
1. Theologische Begründung helfender Beziehung
2. Theologische Grundfragen an die beratende Seelsorge
3. Entwicklung und derzeitiger Stand der beratender Seelsorge

I.1.4.   Praxisbezogenes Alltagswissen
   1. Staatliche und kirchliche psychosoziale Einrichtungen
   2. Für den Seelsorger notwendiges Rechtswissen

(Der Abschnitt umfaßt etwa 150 Stunden Einzelstudium und in Gruppen)

I.2. Selbst- und Fremdwahrnehmung

   1. Anleitung zur Selbstwahrnehmung (Sensibilität für eigene Gefühle)
   2. Anleitung zur Fremdwahrnehmung (Hören, Sehen, Sich-einfühlen, systematische Beobachtung)
   3. Reflexion des Helfen-wollens

(Der Abschnitt umfaßt 50 Stunden. Ein Teil der Selbst- und Fremdwahrnehmung sollte während der Ausbildung in einer Einzelgesprächsreihe erfolgen.)

I.3. Erlernen von personenzentrierter Haltung

   1. Praxisbezogenes Lernen, im Seelsorgegespräch echt, offen, emotional zugewandt und kontrolliert zu sein
   2. Wahrnehmungsübungen
   3. Kurzgespräche und Überprüfung des Gesprächsverhaltens
   4. Flexibilitätsübungen zur Erfassung und Benennung von Erlebnisinhalten
   5. Umgang mit Verkündigung, Zuspruch und Gebet in der Beratung
   6. Verhalten in typischen Gesprächssituationen, z.B. Gesprächsanfang, Pausen, Fragen, Erwartungsansprüchen, Beenden des Gesprächs.

(Der Abschnitt umfaßt 50 Studen. Weitere 50 Stunden gelten der eigenen Gesprächserfahrung bzw. der Arbeit in Kleingruppen.)

I.4. Praxisbegleitung

   1. Supervision eigenen und fremden Gesprächsverhaltens anhand kontrolliert erhobener Daten
   2. Einsatz von Interventionsverfahren zur Verbesserung von Gesprächsverhalten

(Die Praxisbegleitung umfaßt mindestens 50 Stunden in Einzel- und/oder Gruppensupervision.)

II. Aufbaukurs

II.1. Information

1. Theologische Überlegungen zu verschiedenen Seelsorgekonzeptionen
2. Humanwissenschaftliche Implikationen und sozialwissenschaftliche Fundierung verschiedener Seelsorgemodelle
3. Klärung des eigenen Standpunktes
4. Zusammenarbeit mit anderen Berufsgruppen

(Der Abschnitt umfaßt etwa 100 Stunden im Einzelstudium und in Gruppen.)

II.2. Selbst- und Fremdwahrnehmung

Vertiefung

(Dieser Abschnitt umfaßt 50 Stunden.)

II.3. Einübung seelsorgerlichen Grundverhaltens

1. Überprüfung der seit dem Grundkurs gewonnenen Seelsorge- und Gesprächserfahrung
2. Gesprächsübungen
3. Wahrnehmung der verschiedenen Phasen des Gesprächsverlaufs
4. Interventionen in verschiedenen Gesprächsphasen
5. Verhalten in besonderen Gesprächssituationen
6. Gespräche mit mehreren und in Gruppen
7. Kooperative und alternierende Beratung
8. Strukturierung von Gesprächen

(Für diesen Abschnitt sind 50 Stunden vorgesehen. Weitere zeit muß für die eigene Gesprächspraxis eingeplant werden.)

II.4. Praxisbegleitung

1. Supervision eigenen und fremden Gesprächsverhaltens anhand kontrolliert erhobener Daten
2. Einsatz spezieller Interventionsverfahren zur Verbesserung von Gesprächsverhalten

(Dieser Abschnitt umfaßt 50 Stunden.)

Sachregister

VERLAG FÜR GEISTES-, SOZIAL- UND WIRTSCHAFTSWISSENSCHAFTEN

Gespräche über Glauben, Schuld und Leiden

Helga Lemke

Seelsorgerliche Gesprächsführung

Gespräche über Glauben, Schuld und Leiden
1992. 248 Seiten. Kart.
DM 39,80 / öS 311,- / sFr 41,-
ISBN 3-17-011313-5

Die Analyse der Gespräche zeigt, auf
welche Art und Weise Seelsorgerinnen
und Seelsorger mit Konfliktsituationen
umgehen können. Gleichzeitig wird deutlich,
daß sie mit ihrer ganzen Person in die
seelsorgerliche Gesprächsführung
einbezogen sind, also sich nicht auf
psychotherapeutische Techniken zurückziehen
können. Eine vertrauensvolle Beziehung
ist die Grundlage jeder Seelsorge; die Autorin
gibt Hilfen, wie diese Beziehung
hergestellt werden kann. Christliche
Verkündigung kann hoffnungsvoll lebendig
werden, wenn sie in das unmittelbare Leben
hineingesprochen wird. Dafür sollen
beispielhaft die Gespräche stehen.
Erfahrung, Erleben und Erkenntnis
verbinden sich so zu neuer Hoffnung.

W. Kohlhammer GmbH · 70549 Stuttgart · Tel. 0711/78 63 - 280